스마트한
선택들

Die Kunst des klugen Handelns
by Rolf Dobelli
Illustration by El Bocho, Simon Stehle
Copyrights ⓒ 2012 by Carl Hanser Verlag, Munich/FRG

No part of this book may be used or reproduced in any manner
whatever without written permission except in the case of brief quotations
embodied in critical articles or reviews.

Korean Translation Copyright ⓒ2013 by Woongjin Think Big Co., Ltd.
Korean edition is published by arrangement with Carl Hanser Verlag,
Munich/FRG through BC Agency, Seoul

이 책의 한국어판 저작권은 BC에이전시를 통한 저작권자와의 독점 계약으로
'웅진씽크빅'에 있습니다. 저작권법에 의해 한국 내에서 보호를 받는 저작물이므로
무단전재와 복제를 금합니다.

후회 없는 결정을 하기 위해
꼭 알아야 할 52가지 심리 법칙

스마트한 선택들

롤프 도벨리 지음
엘 보초 · 시몬 슈텔레 그림
두행숙 옮김

건너나무
walking tree

프롤로그

교황이 미켈란젤로에게 물었다.

"당신은 어떻게 '다비드 상' 같은 훌륭한 작품을 만들 수 있었습니까?"

미켈란젤로가 대답했다.

"아주 간단합니다. 다비드와 관련 없는 것은 다 버렸습니다."

미켈란젤로만큼은 아니지만, 내가 알고 지내는 사람 중에는 소위 천재라고 불리며 자신의 분야에서 큰 성공을 거둔 사람들이 꽤 많다. 사업가도 있고 학자나 정치가도 있다. 나는 기회가 있을 때마다 그들에게 성공을 거둘 수 있었던 비결이 뭐였냐고 물어보았다. 그들의 노하우를 본받아 성공해야겠다는 생각이 있어서가 아니라 내가 받은 질문에 대한 답을 찾고 싶었기 때문이었다. 『스마트한 생각들』이 전 세계적으로 성공을 거둔 후 많은 사람들이 나에게 물었다. "수많은 심리학 서적 가운데 왜 당신의 책이 그토록 큰 인기를 끝었다고 생각합니까?" 솔직히 말하면 나도 잘 모르겠다. 그렇다고 NIH 증후군(Not invented here syndrome)에 빠져서 '내가 쓴 글이니까 당연하지'라고 대답할 수도 없는 노릇이었다. 나는 다른 성공한 사람들의 대답에서 힌트를 찾고 싶었다. 하지만 그들 역시 "글쎄요, 운이 좋았던 것 같아요"라는 겸손한 대답밖에는 갖고 있지 않았다. 그런데 그들은 한 가지 확실한 것을 내게 일깨워 주었다. 그들은 자신이 하지 않아야 할 것들, 피하려고 했던 것들만큼은 분명히 알고 있었다. "반대 의견에 귀를 닫지 않으려고 노력합니다." "아무리 돈을 많이 벌 수 있다고 해도 내가 즐겁지 않은 일은 하지 않았어요." "회사의 비전과 일치하지 않는 전략에는 시간을 낭비하지 않습니다."

우리는 무엇이 우리를 성공으로 이끄는지를 분명하게 알지 못한다. 또 무엇이 우리를 행복하게 만들어 주는지도 정확하게 알지 못한다. 하지만 단 한 가지는 분명하게 알고 있다. 바로 무엇이 우리의 성공과 행복을 파괴하는지이다. 행복이든 성공이든 우리가 원하는 것을 얻을 수 있는 가장 빠른 방법은 미켈란젤로처럼 행동하는 것이다. 즉 우리는 '다비드'에게 집중할 것이 아니라, '다비드'를 제외한 모든 것들에 집중해서 그것들을 배제해야 한다. 그렇게 함으로써 '다비드'에 더 집중할 수 있다.

나는 오랫동안 많은 교육을 받고 교양을 쌓은 똑똑한 사람들이 왜 어리석은 결정을 내리는가에 대해 연구해 왔다. 그리고 어떻게 하면 후회하지 않는 선택과 결정을 내릴 수 있는지 그 방법을 찾아보려 애썼다. 그러다 내가 깨달은 것은 이것이다. 탁월한 선택을 하는 노하우란 잘못된 선택을 피하는 것이라는 사실이다. "우리는 어려운 문제들을 푸는 법을 배우지 못했다. 우리가 배운 것은 그런 문제들을 피하는 법이다"라는 워런 버핏의 말처럼, 일상 곳곳에 숨어 있는 생각의 오류들을 제거할 수 있다면 사람들은 지금보다 더 현명하고 지혜로운 선택을 할 수 있을 것이다. 사회심리학과 인지심리학을 공부하면서 책을 쓰리라 마음먹은 이유도 바로 여기에 있다. 사람들은 자신이 언제나 합리적이고 논리적으로 생각하고 결정을 내린다고 착각한다. 소위 전문가라고 불리는 사람들일수록 그런 경향이 강한데, 심지어 그들은 다른 사람의 말도 귀담아 듣지 않고 실패할 경우도 생각하지 않는다. 그리고 실패하고 나서야 무릎을 치며 후회한다. 나는 그런 사람들에게 '덜' 후회하는 선택을 할 수 있는 기회를 주고 싶었다.

『스마트한 선택들』을 쓰면서 다시 한 번 깨닫게 된 것은 생각의 오류라는 것이 꼭 중요한 결정을 내리는 CEO나 중간 관리자, 정책 결정자, 의사, 교수, 판사 등 권한과 책임이 큰 사람들에게만 치명적인 것은 아니라는 사실이다. 모든 사람은 인생이라는 단 한 번뿐인 시간을 책임지고 있기 때문이다. 어떤 일을 할까, 어디에서 살까, 누구를 만날까, 어디에 투자할까 등등 우리는 무수히 많은 선택들 속에서 살고 있다. 그러므로 선택의 파급력이 크든 작든 우리는 더 나은 선택을 하기 위해서 노력해야 한다. 특히 이 책에 나온 52가지 심리 법칙은 『스마트한 생각들』에서보다 더욱 일상적이고 실용적인 생각의 오류들을 집대성했다. 원금을 갉아먹기 시작한 펀드를 왜 해지하지 못하는지(후회에 대한 두려움), 스티브 잡스는 동경하면서 친구 아들이 획기적인 어플을 개발해 돈을 벌게 된 것은 왜 배 아파하는지(질투의 심리학), 신년 계획과 예산은 왜 항상 틀어지는지(계획의 오류), 잡지의 별자리 운세는 어떻게 보지도 않고 내 마음을 꿰뚫는지(포러 효과) 등, 번번이 자신의 성격만 탓하던 문제들의 근본적인 해결책을 찾게 될 것이다.

『스마트한 생각들』과 『스마트한 선택들』에는 총 104가지 생각의 오류들이 실려 있다. 이 오류들은 우리의 일상생활과 너무나 깊게 연결되어 있어서 단 한 번도 이 함정에 빠지지 않은 사람은 없으리라 감히 확신한다. 나 역시 기업가로서 지금도 수많은 생각의 함정들에 빠지곤 한다. 그러나 다행히도 매번 큰 어려움을 겪기 전에 빠져나올 수 있었다. 나의 바람은 한 가지이다. 당신이 인생이라는 험난한 바다를 작은 배 한 척으로 노 저어 가야 할 때 생각의 오류라는 급류에 휩쓸리지 않고 유유히 목표를 향해 나아갈 수 있기를 바란다. 만약 우리가 생각의 오류를 피하는 일에 성공한다면 번번이 우리를 후회하게 만드는 잘못된 선택들을 막을 수 있을 것이다. 한국 사람들의 근면함과 혁신적 사고는 언제나 나에게 귀한 가르침을 주었다. 이 책이 다시 한 번 많은 사람들에게 쓸모 있게 사용되기를 바란다. 자, 이제 지혜로운 사람들의 대열에 들게 될지의 여부는 당신에게 달려 있다. 스마트하게 생각하고 스마트하게 행동하라.

"지혜로운 자의 목표는 행복을 성취하는 것이 아니라, 불행을 피하는 것이다."
_아리스토텔레스

롤프 도벨리

차례

- **프롤로그** · 005

| **'왜냐하면' 효과** · 015
구차한 변명이라도 하는 게 나은 이유

| **직관적 사고의 함정** · 021
지금 당장 400만 원을 받겠는가, 한 달 후에 440만 원을 받겠는가?

| **윌 로저스 현상** · 026
손 하나 까딱 안하고 실적을 올리는 방법

| **의사 결정의 피로감** · 031
중요한 결정을 하기 전에 밥을 먹어야 하는 이유

| **자원봉사자의 어리석음** · 037
직접 현장에 가는 것만이 봉사는 아니다

| **한 가지 이유의 함정** · 043
우리는 잘못을 저지른 사람이 아니라 책임질 사람이 필요하다

| **후회에 대한 두려움** · 049
수익률이 떨어지는데도 펀드를 해지하지 못하는 이유

| **계획 오류** · 055
왜 항상 계획보다 시간이 더 많이 걸릴까?

| **질투의 심리학** · 061
최고급 아파트를 사고도 불행한 사람들

| **계획서 순응의 오류** · 067
폭주 자동차의 사고율이 낮은 이유

| 초깃값 효과 · 072
지금 이대로가 편해

| 전략적 허위 진술 · 078
확신에 찬 말보다 그의 경험을 믿어라

| 포러 효과 · 083
사기꾼의 정체를 꿰뚫어보는 법

| 클러스터 착각 · 089
토스트 위에 나타난 성모 마리아

| 자기관찰의 착각 · 095
내 말을 믿어요, 그게 정답이니까

| 경험적 지식을 무시하는 경향 · · · · · · · · · · · · · · 101
책 속에만 틀어박혀서는 안 되는 이유

| 자이가르닉 효과 · 107
끝내지 못한 일에 대한 스트레스를 줄이는 법

| 사회적 비교 편향 · 113
나보다 더 뛰어난 사람을 뽑아야 하는 이유

| 접촉 편향 · 119
사랑하는 사람의 사진을 찢어버리기 어려운 이유

| 뉴 마니아 · 124
신제품이 최고라는 착각

| 주의력 착각 · 130
보이지 않는 고릴라

| 전화위복에 대한 환상 · 135
위기를 겪고 나면 더 약해진다

| NIH 증후군 · 141
내 아이디어가 훨씬 낫지

| 감정 휴리스틱 · 146
웃는 얼굴에 마음이 약해지는 이유

| 완벽한 기억에 대한 환상 · · · · · · · · · · · · · · · · · · · 152
내가 그런 말을 했을 리 없어요

| 금전적 보상의 함정 · 157
보너스가 의욕을 떨어뜨리는 이유

| 하우스 머니 효과 · 163
왜 120억 로또 당첨자는 빈털터리가 되었을까?

| 적은 숫자의 법칙 · 169
결론에만 주목했을 때 생기는 오해

| 수다를 떠는 경향 · 174
기업의 실적이 악화될수록 CEO의 연설이 길어지는 이유

| 능력에 대한 환상 · 180
성공한 CEO의 자서전을 읽을 필요가 없는 이유

| 심사숙고의 함정 · 186
생각을 너무 많이 해서 잃는 것들

| 뉴스의 환상 · 191
뉴스를 보지 않으면 정말 뒤쳐질까?

| 지연 행동 · 196
매번 다이어트에 실패하는 이유

| 마음 이론의 함정 · 201
왜 기부 신청서 옆에는 아이들 사진이 있을까?

| 평균값의 오류 · 207
평균 연봉이라는 말에 감춰진 진실

| 수면자 효과 · 212
광고인줄 알면서도 혹하는 이유

| 정보 편향 · 218
문제는 정보가 아니다

| 초두 효과 vs. 최신 효과 · 224
면접 채점의 진실

| 노력 정당화 효과 · 229
초간편 인스턴트 케이크가 실패작이 된 이유

| 대안은 단 하나라는 착각 · 235
대안을 검토할 때 저지르는 실수

| 현저성 편향 · 241
'테러'하면 이슬람 국가가 떠오르는 이유

| 가능성의 덫 · 246
하나를 더 얻으려다가 모두 잃는다

| 내집단 편향과 외집단 편향 · · · · · · · · · · · · · · · · · · 252
학연과 지연이 사라지기 힘든 이유

| 체리 피킹 · 258
보고서에 성공적인 결과만 있는 이유

| 검은 백조 · 263
어느 날 아침, 당신은 백만장자가 될 수도 있다

| 눈 뜬 장님의 오류 · 268
체크리스트에 없는 사항을 한 번 더 확인할 것

| 잘못된 일치 효과 · 274
보나마나 남들도 내 의견과 같다는 착각

| 영역 의존성 · 280
노벨 경제학상 수상자의 자산 포트폴리오는 완벽할까?

| 직업적 사고 모델의 함정 · · · · · · · · · · · · · · · · · · · 286
망치를 든 사람의 눈에는 모든 것이 못으로 보인다

| 모호성 회피 · 291
왜 우리는 무작정 떠나는 것을 겁내는가?

| 사혈 효과 · 297
'더 좋은 방법이 없으니까'의 위험

| 기대의 힘 · 302
기대는 현실을 변하게 한다

- **감사의 말** · 307
- **추천의 글**_김경일(아주대 심리학과 교수) · · · · · · · · · · · 308
- **참고 문헌** · 315

'왜냐하면' 효과

구차한 변명이라도 하는 게 나은 이유

스위스 바젤과 독일 프랑크푸르트 간 고속도로를 달리던 중에 차들이 정체 상태에 빠졌다. 인부들이 길 위에 쌓인 눈을 치우는 중이었다. 나는 몹시 짜증이 났다. 한 15분 정도 내 차가 달리던 방향의 정체가 풀릴 때까지 반대쪽 차선을 따라 엉금엉금 기듯이 운전해서 그 구간을 빠져나왔다. 30분 정도 달렸을 때 또다시 정체 구간을 만났다. 그곳에서도 역시 눈을 치우고 있었는데 신기하게도 이번에는 더 이상 크게 화가 나지 않았다. 길 옆쪽에 규칙적인 간격으로 다음과 같은 푯말이 서있었기 때문이다.

"우리는 당신을 위해서 눈을 치우고 있습니다."

그 교통 정체 사건은 나에게 하버드대학교의 심리학자인 엘렌 랭거가 1970년대에 수행했던 한 가지 실험을 떠올리게 했다. 그녀는 도서관의 복사기 이용자가 몰리는 시간을 기다렸다가 사람들이 길게 줄지어 서있을 때 맨 앞에 서있는 사람에게 다가가 이렇게 물어보았다.

"미안합니다. 저는 복사할 것이 다섯 페이지인데요, 죄송하지만 제가 먼저 해도 될까요?"

이 말을 듣고 절반 정도의 사람들이 그녀에게 차례를 양보해 주었다. 그녀는 실험을 다시 반복했다. 그러나 이번에는 이유를 댔다.

"미안합니다. 저는 복사할 것이 다섯 페이지인데요, 죄송하지만 제가 먼저 해도 될까요? 급해서요."

이렇게 말하자 거의 모든 사람들이 그녀에게 차례를 내주었다. 이런 경우는 이해하기가 쉽다. 왜냐하면 급하다고 말하는 것은 납득할 만한 이유가 되기 때문이다. 놀라운 것은 다음과 같은 시도들이었다. 엘렌 랭거는 또 다시 복사기 앞에 사람들이 길게 줄을 섰을 때 이유를 바꿔서 물어보았다.

"미안합니다. 저는 복사할 것이 다섯 페이지인데요, 죄송하지만 제가 먼저 해도 될까요? 저는 몇 장만 복사하면 되거든요."

우스꽝스러운 이유임에도 거의 모든 사람들이 그녀에게 차례를 양보해 주었다. 자기들도 몇 장 안 되는 복사를 하기 위해서 길게 줄을 서고 있었는데 말이다.

이 실험은 효과적인 설득의 기술 하나를 일깨워 준다. 만약 우리가 취하는 태도에 대해서 어떤 이유를 덧붙인다면 다른 사람들에게

우리가 취하는 태도에 대해서 어떤 이유를 덧붙이면
다른 사람들에게 더 많은 이해와 호의적인 반응을 얻을 수 있다.

더 많은 이해와 호의적인 반응을 얻을 수 있을 것이다. 놀랍게도 그 이유가 합리적이고 납득할 만한 것인지 아닌지는 중요하지 않다. 핵심은 '왜냐하면'이라는 한마디 말로 이유를 밝히는 데 있다.

'우리는 당신을 위해서 눈을 치우고 있습니다'라는 문구는 사실 아무런 의미가 없다. 고속도로 위의 공사 구간에서 그런 일 말고 또 무슨 다른 일이 벌어지겠는가? 또 달리는 차창 밖으로 잠깐 눈을 돌리면 무슨 일이 일어나고 있는지 금세 알 수 있다. 그런데도 이렇게 이유를 밝힌 문구를 보면 우리의 기분은 한결 부드러워진다. 반대로 '왜냐하면'이라는 이유가 빠져 있으면 그것은 우리의 신경을 자극한다.

얼마 전 프랑크푸르트 공항에서도 비슷한 일을 경험했다. 비행기 탑승이 30분 넘게 지연되자 안내 방송이 흘러나왔다.

"루프트한자 1234편의 출발이 세 시간 지연되겠습니다."

나는 엄청나게 화가 났다. '이런 빌어먹을 일이 있나, 기다리고 있는 사람들에게 아무 이유도 알려 주지 않고 이렇게 기다리게 하다니!' 나는 분에 못 이겨 탑승장 출구의 직원에게 비행기가 지연된 것에 대해 항의했다.

그런데 만약 다음과 같은 안내 방송이 흘러나왔다면 어땠을까.

"여러분의 루프트한자 1234편의 출발이 공항의 사정으로 인해 세 시간 지연되겠습니다."

사실 '공항의 사정으로'라는 메시지는 납득할 만한 이유라고 볼 수 없지만 나를 포함한 다른 승객들의 마음을 누그러뜨리기에는 충분했을 것이다.

사람들은 '왜냐하면'과 같은 이유에 중독되어 있다. 비록 그런 말이 분명한 진실을 담고 있지 않더라도 우리는 그 말이 필요하다. 조직을 이끄는 리더들은 이런 사실을 적극적으로 이용하곤 한다. 만약에 당신이 팀장이라면 함께 일하는 동료들에게 열심히 일해야 하는 이유를 반드시 대야 할 것이다. 그렇지 않으면 그들의 근무 동기는 떨어진다. 신발 회사의 목표가 신발을 생산하는 것임은 분명하지만 그것만으로는 충분하지 않다. 다음과 같은 식으로 목표를 알리는 것이 필요하다. "우리는 우리가 만든 신발로 시장에 혁명을 일으키고자 합니다"(여기서 혁명이 무엇을 의미하는지는 중요하지 않다) 혹은 "우리는 여성들의 발을 아름답게 함으로써 세상을 아름답게 만듭니다"라는 말에 사람들의 의욕은 타오른다.

만약에 증권거래소의 주식이 0.5퍼센트 오르거나 내리면 증권해설가는 이 현상이 시장의 수많은 동향들에서 나온 우연적인 결과 때문이라는 진실을 결코 쓰지 않을 것이다. 독자들은 어떤 '이유'로 인해 이 현상이 일어났는지 듣고 싶어 하기 때문이다. 아마도 해설가는 독자가 원하는 대로 그 이유에 대해 말하게 될 것이다. 특히 사람들은 중앙은행 총재 같은 사람들의 발언을 신뢰하니까 그들의 말을 인용할 수도 있다. 그러나 이때 그가 해주는 말은 전적으로 부차적인 것이다.

회사에서 또는 학교에서 왜 주어진 기한을 못 지켰는지 이유를 말하라는 질문을 받으면, 당신은 이렇게 대답하면 된다. "유감스럽게도 그렇게 할 수가 없었기 때문입니다." 그야말로 불필요한 이유이다. 만약에 그렇게 할 수 있었다면 당연히 기한을 지켰을 테니까 말이다. 그런데도 이 대답은 이유로 받아들여진다.

어느 날 나는 아내가 검은색 빨래와 파란색 빨래들을 조심스럽게 분리하는 것을 목격했다. 내가 보기에는 그 일이 무의미했다. 왜냐하면 두 색은 비슷해서 빨래가 물드는 일이 없기 때문이다. 적어도 그런 일은 내가 직접 빨래를 하던 대학생 시절부터 한 번도 일어난 적이 없었다. 그래서 나는 물어보았다.

"당신은 왜 파란색과 검정색을 구분하는 거요?"

아내의 대답인즉, "나는 분리해서 빠는 것이 더 좋아요"라는 것이었다. 그 말은 내게 대답으로서 충분했다.

그 내용이 합리적이든 아니든 마음에 들든 들지 않든, 행동에는 '왜냐하면'이 있어야 한다. 이 눈에 띄지 않는 한마디가 사람들 사이에서는 윤활제가 된다. 만약 당신이 누군가를 설득하고 싶거나 이해받고 싶다면 이 말을 적극적으로 사용하라.

직관적 사고의 함정

지금 당장 400만 원을 받겠는가, 한 달 후에 440만 원을 받겠는가?

세 가지 간단한 질문을 던져 보겠다. 질문을 읽고 약 10초 안에 떠오른 대답을 이 책의 여백에 써 보라.

첫째, 어느 백화점에서 탁구 라켓 한 개와 탁구공 한 개를 합해서 1100원에 팔고 있다. 탁구 라켓의 가격은 탁구공보다 1000원 더 비싸다. 그렇다면 탁구공의 가격은 얼마일까?

둘째, 어느 의류 공장에서 다섯 벌의 와이셔츠를 만드는데, 다섯 대의 기계가 돌아갈 경우 완성하는 데 정확히 5분이 걸린다. 그렇다면 100벌의 와이셔츠를 만드는데 100대의 기계가 돌아간다면 몇 분이 걸릴까?

셋째, 어느 작은 늪에 수련이 자라고 있다. 자라는 속도가 상당히 빨라서 매일 수련이 덮은 늪의 표면이 두 배씩 늘어나고 있다. 그

늪이 수련으로 완전히 덮이는 데는 48일이 걸린다. 그렇다면 늪 표면 면적의 절반이 덮일 때까지는 며칠이 걸릴까?

답을 메모하기 전까지는 아래의 글을 계속해서 읽지 마라.

질문을 읽자마자 직관적으로 우리 마음속에 떠오른 답은 각각 100원, 100분, 그리고 24일일 것이다. 그러나 안타깝게도 이 대답들은 틀렸다. 정답은 각각 50원, 5분, 그리고 47일이다. 위의 세 개의 질문 가운데 당신은 몇 개를 맞췄는가?

셰인 프레더릭은 이 질문들에 '인지 반응 테스트(Cognitive reflection test)'라는 이름을 붙이고 수천 명의 사람들을 테스트해 보았다. 그 결과 이 테스트에서 가장 정답률이 높은 사람들은 메사추세츠공과대학교(MIT)의 대학생들이었다. 그들의 평균 정답률은 2.18개였다. 그다음은 프린스턴대학교의 학생들로 그들의 평균치는 1.63개였다. 미시건대학교의 대학생들의 정답률 0.83개로 훨씬 떨어졌다.

사실 이 테스트의 결과는 그다지 흥미롭지 않다. 오히려 흥미로운 것은 정답률이 높은 사람들과 낮은 사람들 사이에는 어떤 차이가 있느냐이다.

'당신은 손에 쥔 작은 참새를 갖겠는가 아니면 지붕 위에 큰 새를 갖겠는가'라는 질문이 있다. 프레데릭은 인지 반응 테스트에서 정답률이 낮게 나온 사람들일수록 손에 쥔 참새를 선호하는 경향이 있음을 밝혀냈다. 그들은 '안전성'을 택한 것이다. 반면에 세 가지 질문 가운데 두 개나 세 개 모두를 맞춘 사람들은 지붕 위에 있는

연못이 수련으로 완전히 덮이는 데 48일이 걸린다면,
절반이 덮이는 시점은 언제일까? 24일?
머릿속에 즉각 떠오르는 것을 의심하라. 그럴듯해 보이는 것이 모두 정답은 아니다.

새를 선호하는 경향을 보였다. 즉 그들은 눈앞의 안정성을 거부하고 위험성이 큰 변화를 원하는 것이다. 이런 성향은 무엇보다도 남자들에게서 뚜렷하게 드러났다.

두 그룹의 차이를 결정한 것은 '거부할 수 있는 능력'이다. 『스마트한 생각들』의 '과도한 가치 폄하' 장에서 지금이라는 시점이 갖고 있는 유혹적인 힘에 대해서 말한 것을 기억할 것이다. 즉 우리는 더 많은 보상을 얻기 위해 오늘의 보상을 거부하기가 쉽지 않다. 프레데릭은 이 오류와 인지 반응 테스트의 연관성을 알아보기 위해 다음과 같은 질문을 던졌다.

"당신은 지금 400만 원을 받겠는가, 아니면 한 달 후에 440만 원을 받겠는가?"

그 결과 인지 반응 테스트에서 정답률이 낮게 나왔던 사람들은 지금 400만 원을 받는 것을 선택하는 경향을 보였다. 그들은 참고 기다리는 것을 힘들어하며 일시적인 감정에 더 잘 휩쓸렸다. 그리고 그런 성향은 구매를 결정하는 일에도 영향을 미쳤다. 그에 반해서 정답률이 높았던 사람들은 한 달을 기다리는 쪽으로 결정하는 경향이 뚜렷했다. 그들은 즉각적인 성취를 거부하기 위해서 의지력을 발동시켰다. 그리고 그에 대해서 나중에 더 큰 보상을 받았다.

생각하는 일은 느끼는 일보다 스트레스가 더 심하다. 직관에 몰두하기보다 합리적으로 숙고하는 일은 더 많은 의지력을 필요로 한다. 달리 말하면 직관적인 사람들은 어떤 사안의 배후에 있는 것에 대해서 비판적으로 따져 보는 일이 덜하다. 실제로 하버드대학교의 심리학자인 아미타이 솅하브와 그의 연구 동료들은 인지 반응 테스트 결과가 사람들이 신을 믿는 정도와 연관이 있을 거라는 가설을 세워 실험해 보았다. 그것은 사실이었다! 즉 높은 정답률을 보인 사람들은 무신론자의 경향을 보였으며, 시간이 지날수록 신의 존재를 부정하는 쪽으로 강화되었다. 반면에 낮은 정답률을 보인 사람들은 불멸하는 신의 존재를 믿는 경향을 보였으며 이미 신을 체험한 적이 있다고 말하는 사람들이었다. 그것은 다음과 같은 사실을 알려 준다. 즉 사람들은 직관적이면 직관적일수록, 자신들이 갖고 있는 종교적 상상력의 근본에 대해 캐묻기 위해서 이성을 투입하는 일이 덜하다는 것이다.

만약에 당신이 이 장의 앞부분에서 실험했던 인지 반응 테스트의 정답률을 높이고 싶다면, 아주 간단한 논리적인 질문들에 대해 대답할 때에도 의심을 갖고 대처하는 것이 좋을 것이다. 납득할 만한 것으로 보인다고 해서 모두 다 진실은 아니기 때문이다. 당신의 감각 속으로 맨 먼저 들어오는 난센스 같은 것은 믿지 마라. 약속했는가? 그렇다면 좋다. 한 번 더 작은 테스트를 해보자.

당신은 A지점에서 B지점까지 시속 100킬로미터로 달렸다가 시속 50킬로미터로 되돌아왔다. 당신의 평균 시속은 얼마였는가? 시속 75킬로미터였는가? 그렇게 빨리 대답하지 마라. 조심해라, 너무 빨리 대응하지 말기를!

윌 로저스 현상

손 하나 까딱 안하고 실적을 올리는 방법

당신이 두 개의 방송 채널을 소유하고 있는 어느 기업의 경영자라고 가정하자. 텔레비전 채널 A는 시청률이 높고, 채널 B는 매우 낮다. 회사의 이사회에서는 당신에게 두 채널의 시청률을 높이라고 요구한다. 그것도 6개월 안에 말이다. 만약 성공한다면 엄청난 보너스를 받겠지만 실패하면 직장을 잃게 될지도 모른다. 당신은 어떻게 하겠는가?

아주 간단하다. 지금까지 채널 A의 평균적인 시청률에는 못 미치지만 그래도 B채널의 프로그램들보다는 시청률이 높은 A채널의 프로그램 하나를 채널 B로 옮긴다. 지금까지 채널 B의 시청률은 형편없었기 때문에 옮겨 온 방송 프로그램이 평균 시청률을 올려 준다. 채널 A의 시청률도 조금 상승한다. 즉 새로운 프로그램을 전혀

간단한 '무대의 이동'만으로 평균 수익률을 상승시킬 수 있다.
하지만 실제로는 바뀐 것이 아무 것도 없다.

구상하지 않고도 당신은 양쪽 채널의 시청률을 동시에 높였으며, 그로써 엄청난 보너스를 확보하게 되었다.

하나 더, 당신이 세 개의 헤지 펀드를 운영하는 매니저라고 가정해 보자. 펀드 A는 선풍적인 수익을 올리고 있으며, 펀드 B는 중간 정도의 수익을 올리고 있고, 펀드 C의 수익은 형편없다. 당신은 자신이 세계 최고의 펀드 매니저라는 것을 세상에 증명해 보이고 싶다. 어떻게 하겠는가?

이제 당신은 어떻게 게임을 풀어야 할지 알고 있다. 당신은 펀드 A의 지분 일부를 펀드 B와 펀드 C에 매각한다. 어떤 지분을 매각할까? 바로 지금까지 펀드 A의 평균 수익률을 끌어내리기는 했지만 그래도 펀드 B와 펀드 C의 평균 수익률을 높일 만한 지분들을 파는 것이다. 이 방법은 아주 빠르게 세 개의 펀드 모두의 수익률을 개선시킨다. 물론 그 세 개의 헤지 펀드를 합산해 보면 실제로는 단 1천 원도 더 벌어들이지 않았다. 그렇지만 사람들은 당신의 유능한 손놀림이 거둬들인 행운에 대해 찬사를 보낼 것이다.

이런 효과를 미국 오클라호마 출신의 코미디언 윌 로저스의 이름을 따서 '윌 로저스 현상(Will Rogers phenomenon)' 또는 '무대의 이동'이라고 부른다. 이 개념은 윌 로저스가 '오클라호마를 떠나 캘리포니아로 이주한 사람들 덕분에 오클라호마와 캘리포니아 양쪽 주(州)에 사는 주민들의 평균 지능지수가 상승했다'는 농담을 한 것에서 생겨났다. 윌 로저스 현상은 직관적으로는 이해할 수 없다. 이 오류에 빠지지 않기 위해서는 좀 더 다른 여러 사례들 속에서 체험해 보아야 한다.

자동차업계를 예로 들어 보겠다. 당신은 모두 합해서 여섯 명의 판매원이 있는 두 개의 판매 영업소를 운영하고 있다. A지점에는 판매원 1, 2, 3이 있고, B지점에는 판매원 4, 5, 6이 있다. 판매원 1은 매달 평균 1대씩의 자동차를 팔고 있으며, 판매원 2는 매달 평균 2대씩의 자동차를 팔고, 판매원 3은 3대를 판다. 이런 식으로 계속되어 판매원 6은 매달 평균 6대의 차를 판매하는 스타 판매원이다. 당신도 쉽게 계산해 볼 수 있듯이 A지점에서의 판매원 1명당 평균 판매량은 자동차 2대이고, B지점에서의 평균 판매량은 5대이다. 이제 당신은 B지점의 판매원 4를 A지점으로 전근시킨다. 무슨 일이 일어날까? A지점은 새로이 판매원 1과 2, 3, 그리고 4로 구성된다. 판매원당 평균 판매량은 2대에서 2.5대로 상승했다. B지점에는 판매원 5와 6만이 있다. 판매원당 평균 판매량은 차 5대에서 5.5대로 상승했다. 이런 식의 용의주도한 게임은 전체를 합산하면 실제로는 아무 것도 바뀌지 않았지만 마치 큰 변화가 있었던 것 같은 인상을 준다.

특히나 저널리스트, 투자가, 그리고 기업 이사회의 임원이라면 해외 기업, 지사, 경비 관리 부서, 생산 라인 등등에서 평균 이익률이 상승하고 있다는 정보를 듣게 되면 조심해야 한다.

의학 분야에서도 윌 로저스 현상은 발견된다. 사람 몸 안에 생기는 종양은 보통 1단계에서 4단계까지 분류되는데 크기가 아주 작아서 치료가 가능한 종양은 1단계, 가장 악성인 경우는 4단계라고 부른다. 그에 걸맞게 종양 1단계인 환자의 경우는 완치 가능성이 가장 크고, 4단계 환자는 완치 가능성이 가장 적다.

그런데 최근 종양 환자들의 완치율이 높아지고 있다. 악성 종양을 치료하는 특별한 신약이라도 개발된 것일까? 유감스럽게도 아니다. 그것은 단지 '무대를 이동한 것' 일뿐이다.

해마다 의학 기술이 발전하면서 더욱 정밀하게 종양을 진단하는 방식이 소개되고 있다. 여기서 '무대의 이동'이 발생한다. 예전 같으면 어떤 의사의 눈에도 띄지 않았을 아주 작은 종양들이 발견되면서 건강하다고 간주되었던 환자들이 1단계 환자로 분류된 것이다. 종양의 조기 발견율이 높아지자 자동적으로 완치 가능성 역시 상승한다. 즉 더 많은 건강한 사람들이 1단계로 이동했을 뿐, 실제로 치료 성과가 획기적으로 좋아진 것은 아니다.

의사 결정의 피로감

중요한 결정을 하기 전에 밥을 먹어야 하는 이유

당신은 몇 주일 동안 거의 기진맥진해질 때까지 신규 프로젝트를 준비하는 데 매진했다. 파워포인트에는 완벽하고 깔끔하게 발표 자료를 입력했고 엑셀에 입력한 수치도 모두 정확했다. 몇 번의 수정을 거친 프로젝트 기획안은 아주 분명한 논리로 사람들의 마음을 사로잡을 만했다. 당신의 모든 회사 생활은 이 프로젝트에 달려 있다. 프로젝트 발표를 무사히 마쳐서 CEO로부터 인정을 받는다면, 계열사의 최고 경영자로 승진할 수 있을 것이다. 하지만 만약에 그 프로젝트가 거절당한다면 새로운 직장을 찾아보아야 한다. 프로젝트 발표 전날, 비서는 당신에게 프레젠테이션 시간으로 오전 8시, 오전 11시 반, 오후 6시 중 언제가 좋겠냐고 묻는다. 당신은 어느 시간대를 선택하겠는가?

심리학자 진 트웽은 테니스공을 비롯해서 양초, 티셔츠, 껌, 콜라 깡통에 이르기까지 수백 가지 물건이 놓여 있는 탁자를 하나 준비했다. 그리고 실험에 참가한 학생들을 두 그룹으로 나눈 뒤 첫 번째 그룹을 '결정자' 그룹으로, 두 번째 그룹은 '비(非)결정자' 그룹으로 정했다. 결정자 그룹의 실험 참가자들에게 그는 다음과 같이 말했다.

"여러분들에게 매번 두 개씩 임의의 상품들을 보여 주겠습니다. 그러면 여러분은 그 둘 중 어느 것이 마음에 드는지 결정해야 합니다. 실험이 끝나면 이 상품들 중에 하나를 선물로 드리겠습니다."

그리고 비결정자 그룹의 실험 참가자들에게는 다음과 같이 말했다.

"여러분은 각각의 상품을 보고 상품에 대한 의견이나 최근에 사용한 경험에 대해 기록하십시오. 나중에 실험이 끝나면 여러분에게 상품을 한 가지씩 선물하겠습니다."

이 실험을 마친 직후 진 트웽은 모든 학생들에게 얼음처럼 차가운 물속에 손을 담그게 해 얼마나 오래 버틸 수 있는지 시간을 측정했다. 이 실험은 심리학에서 의지력이나 자제력을 측정하기 위해 사용하는 대표적인 방법이다. 찬물에서 손을 빼고 싶은 본능적인 충동에 맞서 싸우려면 의지력이 필요하기 때문이다.

결과는 다음과 같았다. 결정자들은 비결정자들보다 찬물에서 버티는 시간이 짧았다. 결정자들은 앞선 실험에서 둘 중 하나의 상품을 결정하는 작업에 집중했기 때문에 의지력이 금세 바닥난 것이다. 결정에 집중할수록 의지력이 약해지는 것은 다른 많은 실험들에서도 입증되었다. 항공편과 호텔, 그리고 레저 시설들이 포함된 장기 여행 상품을 온라인으로 검색해 보았거나 또는 직접 여행 계획을 구상해 본 일이 있는 사람이라면 그 기분을 알 것이다. 그 모든 것들을 세세히 비교해 보고, 하나하나 계산해서 결정하고 나면 여행갈 힘도 없을 만큼 기진맥진해지고 만다. 그것을 가리켜 '의사 결정의 피로감(Decision fatigue)'이라고 부른다. 즉, 결정을 내린다는 것은 스트레스가 쌓이는 일인 것이다.

의사 결정의 피로감은 위험하다. 꼼꼼하게 세부 사항을 고려해서 결정을 내리는 과정을 포기하게 만들기 때문이다. 그래서 화려한 광고를 보고 순간적으로 충동구매를 하게 되거나 아예 결정을 미루게 된다. 그렇다면 의지력을 다시 찾기 위해서는 어떻게 해야 할까? 사람의 의지력은 마치 배터리처럼 작용한다. 즉 얼마의 시간이 지나면 의지력이 고갈되어 텅 비게 되므로 긴장을 풀고 휴식을 취하고, 뭔가를 먹으면서 다시 충전해야 한다. 만약 당신이 너무 지쳐 있고 혈당이 부족하면 의지력은 무너지고 말 것이다.

이케아(IKEA, 스웨덴의 다국적 가구 기업 - 옮긴이)는 만여 가지가 넘는 제품을 제공해 오는 동안 고객들에게 의사 결정의 피로감이 존재한다는 것에 주목하게 되었다. 그래서 이케아에서 운영하는 레스토랑들은 고객들이 물건을 구입하러 돌아다니는 쇼핑 센터 한가운데 위치하고 있다. 다시 말해 당신이 뭔가를 먹은 후에 다시 어떤 촛대를 살까 결정할 기운이 생겨서 쇼핑을 계속한다면, 이케아

판사들이 용기 있는 판결을 내릴 확률은
첫 재판이 시작된 후 65퍼센트에서 10퍼센트까지 점차 떨어진다.
그러나 그들이 휴식을 취하고 나면 다시 급격히 상승한다.

는 기꺼이 가장 좋은 자리에 레스토랑을 입점시킬 용의가 있는 것이다.

이스라엘의 어느 감옥에 수감된 남자 죄수 네 명이 각각 조기 석방을 허락해 달라는 청원서를 법원에 냈다.

첫 번째 죄수 : 아랍인, 사기죄로 30개월 형 선고, 오전 8시 50분 진술
두 번째 죄수 : 유대인, 신체 상해죄로 16개월 형 선고, 오후 1시 27분 진술
세 번째 죄수 : 유대인, 신체 상해죄로 16개월 형 선고, 오후 3시 10분 진술
네 번째 죄수 : 아랍인, 사기죄로 30개월 형 선고, 오후 4시 35분 진술

재판관들은 이들에 대해서 어떻게 판결을 내렸을까?

그들이 판결을 내리는 데 결정적이었던 것은 죄수들이 갖고 있는 종교나 출신, 범죄의 중대성이 아니라 재판관들이 갖고 있던 '의사 결정의 피로감'이었다.

그래서 첫 번째 죄수와 두 번째 죄수는 조기 석방 청원이 받아들여졌는데, 그 이유는 당시 재판관들이 아침 식사와 점심 식사를 한 덕택에 신진대사를 하는데 필요한 혈당이 충분이 있었기 때문이었다. 반면 세 번째 죄수와 네 번째 죄수의 경우에는 조기 석방 청원이 기각되었다. 재판관들은 오랜 시간 동안 판결을 내리면서 지쳐버렸고 결국 조기 석방의 위험을 무릅쓸 만한 의지력이 바닥난 것이다. 그 결과 그들은 결정을 유보하고 현상 유지를 하는 쪽으로,

즉 죄수들을 감옥에 그대로 두는 것으로 결정을 내려 버렸다.

전국의 법원들에서 이루어지는 수백 건의 판결을 연구한 결과 다음과 같은 사실이 밝혀졌다. 판사들이 '용기 있는' 판결을 내릴 확률은 재판이 진행되는 동안 약 65퍼센트에서 10퍼센트까지 점차 떨어지지만, 그들이 휴식을 취하고 난 뒤에는 다시 급격히 65퍼센트까지 상승한다. 모든 판결은 신중하게 고려한 결과라고 주장하는 사법부에 대해서는 이 정도만 언급하자. 더 설명하지 않아도 이 장의 첫 부분에 던졌던 질문, 즉 당신이 몇 시에 CEO를 만나 프레젠테이션을 해야 할지에 대한 대답은 충분할 것이다.

자원봉사자의 어리석음

직접 현장에 가는 것만이 봉사는 아니다

사진기자인 자크는 패션 잡지에 최고의 사진을 싣기 위해 월요일부터 금요일까지 바쁘게 움직인다. 밀라노, 파리, 뉴욕을 오가며 가장 아름다운 모델, 가장 독창적인 것, 완벽한 사진을 만들어 주는 빛을 찾아 돌아다닌다. 그의 사진이 탁월하다는 것은 누구나 인정하는 사실이다. 그래서 그는 시간당 족히 70만 원이나 되는 '합당한' 보수를 받고 있다.

그는 종종 자기 동료들에게 환한 얼굴로 "경제 담당 변호사만큼의 수입은 되지"라고 말했다. "그리고 내가 렌즈를 통해서 얻어 내는 것은 은행가가 해내는 일보다 얼마간은 더 나을 거야"라는 자부심 어린 말을 덧붙이기도 했다.

자크는 남들이 부러워할 만한 삶을 영위하고 있지만 근래에 와서는 조금 다른 생각이 들기 시작했다. 패션계가 가진 허풍이나 속임수가 눈에 보이기 시작했고, 사람들의 이기심이 그를 지치게 했다. 그래서 그는 이따금 침대에 누워 방 천장을 바라보면서 좀 더 의미 있는 일을 하고 싶다는 생각을 하게 됐다. 이기심을 버리고 '세상을 개선하는 일'에 기여하고 싶은 마음이 든 것이다. 그것이 비록 아주 작은 일이더라도.

그런데 어느 날 그의 휴대폰이 울렸다. 그의 옛날 학교 친구이자 조류보호협회의 지역 회장인 패트릭이 건 전화였다.

"우리 협회에서 이번 주 토요일에 새집 만들기 연례 행사를 열 계획이네. 지금 자원봉사자들을 모집하고 있어. 멸종 위기 새들을 위한 특수 새장을 만들어서 숲 속에 설치할 거라네. 자네 시간 있나? 아침 8시부터 시작해서 정오가 조금 지나면 끝나게 될 거야."

세상을 개선하는 일에 대해서 진지하게 생각하고 있던 자크는 뭐라고 대답해야 할까? 그렇다. 그는 그 요청을 거절해야 한다. 그 이유는 자크가 시간당 70만 원을 벌고 있기 때문이다. 목수가 받는 보수는 시간당 7만 원이다. 그러므로 자크는 차라리 한 시간을 더 사진기자로 일하고 나서 그 돈으로 그가 새장을 만드는 실력과는 비교할 수 없게 뛰어난 실력으로 새장을 만드는 숙련된 목수를 4시간 고용하는 것이 합리적이다. 그리고 남은 돈은 조류보호협회에 기부할 수 있을 것이다(거기서 세금은 일단 제외하기로 하자). 그렇게 함으로써 자크는 자신이 직접 나서서 새장을 만드는 것보다 세상의 개선에 훨씬 더 많이 기여하게 될 것이다.

그러나 실제로 자크는 새장을 직접 만드는 쪽으로 결정하는 오류를 저지를 가능성이 크다. 이런 경우를 가리켜 경제학자들은 소위 '자원봉사자의 어리석음(The volunteer's folly)' 즉, 자발적인 일의 어리석음이라고 말한다. 이러한 현상은 우리 주변에 흔하다. 예를 들어 독일 사람들 가운데 3분의 1 정도가 자신의 전문 분야와 상관없는 봉사 활동에 참여하고 있다(스위스의 경우에는 그에 대한 검증이 없다). 게다가 자크의 경우에는 그의 선택이 잘못되었다는 것을 입증할 수 있는 근거가 또 있다. 자크가 목수에게 새장을 만들게 하고 그 대가를 지불하는 대신에 그가 스스로 새장을 만든다면, 그것은 목수가 해야 할 일을 빼앗는 것이 된다. 그리고 이는 분명 세상을 개선하는 일에 기여하는 것은 아닐 것이다.

이런 논의는 이타주의가 가진 껄끄러운 면에 대해서 생각해 보게 한다. 도대체 이타심이라는 것이 정말로 있을까? 다른 사람을 위하는 일이라는 것은 사실은 개인적으로 뭔가 이익을 보려는 것과 관련된 것은 아닐까? 독일 정부에서 실시한 '자원봉사자들에 대한 조사'는 다음과 같은 사실을 보여 준다. 자원봉사자들이 봉사를 하는 가장 강한 동기는 사회를 형성해 나가는 일에 참여하려는 일종의 민주주의적인 욕구에서 비롯된다. 하지만 이런 이유 외에도 사회적인 접촉과 재미, 그리고 새로운 경험을 얻으려는 바람도 함께 작용하고 있다. 그것은 이타적인 것이 아니라 그 반대이다. 즉, 엄밀

서툰 솜씨로 직접 새장을 짓는 것보다
돈을 벌어 목수를 보내는 게
진정 새를 위하는 일일 수 있다.

히 말해서 자발적으로 하는 일에 조금이라도 만족을 느끼는 사람이라면 누구든 순수한 이타주의자라고 할 수는 없다.

우리가 보았듯이 더 많이 일을 하고서 그 돈의 일부를 기부하는 것이 자크로서 할 수 있는 가장 효율적인 도움이다. 그가 직접 나서는 일은 자신의 전문 지식을 투입할 수 있을 때만 의미가 있을 것이다. 예를 들어서 만약 그 조류보호협회가 오직 최고의 사진기자만이 찍을 수 있는 사진을 넣은 기부금 안내장을 만들기로 계획한다면, 자크는 자신이 직접 그 사진을 찍어 주거나 아니면 협회에서 필요한 사진 찍는 일을 해준 뒤 거기서 받은 보수를 다시 협회에 기부할 수 있을 것이다.

그런데 자원봉사자의 어리석음에서 한 가지 예외가 있다. 그것은 정말로 탁월한 인품을 가진 사람 혹은 대중에게 영향력이 큰 사람이 자발적으로 나서서 일을 해주는 경우다. 만약에 보노(록 밴드 U2의 리드 싱어. 음악 활동 외에도 기부와 자선 활동, 환경보호 활동 등 다양한 사회 운동을 하는 것으로 유명하다 - 옮긴이), 케이트 윈슬렛(영국의 배우. 대표적인 출연작으로 1997년에 상영된 〈타이타닉〉이 있다 - 옮긴이) 또는 마크 주커버그(미국 페이스북의 공동 설립자이자 회장 - 옮긴이)가 등장해서 직접 새장을 만들거나, 기름에 뒤덮여 더러워진 백사장을 청소하거나 혹은 지진 현장에서 희생자들을 돕는 일을 하는 등의 자원봉사를 하게 된다면 그들은 해당 사안을 대중에게 알리는 데 있어 돈으로 환산할 수 없을 만큼 대단한 기여를 하는 셈이 된다. 그러므로 자크는 하루쯤 목수가 되어 보겠다고 결정하기 전에 자신이 정말로 스타인지 아니면 그냥 허풍쟁이인지를 비판적으로 평가해야 한다. 이것은 당신이나 나의 경우에도 해당된다. 즉 길거리에서 사람들이 당신을 보고 우르르 달려와 둘러싸지 않는 한, 당신은 자원봉사에 참여하는 것은 거절하고 그 대신 돈으로 기부해야 할 것이다.

한가지 이유의 함정

우리는 잘못을 저지른 사람이 아니라 책임질 사람이 필요하다

크리스 매튜스는 미국 텔레비전 방송 MSNBC의 스타 진행자 가운데 한 명이다. 그가 진행하는 뉴스쇼에서는 보통 '정치 전문가'를 섭외해서 관련 사안에 대한 질문을 던지고 의견을 듣는다. 정치 전문가라는 사람들이 무엇인지 이해할 수도 없고, 그런 경력을 추구할 만한 가치가 있는 것인지도 모르겠다. 어쨌든 2003년도에 미국의 이라크 침공이 큰 이슈여서 이 주제가 계속 다뤄졌다. 내가 주목한 것은 그 정치 전문가들이 해준 대답들보다 크리스 매튜가 던진 다음과 같은 질문들이었다.

"그 전쟁의 '동기'는 무엇입니까?", "많은 사람들은 이 전쟁이 9·11사건의 보복이라고 생각하는데, 그게 '이유'인지 궁금합니다", "전쟁이 일어난 '원인'이 대량 학살 무기라고 믿습니까?", "당신은 미국이 왜 이라크로 진군했다고 생각합니까? 표면적인 이유 말고 '진짜 이유'는 무엇입니까?" 등등이다. 나는 그런 질문들을 지켜보기가 힘들었다. 그가 던진 질문들은 모든 생각의 오류들 가운데 가장 자주 일어나는 오류를 범하고 있었기 때문이었다. 이상하게도 이 오류는 잘 알려지지 않았다. 바로 '한 가지 이유의 함정(Fallacy of the single cause)'이다.

2008년 미국발 금융 위기로 은행들이 무너지자 정부는 세금을 인위적으로 투입해서 은행들의 목숨을 살려 줘야 했다. 투자가들, 정치가들, 저널리스트들은 분노하면서 금융 위기의 원인이 무엇인지에 대해 캐물었다. 미국 연방준비제도이사회 의장이었던 앨런 그린스펀의 느슨한 금융정책 때문일까? 투자가들의 어리석음 때문일까? 의심스러운 신용평가사 때문일까? 돈에 매수당한 공무원들 때문일까? 잘못된 리스크 모델들 때문일까? 아니면 순전히 탐욕 때문일까? 그것들 가운데 어느 것도 진짜 이유가 아닐 수도 있고 동시에 그 모든 것들이 이유가 될 수도 있다.

그리고 도처에서 일어나는 일도 마찬가지다. 초가을의 따스한 날씨, 행복했던 연인들의 결별, 제1차 세계대전, 암, 학교 안에서 일어나는 발작적인 살인 광증, 어느 기업이 거둔 세계적인 성공, 글자의 발명……. 분명하게 생각하는 사람이라면 누구든 이런 일들이 일어나는 데는 한 가지 이유만 있는 것이 아니라 수백 수천 가지, 무한히 많은 이유들이 있다는 것을 알고 있다. 그런데도 우리들은

사과가 익어서 땅으로 떨어진 것은 지구의 인력 때문일까?
가지가 시들었기 때문일까? 바람이 불어서일까?
그중 하나가 이유가 아니라 이 모든 것이 이유가 된다.

어떤 일의 이유를 굳이 캐물어 알아내려고 애쓴다.

"사과가 익으면 왜 땅으로 떨어질까? 지구의 인력에 이끌려서일까? 가지가 말라서 시들었기 때문일까? 사과의 과육이 물러서 흐물거리기 때문일까? 사과가 너무 무거워져서일까? 바람이 불어서 흔들리기 때문일까? 아니면 그 나무 밑에 서있던 소년이 사과가 먹고 싶어서 흔들었기 때문일까? 그중 어떤 것 하나가 이유인 것이 아니라 그 모든 것이 합해져서 이유가 된다." 러시아의 작가 톨스토이는 그의 소설『전쟁과 평화』에서 이렇게 핵심을 찔렀다.

당신은 콘플레이크(옥수수를 눌러서 만든 가공식품, 주로 아침 식사용으로 먹는다 - 옮긴이) 제품을 담당하고 있는 매니저인데, 바이오슬림피트(Bio-slim-fit)라는 제품을 출시해서 대성공을 거뒀다. 그러나 한 달이 지나자 갑자기 판매량이 줄어들었고 결국 실패했다는 사실을 더 이상 감출 수 없게 되었다. 꽝! 주저앉고 만 것이다. 당신은 그 실패의 원인을 어떻게 밝혀내겠는가?

첫째, 당신은 이제 실패에는 한 가지 이유만이 아니라 여러 가지 이유가 있다는 것을 알고 있다. 연필을 하나 꺼내서 실패를 유도했을 모든 이유들을 적어 나가라. 그리고 그 이유들의 배후에 있는 이유에 대해서도 똑같이 적어 나가라. 잠시 후에 당신은 실패에 영향을 준 다양한 요인들을 이어서 네트워크를 만들 수 있을 것이다.

둘째, 당신이 변화시킬 수 있는 것들을 체크하고 영향을 줄 수 없는 것들(예를 들면 인간적인 특성)을 지워 버려라.

셋째, 당신이 체크한 요인들을 여러 시장에서 바꿔 가며 적용해 테스트를 해보아라. 이런 경험을 쌓기 위해서는 많은 비용과 시간이 소요된다. 그러나 얄팍한 추측의 함정에서 벗어나기 위한 유일한 방법이다.

한 가지 이유의 함정은 위험할 뿐더러 오래된 것이기도 하다. 2400년 전 철학자 아리스토텔레스는 인간이야말로 "그가 하는 행동의 주원인"이라고 말했고 지금까지 쭉 그렇게 생각해 왔다. 오늘날의 우리는 이것이 틀렸다는 것을 알고 있다. 인간은 자유로운 의지를 갖고 있지 않다. 오히려 유전적인 성향에서 시작해 교육을 거쳐 개별적인 뇌세포들 사이의 호르몬 집중 작용에 이르기까지 수천 가지의 요인들이 함께 작용하면서 한 가지 행동을 유발하는 것이다. 그런데도 우리는 인간에 대해 낡아 빠진 이미지를 고수하고 있다. 그것은 어리석을 뿐만 아니라 도덕적으로 옳지 않은 결과를 낳을 여지가 있다. 즉 우리가 '한 가지' 이유를 믿는 한, 승리나 파국의 책임을 개별적인 인간들에게로 돌리고 그들을 '책임을 져야 할 자들'로 낙인찍는 일에 몰두할 것이다. 어리석게도 한 명의 희생자를 만드는 일은 특히 권력을 효율적으로 행사하는 데 아주 유용하다. 이런 행동은 인간이 수천 년 전부터 해온 놀이이다.

미국의 가수 트레이시 채프먼이 세계적으로 성공을 거둔 이유도 한 가지 이유의 함정으로 설명할 수 있다. 그녀를 성공으로 이끈 노래가 바로 '나에게 한 가지 이유를 줘요(Give me one reason)'였다. 그런데 잠깐, 혹시 그녀가 성공한 데는 또 다른 몇 가지 이유가 있었던 것은 아닐까?

후회에 대한 두려움

수익률이 떨어지는데도 펀드를 해지하지 못하는 이유

두 가지 이야기가 있다. 첫 번째로, 폴은 A라는 회사의 주식을 소유하고 있었다. 한 해가 지나가는 동안 그는 이 주식을 팔고 B라는 회사의 주식을 사야 할지 고민했다. 하지만 결국 그는 행동으로 옮기지는 않았다. 그러나 그가 만약에 그렇게 했더라면 150만 원을 더 벌었을 것이다.

두 번째, 조지는 1년 동안 B라는 회사의 주식을 소유하고 있었는데 이듬해 이 주식을 팔고 A라는 회사의 주식을 샀다. 그러나 그가 만약 B회사의 주식을 그대로 보유하고 있었더라면 150만 원을 더 벌었을 것이다.

두 사람 가운데 과연 누가 더 많은 후회를 할까?

이 사례에 대해 설문 조사를 한 결과, 응답자들 가운데 8퍼센트

계획을 바꿔 비행기를 탔다가 추락 사고를 당한 사람은
처음부터 비행기를 탈 예정이었던 사람보다 더 많은 동정을 받는다.

는 폴이라고 말하고, 92퍼센트는 조지라고 대답했다. 두 사람 모두 150만 원의 돈을 눈앞에서 놓쳤는데 왜 이런 차이가 나는 것일까? 객관적으로 생각하면 두 사람은 똑같은 상태에 있다. 조지는 물론 폴도 역시 투자 결정에 실패했다. 유일한 차이라고 하면 폴은 자신의 생각을 행동으로 옮기지 않았고, 조지는 행동을 했다는 점이다. 폴은 소극적이었던 반면에 조지는 적극적이었다. 이 사례에서 폴은 보통 사람들의 경우에 해당한다. 대다수의 사람들은 돈을 한번 투자하면 투자한 곳에 몇 년 동안 그대로 묶어 둔다. 그러나 조지는 다르다. 그는 보통 사람들이 서 있는 줄에서 빠져 나와 춤을 추는 사람이다. 신기한 것은 똑같이 나쁜 결과에 직면했을 때 소극적인 사람보다는 적극적인 사람이, 행동을 안 한 사람보다는 행동을 한 사람이, 다수의 선택을 따른 사람보다는 따르지 않은 사람이 더 많이 후회를 한다는 사실이다. 자신의 행동이 대다수의 사람들의 행동과 일치하지 않는 사람이 더 후회를 많이 한다.

   때로는 어떤 행동을 중지하는 것도 예외처럼 보일 수 있다. 예를 들어 역사와 권위가 있는 한 출판사에서 유일하게 전자책을 출간하는 트렌드를 거부했다. 책은 종이로 만들어져야 한다는 것이 그 회사 경영자의 생각이다. 그런데 몇 년 후 10개의 출판사가 파산했다. 그중 9개는 전자책을 출간했지만 성공하지 못했던 출판사고, 나머지 한 군데 출판사는 전자책 출간을 거부한 출판사였다. 과연 어느 출판사가 과거에 내린 결정에 대해 가장 많이 후회하게 될까?

누가 가장 많은 동정을 사게 될까? 그렇다. 마치 고집쟁이처럼 전자책 출판을 거부했던 출판사이다.

또 다른 사례를 들어 보자. 노벨 경제학상 수상자인 대니얼 카너먼이 쓴 책 『생각에 관한 생각』을 보면 다음과 같은 내용이 나온다. 비행기 추락 사고가 있을 때마다 우리는 운이 지독히도 없어 사고를 당한 사람의 이야기를 듣게 되곤 한다. 즉 그 사람은 원래는 하루 앞서서 또는 하루 뒤에 비행기를 타려고 했는데 무슨 이유에선지 마지막 순간에 그 사고 비행기를 타게 되었다는 것이다. 여기서도 그 사람은 예외로 간주된다. 그래서 우리는 처음부터 그 비행기를 예약했던 대다수 '보통 사람들의 경우'보다 그 사람에게 더 많은 동정을 느끼게 된다.

그런데 이와 같은 '후회에 대한 두려움(Fear of regret)'은 우리를 이따금 비합리적으로 행동하도록 몰아간다. 미래에 후회라는 끔찍한 감정을 느끼지 않기 위해서 보수적으로 행동하는 경향, 즉 대중으로부터 빠져나와 머리를 너무 멀리 내밀지 않으려는 경향을 갖게 만드는 것이다.

후회에 대한 두려움을 끄떡없이 견뎌 내는 사람은 아무도 없다. 전문적인 주식 거래인들도 마찬가지다. 통계를 살펴보면 주식 거래인의 한 해 실적을 정리하고 그에 따른 보너스를 계산하는 12월 31일로 다가갈수록 주식 거래인들은 그들이 갖고 있던 색다른 주식들을 팔고 대다수 투자가들의 성향으로 돌아가는 경향이 있다.

또한 후회에 대한 두려움은 당신에게 더 이상 필요 없는 물건들도 내버리지 못하게 붙잡아 둔다. 당신은 낡아 빠진 테니스화가 언제 또다시 필요하게 될지 몰라 버리지 못한다. 그때 신발이 없다면 불쾌해질지도 모른다는 불안을 갖고 있는 것이다.

만약 후회에 대한 두려움이 '마지막 기회'라는 말과 결합되면 이것이야말로 어리석은 행동의 기폭제가 된다. 예를 들어 어느 사파리 홍보 책자에 '코뿔소가 멸종되기 이전에 직접 볼 수 있는 마지막 기회'라고 써있다고 하자. 그러면 코뿔소에 전혀 관심이 없던 사람까지 호기심을 갖는다. 그러나 우리가 바로 오늘까지 코뿔소를 보는 일을 그리 중요하지 않은 것으로 여겼다면 홍보 책자를 보고 계획에도 없던 코뿔소 투어를 결심하는 것은 정말 비이성적인 일이다.

당신이 오래전부터 바다가 보이는 단독주택에서 살고 싶다는 꿈을 꿔왔다고 가정하자. 부동산을 통해 알아보니 지금 현재 바다를 전망하는 위치의 땅은 손에 꼽을 정도다. 당신이 망설이는 사이 부동산에서 계속 전화를 걸어온다. 아직은 세 군데 후보가 있고, 아직 두 군데가 있고, 마지막으로 한 군데가 남았다. 그때 마지막 기회라는 말이 당신의 머릿속에 꽂힌다. 그리하여 결국 당신은 그 땅을 터무니없이 비싼 가격에 매입한다. 후회에 대한 두려움이 바다가 내려다 보이는 위치의 땅이 언제든 시장에 나오게 되리라는 사실을 잊게 만든 것이다. 멋진 부동산을 거래할 수 있는 기회는 오늘을 끝으로 사라지는 것이 아니다. 그러나 마지막 기회라는 말과 놓치면 후회할지 모른다는 감정은 우리를 무지하게 만든다.

때로 후회에 대한 두려움은 지금까지 살아온 모든 인생을 아주 비극적인 방향으로 완전히 뒤집어 놓을 수도 있다. 나는 40대 초반에 잠깐 만난 남자와의 사이에서 아이를 갖게 되어 그 대가로 불행한 가정생활을 이어 가고 있는 여성들을 알고 있다. 그녀들에게 마지막 기회라는 말은 결국 더 큰 후회를 불러 왔다.

계획 오류

왜 항상 계획보다 시간이 더 많이 걸릴까?

아마 당신은 아침마다 그날 당신이 해야 할 일들의 목록을 작성할 것이다. 계획했던 모든 과제를 저녁에 다 끝내게 되는 경우는 얼마나 자주 있는가? 언제나 계획한 모든 일을 해내는가? 아니면 이틀에 한 번씩? 혹시 일주일에 한 번씩 해내는가? 만약 당신이 대다수의 사람들처럼 생각하고 행동한다면 당신은 아주 가끔, 그러니까 20일에 한 번 정도 모든 과제 목록을 다 완수한 후에 느긋하게 쉬게 될 것이다. 말하자면 당신은 너무 많은 것을 감행하려는 것이다. 어처구니없이 많은 일을 말이다.

만약 이 지구상에서 살아가는 첫날에 그렇게 많은 계획을 세웠다면 용서가 될 것이다. 그러나 당신은 수십 년 전까지는 아닐지라도 이미 수년 전부터 과제 목록을 만들어 오고 있다. 그러므로 당신이 일을 처리하는 능력을 매일 새롭게 과대평가하고 있는 것은 아니라고 가정해도 될 것이다. 그런 확인은 터무니없는 것이 아니다. 왜냐하면 당신은 다른 분야에서 얻은 경험으로부터 배우는 것이 있기 때문이다. 계획과 관련된 일이라고 해서 왜 아니겠는가? 다만 당신은 예전에 계획했던 것들이 대부분 너무 낙관적이었다는 것을 알고 있으면서도 지금만큼은 예외적으로 현실적이라고 진지하게 믿고 있다. 대니얼 카너먼은 이를 가리켜 '계획 오류(Planning fallacy)'라고 불렀다.

캐나다의 심리학자인 로저 뷸러와 그의 연구팀은 졸업반 학생들을 상대로 작은 실험을 했다. 학생들은 마지막 학기가 되면 졸업 논문을 한 편씩 써야 한다. 뷸러는 이들에게 두가지 질문을 던졌다. 즉 모든 일이 잘 된다면 논문을 완성하는 데 얼마나 걸릴지, 만약 모든 일이 잘 안 된다면 논문을 언제 제출하게 될지 물었다. 학생들은 첫 번째 질문에는 평균 24.7일, 두 번째 질문에는 평균 48.6일이 걸릴 것이라고 답했다. 하지만 실제로 논문을 제출하기까지 평균 55.5일이 걸렸으며 학생들 가운데 오직 30퍼센트의 학생들만 그 자신이 예상한 기한을 지켰다. 대부분의 학생들은 자신이 예상한 것보다 거의 두 배의 시간이 필요했으며, '모든 일이 잘 안 되는' 최악의 시나리오보다 족히 일주일은 더 걸렸다.

특히 경제나 정치, 학문을 연구하는 분야에서 사람들이 서로 협력해서 일할 때는 계획 오류가 분명하게 드러난다. 프로젝트를 이

행하는 데 필요한 비용과 위험성은 과소평가되는 반면 혜택과 효용성은 과대평가되곤 한다. 오스트레일리아 시드니에 있는 조개 모양의 오페라하우스는 1957년에 설립이 계획되었다. 당초 목표는 77억 원의 비용을 들여서 1963년에 완성하겠다는 것이었다. 그러나 그 건물이 실제로 개장된 것은 1973년이었고, 들어간 비용은 무려 1100억 원이었다. 무려 14배나 비용이 더 든 것이다!

왜 우리는 제대로 된 계획을 세울 수 없는 것일까? 첫 번째 이유는 우리가 바라는 것을 먼저 생각하기 때문이다. 우리는 자신이 계획하는 모든 것을 다 달성하는 성공적인 인간이 되고 싶어 한다. 둘째로 우리는 지나치게 프로젝트에 집중하며 프로젝트에 영향을 미칠 수 있는 낯선 사건들은 배제시켜 버린다. 나심 탈레브는 그가 쓴 책 『블랙 스완』에서 위험성과 수익성을 완벽하게 계산했다고 말하는 한 카지노에 대해 설명한다. 그들은 어떤 경우에도 완벽하게 대응할 계획을 세웠다고 자신했지만 카지노를 거의 파산으로 내몰 뻔한 세 가지 사건이 발생했다. 먼저 카지노에서 쇼를 하던 호랑이가 조련사를 공격하는 바람에 천억 원 이상을 잃었다. 그리고 카지노의 한 직원이 세금 명세서를 제출하는 일을 게을리해서 카지노 허가를 박탈당할 뻔했다. 마지막으로 카지노 소유주의 딸이 납치됐는데 소유주가 몸값을 마련하느라 카지노의 금고에 손을 댔다. 이런 일들은 아무도 미리 계산하지 못한 것이었다. 그러나 계획을 무산시키는 사건은 이렇게 예상치 못한 일인 경우가 대부분이다.

계획은 틀어지게 마련이다.
우리가 해야 할 일은 실패 가능성을 염두에 두고
대비책을 마련해 두는 것이다.

물론 위에서 언급한 극적인 일이 일어나는 경우는 흔하지 않지만, 우리의 일상적인 계획에도 예상치 못한 일들이 일어난다. 즉 딸아이가 생선 가시를 삼킨다든가, 자동차 배터리가 방전되었다든가, 갑자기 집을 매매하겠다는 제의가 들어와 긴급하게 새집을 알아봐야 하는 경우 따위 말이다.

더 자세하게 계획을 세운다고 해서 과연 그것이 해결책이 될까? 그렇지 않다. 한 걸음 한 걸음 계획을 세워 나가는 것은 오히려 계획 오류를 더 심화시킬 수 있다. 왜냐하면 그렇게 함으로써 프로젝트에만 초점을 맞추게 되고, 예기치 않은 일들이 발생할 경우에 대해서는 덜 생각하게 되기 때문이다.

그렇다면 어떻게 해야 할까? 과거에 있었던 일들을 참고하는 것이 답이 될 수 있다. 시선을 내부로, 즉 지금 계획하고 있는 프로젝트로 돌리지 말고 냉정하게 밖으로 시선을 돌려 비교할 만한 계획들을 꼼꼼히 확인하라. 만약 비슷한 프로젝트를 수행하는 데 3년이 걸리고 55억 원의 비용이 소요됐다면, 당신이 하는 프로젝트도 충분히 그럴 가능성이 있다. 당신이 얼마나 용의주도하게 계획을 세우는가와는 상관없이 말이다.

그리고 또 하나 아주 중요한 것이 있다. 프로젝트에 대한 결정을 하기 직전에 '프리 모템(pre-mortem, 사전 부검이라는 뜻이다 – 옮긴이)' 회의를 열어라. 미국의 심리학자인 게리 클라인이 권유한 대로 팀원들 앞에서 다음과 같이 말하는 것이다.

"여러분은 1년 후의 오늘을 상상해 보십시오. 지금 우리가 준비한 프로젝트를 실행에 옮겼더니 그 결과는 실패인 것으로 결론이 났습니다. 왜 우리는 실패했을까요? 한 10분 정도의 시간을 내서 프로젝트 실패에 대해 짤막한 이야기를 써봅시다."

그렇게 해서 작성된 허구의 실패 요인들은 당신에게 그 일이 어떤 식으로 진행되면 좋을지를 미리 보여 줄 것이다.

질투의 심리학

최고급 아파트를 사고도 불행한 사람들

세 가지 시나리오가 있다. 당신이 보기에 어떤 것이 가장 신경에 거슬리겠는가? A) 친구들의 평균 소득은 늘어나는데, 오직 당신의 소득만 제자리에 머물러 있다. B) 친구들의 평균 소득은 그대로인데, 오직 당신의 소득만 줄어들고 있다. C) 친구들의 평균 소득과 당신의 소득이 모두 줄어들고 있다.

당신은 A를 선택하였는가? 민망해하지 마라. 당신은 결코 비정상적이거나 성격이 못된 것이 아니다. 다만 아주 보통의 질투심을 갖고 있을 뿐이다.

러시아에는 이런 이야기가 전해 내려온다. 한 농부가 마법의 램프를 하나 발견했다. 그가 램프를 만지자 홀연히 한 정령이 나타나더니 그에게 한 가지 소원을 말하면 이루어 주겠다고 약속했다. 농부는 한동안 곰곰이 생각하다가 이렇게 말했다. "내 이웃이 소를 한 마리 갖고 있습니다. 나는 그 소가 지금 당장 죽어 자빠졌으면 좋겠습니다."

이런 이야기는 너무나 어처구니없게 들린다. 하지만 당신에게도 비슷한 상황이 얼마든지 벌어질 수 있다. 예를 들어 당신의 직장 동료는 두둑한 보너스를 챙겼는데, 당신은 그렇지 못했다면 '질투'라는 감정이 자연히 생긴다. 거기에서 비이성적인 태도가 튀어나온다. 즉 직장 동료를 더 이상 도와주지 않으며 그의 계획들을 방해한다. 심지어 그가 타고 다니는 포르쉐의 바퀴에 펑크를 낼지도 모른다. 그리고 만약 그가 스키를 타다가 한쪽 다리가 부러졌다면 속으로 환호를 지를지도 모른다. 당신도 러시아 이야기 속 농부와 비슷하지 않은가?

모든 감정들 가운데 질투가 가장 어리석은 것이다. 왜 그럴까? 왜냐하면 질투는 비교적 쉽게 통제할 수 있는 감정이기 때문이다. 내 의지로 바꿀 수 없는 상황 때문에 생기는 분노나 슬픔 혹은 불안과는 반대로 말이다. 워런 버핏의 평생 동료이자 투자의 귀재로 알려진 찰스 멍거는 이렇게 말한다. "다른 사람이 당신보다 돈을 더 빨리 버는지 관심을 갖는 것이야말로 치명적인 악(惡)들 가운데 하나이다. 질투야말로 정말 어리석은 죄악이다. 왜냐하면 그것은 유일하게 재미를 느낄 수 없는 것이기 때문이다. 고통만 많을 뿐 재미는 전혀 없다. 그러니 누가 무엇 때문에 그런 것을 자신에게 부과하

"내 이웃의 소가 지금 당장 죽어 자빠졌으면 좋겠습니다."
우리는 지구 반대편에 있는 백만장자가 아니라
바로 가까이에 살고 있는 이웃을 질투한다.

려고 하겠는가?"

질투는 소유, 신분, 건강, 젊음, 능력, 대중적인 것, 아름다움 등 많은 일들을 대상으로 생겨난다. 질투는 시기와 혼동되기도 한다. 둘 다 신체에 나타나는 반응이 동일하기 때문이다. 차이가 있다면 질투라는 감정이 생기기 위해서는 단 두 사람만 있어도 되지만, 시기가 일어나려면 세 명이 필요하다. 예를 들어 피터는 아름다운 이웃집 여자가 자신의 집 초인종이 아니라 앤디의 집 초인종을 눌렀기 때문에 앤디를 시기한다.

질투에서 재미있는 부분은 이런 것이다. 우리는 특히 나이, 직업, 그리고 삶의 방식들이 우리와 비슷한 사람들에게 질투를 느낀다. 우리는 지난 세기에 살았던 어떤 기업가를 질투하지 않는다. 어떤 식물이나 동물을 질투하는 일도 없다. 지구 반대쪽에 사는 어떤 백만장자를 질투하는 일도 없다. 그러나 바로 가까이에 살고 있는 이웃은 질투한다. 작가인 나는 음악가나 펀드 매니저 또는 치과 의사가 성공을 거두었다고 해서 그들을 질투하지는 않지만, 다른 작가를 질투하는 일은 있다. 일찍이 철학자 아리스토텔레스가 말하지 않았던가. "도공은 도공을 질투한다"라고.

질투는 우리를 고전적인 행동의 오류로 이끈다. 당신이 큰 성공을 거둬 돈을 벌면 질투는 도시의 어두운 동네를 떠나 호수 근처의 아름다운 별장을 사도록 부추긴다. 처음 몇 주 동안은 호수 위에 석양이 반사되는 것을 즐기고, 당신의 새 주소가 친구들에게 줄 인상을 상상하면서 즐거워한다. 그러나 얼마 안 가서 당신은 별장 주위에 차원이 다른 호화 빌라들이 있다는 것을 알아차린다. 예전에 당신의 비교 대상으로 삼던 집단을 이제 훨씬 더 부유한 비교 대상들로 교체한 것이다. 그 결과 당신에게 주어지는 것은 질투와 당신의 재산 상태에 대한 스트레스이다.

질투라는 감정이 생기는 것은 자연스러운 일이다. 그러나 그것을 피할 수는 있다. 첫째, 당신은 자신을 다른 사람들과 비교하는 일을 그만 두어라. 둘째, 당신의 '능력의 범위(Circle of competence)'를 찾아내어 그것을 혼자 차지하라. 당신이 지배자가 될 수 있는 자신만의 둥지를 만들어라. 당신이 스스로 대가(大家)가 될 수 있다면 그 영역이 얼마나 왜소하든 상관없다. 중요한 것은 그 안에서는 당신이 왕이라는 사실이다.

모든 감정들이 그렇듯이 질투도 그 근원은 우리가 진화해 온 과거 속에 들어 있다. 누군가 내 앞에 놓여 있던 먹을 것을 한 조각 날쌔게 낚아채 가면, 먹이를 빼앗긴 자는 그것의 가치를 과소평가하는 것으로 질투를 표현했다. 또한 질투는 우리가 무엇인가를 하도록 동기를 부여한다. 질투심이 없는 사냥꾼이나 채집가들은 경쟁에서 살아남지 못해 유전자 풀에서 사라졌다. 우리는 먹이가 풍부했던 인류의 후손이며 질투를 했던 인간들의 후손인 것이다. 다만 오늘날의 세계에서는 살아가는 데 질투가 더 이상 중요하지 않다. 나의 이웃이 포르쉐 자동차를 구입했다고 해서, 나한테서 뭔가가 사라진다는 의미는 아니다.

　내가 또다시 뭔가를 질투하는 기미를 보이면 내 아내는 조용히 이렇게 말한다. "당신이 질투하겠다고 결심한 딱 한 사람에 대해서는 질투를 해도 돼요. 그 외에는 안 돼요."

계획서 순응의 오류

폭주 자동차의 사고율이 낮은 이유

언뜻 이해가 안 되는 말이겠지만 통계상 고속도로를 엄청난 속도로 질주하는 자동차 운전자들은 신중하고 안전하게 달리는 자동차 운전자들보다 더 안전하게 달린다고 할 수 있다. 왜 그럴까? 독일의 함부르크에서 하노버까지의 거리는 약 150킬로미터이다. 그 구간을 한 시간 남짓 안에 돌파하는 자동차 운전자들을 '고속 질주자' 그룹으로, 그보다 더 낮은 속도로 달려 1시간 30분이 걸리는 운전자들을 '신중한 질주자'의 그룹으로 나누어 보자. 어느 그룹에서 사고가 덜 일어날까? 고속 질주자 그룹일까, 아니면 신중한 질주자 그룹일까? 분명한 것은 고속 질주자 그룹에서 사고가 덜 일어난다는 사실이다. 사고를 당한 운전자들은 한 시간 내에 이 구간을 주파할 수 없기 때문에 자동적으로 신중한 운전자 그룹에 속하게 된다. 또한 사고가

실험에 참여하려고 했지만 예상치 못한 이유로 빠지게 된 경우를
고려하지 않으면 결과는 왜곡된다.

없었던 고속 질주자 그룹은 아무 일 없이 빠른 속도로 달릴 수 있었기 때문에 그 그룹에 속할 수 있었으며 어떤 사고에 말려들 시간이 없다. 『알을 낳는 개』라는 책에 실린 이 사례는 악의적인 생각의 오류, 즉 '계획서 순응(Per protocol analysis)의 오류를 보여 준다(혹은 계획서 순응 분석의 오류, PP분석의 오류라고도 부른다).

최근에 어느 은행가가 나에게 흥미로운 연구를 보여 주었다. 그 연구에 의하면 엄청난 부채를 진 기업들이 부채가 없는 기업들보다 눈에 띄게 많은 수익을 올린다는 것이다. 그 은행가는 이 자료를 보며 회사들이 한도에 이를 때까지 채무를 져도 아무 문제가 없으니 더 자유롭게 부채를 져야 한다고 열렬하게 주장했다. 물론 그래야 그의 은행에 유리할 테지만 말이다. 나는 그 연구 보고서를 자세히 살펴보았다. 사실이었다. 우연히 선정한 천 개의 회사들 가운데 막대한 부채를 진 회사들은 순수 자산이 많이 늘었을 뿐 아니라 부채를 합한 총 자본도 늘어났다. 과도하게 부채를 진 기업들은 부채를 지지 않은 기업들보다 모든 면에서 더 성공적이었다. 도대체 왜 그럴까?

잠시 후에야 나는 이 결과가 이해되었다. 그 이유는 수익이 없는 기업들은 아예 기업 대출을 받지 못하기 때문이었다. 그런 회사들은 자동적으로 채무를 지지 않은 기업들로 분류된다. 또 이렇게 생각할 수도 있다. 부채를 진 회사들은 부채가 없는 회사들보다 더 빨리 파산한다. 어떤 회사가 대출 이자를 더 이상 갚지 못하게 되면 곧장 은행으로 넘어가서 그 회사는 값싸게 매각된다. 그 결과 그런 회사는 연구 보고서에서 아예 사라지고 만다. 다시 말해 부채를 지고서도 살아남는 기업들은 비교적 건전한 회사들이다. 반면에 부채를 안고 있지 않은 회사들은 재무 구조가 좀 더 튼튼하기 때문에 빨리 파산하지 않는다. 그리고 그런 회사들은 미미한 수준이라고 하더라도 연구 보고서의 한 부분을 차지하고 결과에 영향을 미친다.

만약 지금 당신이 '좋아, 이해했다'라고 생각한다면 조심하라. 계획서 순응의 오류는 인식하기가 쉽지 않기 때문이다. 의학계에서 사례를 하나 들어 보자. 한 제약 회사에서 심장병을 고치는 새로운 알약을 개발해 냈다. 임상 실험을 한 결과 이 약은 심장병 환자들의 사망률을 현저하게 낮춰 주는 것으로 '증명'되었다. 새로운 알약을 규칙적으로 복용한 환자들의 5년 내 사망률은 15퍼센트였고 플라시보 효과(약을 먹었다는 사실이 심리적으로 영향을 주어 환자의 병세가 호전되는 효과 - 옮긴이)를 측정하기 위해 가짜 약을 복용한 사람들의 사망률도 그와 대략 비슷했다. 그러나 결정적으로 새로운 알약을 불규칙적으로 복용한 환자들의 사망률은 30퍼센트에 달했다. 즉 사망률이 두 배나 높은 것이다. 규칙적으로 복용하는 것과 불규칙적으로 복용하는 것 사이에 엄청난 차이가 있다. 따라서 이 알약의 효과는 완전히 성공적이라는 결론을 내릴 수 있다. 정말로 그런가?

문제는 이 결과를 가져온 결정적인 요인이 그 알약이 아니라 환자들의 태도일 거라는 점이다. 어떤 환자들은 부작용이 너무 심해서 약을 복용하다가 중지했고 그래서 불규칙적으로 복용하는 그룹에 속하게 되었을 것이다. 아니면 병이 너무 심해서 규칙적으로 알약을 복용할 수 없었던 환자들도 있을 수 있다. 어쨌든 남는 것은 규칙적으로 약을 복용한 그룹에 속하게 되는 상대적으로 건강한 환자들뿐이다. 이런 상황을 고려하지 않으면 약의 효과는 실제보다 훨씬 더 부풀려진다.

정확한 결과를 얻기 위해서는 원래 임상 실험에 참여할 예정이었던 모든 환자들의 데이터들도(그들이 실제로 임상 실험에 끝까지 참여했든 아니든 상관없이) 포함해서 연구되어야 한다. 이런 연구 방식을 '치료 의도 분석(Intent to treat analysis)'이라고 부른다. 그러나 유감스럽게도 의도적이든 혹은 실수든 치료 의도 분석을 염두에 두지 않는 연구들이 많이 있다.

당신도 조심하라. 교통사고 자동차 운전자들, 파산한 기업들, 병이 심각한 환자들 같은 연구 대상을 가지고 얻은 결과가 혹시 어떤 이유에서 연구 계획과 맞지 않는다는 이유로 시험 견본에서 암묵적으로 폐기된 것은 아닌지 조사해 보라. 만약에 그런 경우라면 그 연구 보고서는 쓰레기통에 던져 버려야 할 것이다.

초깃값 효과

지금 이대로가 편해

나는 와인 리스트를 절망적으로 들여다보며 헤매고 있었다. 프랑스산 이룰레귀(Irouleguy) 와인, 헝가리산 하르슬레블뤼(Hárslevelü) 와인, 이탈리아산의 수수마니엘로(Susumaniello) 와인 등 리스트는 끝이 없었다. 와인에 대해서는 잘 모르기 때문에 리스트를 보고는 있지만 진땀이 났다. 하지만 다행히도 레스토랑의 소믈리에(레스토랑 같은 데서 고객에게 음식과 어울리는 와인을 추천해 주고 서비스하는 사람 - 옮긴이)는 손님들을 위해 자신의 센스를 발휘했다. 와인 리스트 맨 마지막 장에 다음과 같은 해답을 적어 놓은 것이다. "우리 음식점에서 추천하는 와인: 레제르브 뒤 파트롱, 부르고뉴, 7만 원." 나는 곧바로 그 와인을 주문했다. 보아하니 그것을 선택해도 큰 무리는 없을 거라고 생각했기 때문이었다.

1년 전부터 나는 아이폰(Iphone)을 사용하고 있다. 아이폰은 내 생각대로 무엇이든 다 세팅을 할 수 있다. 알람 소리에서 배경 그림 설정, 브라우저 줌 조절 기능, 그리고 카메라 셔터가 닫히는 소리의 강약에 이르기까지. 그런데 마음대로 세팅할 수 있는 옵션 가운데 지금까지 나는 과연 몇 개나 인지했을까? 당신은 내가 한 가지도 제대로 인지하지 못했다는 것을 예감했을 것이다.

그렇다고 해서 내가 기술을 응용할 줄 모르는 바보인 것은 아니다. 오히려 '초깃값 효과'의 수많은 희생자들 가운데 한 사람일 뿐이다. 초깃값, 즉 처음부터 설정되어 있는 기본값은 자신도 모르게 빠져드는 부드러운 키스처럼 아주 편안하고 유혹적이다. 내가 하우스 와인을 선택할 때나 아이폰을 세팅할 때도 그렇듯이, 대다수의 사람들은 표준적인 것을 고수한다. 예를 들면 사람들은 차를 살 때도 기본 색을 선택한다. 어느 카탈로그나 광고 영상, 신문 광고를 보더라도 무연탄 같은 회색 차가 기본 색으로 나온다. 그리고 이런 기본 색을 사겠다고 결정하는 자동차 구매자들의 수는 평균치를 훨씬 넘어선다.

경제학자인 리처드 탈러와 법학 교수인 캐스 선스타인은 그들이 쓴 책 『넛지』에서 정부가 헌법에 위배되지 않는 범위 내에서 시민들의 자유를 침범하지 않고도 어떻게 그들을 조종할 수 있는지를 보여 주었다. 즉 여러 가지 옵션들을 직접 선택하도록 해놓지만 시민이 결정을 내리지 못할 경우에 대비해서 한 가지 초깃값을 설정해

사람들은 본능적으로 현재 상태를 유지하려고 한다.
설문지의 초깃값을 장기를 '기증하지 않는다'에서 '기증한다'로 바꾼다면
기증자 수는 두 배 이상 증가할 것이다.

놓는 것이다. 그러면 시민은 초깃값 효과에 빠져 굳이 선택을 바꾸지 않고 정부가 정해 놓은 대로 선택을 하게 된다.

미국 뉴저지 주와 펜실베이니아 주는 그들의 시민들에게 선택 가능한 자동차보험을 두 가지 제공했다. 그중 하나는 비록 보험료는 더 싸지만 사고가 났을 경우 자신이 직접 장애의 심각성을 증명해야 한다. 이 보험이 표준으로 지정된 뉴저지 주에서는 대다수의 시민들이 그것으로 결정했다. 반면에 펜실베이니아 주에서는 보험사에서 보상을 책임지는 대신 조금 더 비싼 보험이 기본으로 설정되어 있기 때문에 이 보험 가입률이 더 높았다. 매우 놀라운 일이다. 왜냐하면 미국의 자동차 운전자들이 원하는 보상은 서로 그렇게 다르지 않기 때문이다. 차이는 보험의 내용이나 가격에서 비롯된 것이 아니라 어떤 것이 초깃값으로 설정되어 있느냐에서 출발했다.

심리학자인 에릭 존슨과 댄 골드스타인은 사람들에게 장기를 기증하고 싶은가라는 설문 조사를 진행할 때 '기증하지 않는다'가 기본 선택이 아니라 '기증한다'가 기본 선택으로 되어 있는 질문을 던져 보았다. 이처럼 기본적인 관점을 간단하게 바꾸어 놓자 장기를 기증하겠다는 비율이 40퍼센트에서 80퍼센트로 훌쩍 늘어났다.

초깃값 효과는 초깃값이 전혀 제시되지 않을 때에도 작용한다. 그럴 때 우리는 간단하게 우리의 과거를 개인적인 초깃값으로 삼고 현재 상태를 계속 유지하려고 한다. 사람들은 자신들이 알고 있는 것을 사랑한다. 새로운 것을 시도해 볼 것인지 아니면 옛것을 고수할 것인지 선택의 기로에 놓이면 우리들은 보통 극히 보수적으로 변한다. 심지어 바꾸는 것이 유리할 때조차 그렇게 한다. 내가 사용하고 있는 신용카드는 명세서를 우편으로 보내 주고 연간 7만 원씩 수수료를 받는다. 만약 내가 그 명세서를 전자우편으로 받는다면 그만큼을 절약할 수 있다. 그러나 나는 그 수수료를 의무적으로 내야 하고 거기에다 종이까지 소모하는 이 서비스에 대해 수년 전부터 화를 내왔으면서도, 지금까지도 그것을 해지하는 일은 하지 못했다.

이러한 '현재 유지 편향(Status quo bias)'은 어디서 오는 것일까? 순전히 편하다는 이유 때문 외에도 '손실 회피'가 중요한 역할을 한다(아마 『스마트한 생각들』을 읽었다면 기억할 것이다). 즉 우리는 손실을 입으면 합당한 수익을 얻었을 때 행복해지는 것보다 두 배는 더 불행하게 된다. 그래서 사적인 것이든 국가 간의 것이든 기존의 계약을 새로 협상하는 일은 어렵다. 어떤 것이든 내가 양보하는 것은 손실이 되고, 거꾸로 반대파가 양보를 하면 그것은 나에게 이익이 된다. 그러나 손실은 두 배나 더 크게 느껴지기 때문에 어떤 새로운 협상도 순전히 손실을 본 것처럼 느껴지는 것이다.

초깃값 효과는 물론이고 그것의 특수한 경우인 현상 유지 편향에 있어서도 우리는 기존의 것을 굳게 고수하는 경향이 매우 강하다. 그것이 비록 우리에게 불리한 경우일지라도 그렇다. 내 맞은편에 앉은 사람은 '레제르브 뒤 파트롱'을 시음해 보더니 "음……. 시간이 좀 더 지나면 맛이 부드러워질 것 같네요"라고 말했다. 만약 이 와인이 진심으로 마음에 들었다면 절대 그렇게 말하지 않았을 것이다.

전략적 허위 진술

확신에 찬 말보다 그의 경험을 믿어라

당신이 꿈꿔 오던 직장에 지원을 한다고 가정하자. 당신은 이력서를 아주 철저하게 다듬어서 완벽하게 정리했다. 면접에서는 당신이 가진 능력과 이제껏 거둔 성공들을 끄집어내어 강조하고, 불리한 것들은 일부러 언급하지 않고 넘어간다. 지금까지는 모든 것이 다 잘되어 가고 있다. 그때 면접관이 매출을 30퍼센트 늘리고 동시에 제품 가격을 30퍼센트 낮추는 일을 해낼 수 있겠느냐는 질문을 던진다. 당신은 조용한 목소리로 이렇게 대답한다.

"저는 제가 그 일을 할 수 있을 거라고 확신합니다."

비록 속으로는 떨면서 빌어먹을 어떻게 그것이 가능하겠느냐고 의문을 품으면서도 겉으로는 면접에 통과해 그 직장에 들어가기 위해서 모든 것을 건다. 직장을 얻는 것이 먼저고 나머지 세부적인 것

100퍼센트 완치를 약속하는 의사, 무슨 일이든 해낼 수 있다는 면접자, 큰돈을 벌 수 있다는 투자 상담가의 말을 모두 믿지 마라. 어떤 일의 성패가 달려 있을 때 과장은 더욱 심해진다.

은 미루는 것이다. 만약 그 질문에 사실대로 대답한다면 경쟁에서 낙오하리라는 것을 알기 때문이다.

이런 경우는 어떤가? 당신은 저널리스트이고 어떤 실용 서적을 쓸 대단한 아이디어를 갖고 있다. 그 주제는 모든 사람들의 입에 오르내릴 만한 것이다. 그래서 한 출판사 편집자를 만났는데 그는 이 아이디어에 관심이 있고, 상당한 액수의 계약금을 선불로 지불할 용의도 있다. 그런데 계약을 성사시키기 위해서는 언제까지 원고를 쓰고 언제 책을 낼 것인지 약속을 해야 한다. 그 편집자는 안경을 벗더니 당신을 바라보며 말한다. "언제 완성된 원고를 받을 수 있겠습니까? 6개월 안에 해내실 수 있습니까?" 그렇지만 당신은 마른침을 삼킨다. 왜냐하면 지금까지 어떤 책이든 3년 안에 다 쓴 적이 없기 때문이다. 당신은 이렇게 대답한다. "네, 가능합니다."

물론 당신은 거짓말을 하고 싶지는 않다. 그러나 만약 진실을 말한다면 당신은 그 책을 출간하는 계약을 맺지 못할 것이다. 그보다는 일단 계약을 맺고 계약금이 당신의 계좌에 입금되고 난 후, 상황에 따라 편집자에게 '변명을 잘 해서' 어떻게든 책의 출간을 끝까지 밀고 나가도록 할 수 있을 것이다. 이 같은 태도를 학문적으로는 '전략적 허위 진술(Strategic misrepresentation)'이라고 부른다. 즉 어떤 일의 성패가 달려 있을 때는 과장도 더 심해진다는 뜻이다. 전략적 허위 진술이 어느 곳에서나 기능을 발휘하는 것은 아니다. 만약에 당신의 눈을 치료하는 안과 의사가 당신에게 완전한 시력을 되돌려 주겠다고 다섯 번이나 연속해서 약속을 했지만 매번 치료를 받고 난 후 시력이 더 나빠진다면 당신은 그 의사의 말을 더 이상 진지하게 받아들이지 않을 것이다. 반면에 면접 시험을 볼 때처럼 일회성이 강한 것이라면 전략적 허위 진술은 효과가 있다. 한 회사가 당신을 여러 번 고용할 일은 없을 것이고, 한 번 고용하거나 아니면 영원히 고용하지 않을 테니까 말이다.

전략적 허위 진술이 가장 문제가 되는 경우는 대형 프로젝트들이다. 대형 프로젝트들은 A)아무도 제대로 책임을 지지 않으며(예를 들어 프로젝트를 진행하도록 위임한 정부는 이미 오래전에 선거를 통해서 물러났을 테니까), B)여러 기업들이 얽혀 있어서 서로 책임을 미룰 수 있고 또 C)프로젝트를 완성하는 일은 아무리 빨라도 몇 년 뒤에나 가능하기 때문이다.

왜 그런 프로젝트에서는 계획했던 비용과 기한을 초과하는 것일까? 그 이유는 실제로 가장 좋은 프로젝트에 자금을 지원하는 것이 아니라, 서류상으로만 가장 좋아 보이는 프로젝트를 지원하기 때문이다. 대형 프로젝트에 대해서라면 누구보다 잘 알고 있는 옥스퍼드대학교의 벤트 플라이버그 교수는 이런 것을 일컬어 '왜곡된 다원주의'라고 부른다. 즉 뜨거운 열기를 가장 많이 뿜어내는 사람이 프로젝트를 따내는 것이다. 그렇다면 전략적 허위 진술은 뻔뻔한 거짓말이라고 할 수 있을까? 가령 여성들이 얼굴에 화장을 한다고 해서 그들이 거짓말을 하는 것일까? 경제적으로 능력이 있는 것처럼 보이려고 포르쉐 자동차를 빌려서 타고 다니는 남자들은 거짓말쟁이들일까? 그것이 거짓말인 것은 분명하다. 다만 우리는 이러한 거짓들을 시스템적으로 간과하는 것이다. 그리고 마찬가지로 시스템적으로 전략적 허위 진술도 간과한다.

전략적 허위 진술이 무조건 나쁜 것은 아니지만, 앞서 사례들에서 보았듯이 정말로 중요한 일에 누군가 나쁜 의도로 전략적 허위 진술을 할 때는 심각한 문제가 발생한다. 당신의 시력이나 회사에서 함께 일하기로 한 직원이 문제를 일으킬 때 말이다. 그러므로 만약 당신이 어떤 사람과 관여하게 될 때면(즉 직장에 지원하는 사람, 책을 쓰는 작가, 안과 의사 등) 상대방이 말하는 것에 주목할 것이 아니라 그 사람이 과거에 실제로 해낸 일에 주목하라. 그리고 프로젝트에 관한 일이라면 그와 비교할 만한 다른 프로젝트들의 기간, 가용성, 그리고 거기에 드는 비용에 주목하라. 그리고 현재의 프로젝트 계획안이 왜 그렇게 훨씬 더 낙관적인지 그 이유를 찾아야 한다. 마지막으로 그 계획안을 재정 담당자에게 보내 냉정하게 살펴보고 반박하게 하라. 이렇게 면밀히 계획을 살피고 난 뒤에는 비용이나 기한이 초과할 경우에 엄격한 벌금을 물게 한다는 조항을 계약서에 넣어라. 그 벌금을 당신의 계좌에 즉시 이체할 것을 추가로 약속한다면 더욱 좋다.

포러 효과

사기꾼의 정체를 꿰뚫어보는 법

친애하는 독자 여러분, 당신은 놀랄지 모르지만 나는 당신을 개인적으로 잘 알고 있다. 내가 보기에 당신은 이런 사람이다.

"당신은 다른 사람들의 애정과 찬사를 원하지만 자기 자신에 대해 비판적인 태도를 가지고 있다. 비록 당신의 성격에는 몇 가지 단점이 있지만 그것들은 일상생활에서 크게 문제가 되지는 않는다. 당신은 아직 드러나지 않았지만 상당한 능력들을 가지고 있다. 사회적인 틀에 맞추어 행동하지만 스스로에 대해 불안하고 불확실한 느낌을 갖고 있다. 거기에다 당신은 당신이 내리는 판단이나 결정에 대해서도 의심을 하고 있다. 당신은 정체되어 있는 것보다 어느 정도 변화하는 것을 좋아하고, 금지나 제한으로 누군가 당신을 옥죄면 불편해한다. 당신은 독자적으로 생각하고 행동할 때 긍지를 가지며, 다른 사람들의 의견을 아무런 의심 없이 무조건 받아들이지는 않는다. 또한 다른 사람들에게 숨김없이 자신의 속을 모두 열어 보이는 것은 지혜롭지 못하다고 생각한다. 이따금 외향적이고 사람들을 좋아하며 개방적인 태도를 보이지만, 때로는 내향적이고 회의적이며 소심한 태도를 보이기도 한다. 당신이 원하는 것들은 때로는 비현실적으로 보인다."

내 평가가 어떤가? 내 평가로 당신 자신에 대해서 다시 깨닫게 되었는가? 평가의 범위는 0(맞지 않는다)에서부터 5(완벽하게 맞다)까지 있다. 내가 당신을 얼마나 잘 파악한 것 같은지에 대해 몇 점을 주겠는가?

1948년에 심리학자인 버트럼 포러는 학생들에게 성격 테스트를 실시하고 위의 글을 읽어 주는 실험을 했다. 사실 위 글의 원문은 그가 여러 잡지들에 실린 점성술 기사에서 발췌해서 편집한 것이었다. 포러는 각각의 학생들에게 마치 이 글이 성격 테스트의 결과인 것처럼 이야기해 주었다. 학생들은 이 내용이 자신들의 성격과 얼마나 일치하는지 점수를 주었는데 평균 4.3점이었다. 즉, 포러 교수의 성격 진단이 86퍼센트 정도 정확하다고 평가한 셈이었다. 이 실험은 그 후 수십 년 동안 수백 번이나 되풀이되었다. 그리고 그 결과들은 사실상 똑같았다.

아마 당신도 위의 글을 읽고 4점이나 5점을 주었을 것이다. 사람들은 보편적으로 누구에게나 적용되는 성격에 관한 묘사들을 자기들 자신과 관련시켰을 때도 매우 타당한 설명이라고 생각하는 경향이 있다. 이것을 학자들은 '포러 효과(Forer effect)' 또는 '바넘 효과(Barnum effect)'라고 부른다. 포러 효과는 점성술, 점성 치료술, 감정학(感情學), 생체 리듬학, 손금술, 타로카드 점치기, 사자(死者)들의 세계로 인도하기 같은 사이비 학문들이 왜 그토록 영향력이 큰지를 잘 설명해 준다.

포러 효과의 배후에는 과연 무엇이 숨어 있는 것일까?

첫째, 포러 교수가 제시한 대다수의 진술들은 아주 일반적인 내용이라서 어느 경우에나 들어맞는다. '당신은 이따금 자신의 행동이 올바른지를 진지하게 의심해 보는군요'라는 식이다. 그렇게 하지 않는 사람이 누가 있겠는가?

둘째, 정확하지는 않지만 그래도 '당신은 독자적으로 생각할 때 자긍심을 갖습니다'라는 말처럼 어느 정도 당사자의 기분을 맞춰 주는 진술의 경우에 우리는 쉽게 수긍한다. 이거야말로 분명하다. 자기 자신을 둔하고 남의 말을 따라가기 좋아하는 사람이라고 생각하는 사람이 누가 있겠는가?

셋째, '긍정적인 용모의 효과'가 함께 작용하고 있다. 즉 위의 글에는 부정적인 진술은 들어 있지 않으며, 어떤 사람의 성격에 해당하지 '않는' 것에 대해서는 말하지 않고 있다. 어떤 특성들이 없는 것도 있는 것과 마찬가지로 성격의 일부를 형성하는 것일 텐데도 말이다.

사람들은 자신의 기분을 맞춰 주는 해석에 쉽게 수긍한다.
자신이 생각하는 이미지와 일치하는 것만 받아들이고 다른 것들은 배제하여
결국 자기의 기분에 맞는 초상화를 만들어 낸다.

넷째, 모든 생각의 오류들은 '확증 편향'에서 생겨난다. 우리는 자신의 이미지와 일치하는 것은 받아들이고 그 밖의 다른 것들은 무의식적으로 배제한다. 결국 뒤에 가서 남는 것은 자기의 기분에 맞는 초상화인 것이다.

점성가들과 손금으로 점을 보는 사람들처럼 컨설턴트들과 증시 분석가들도 이미 오래 전부터 이런 식으로 말하고 있다. "XYZ 주식은 경쟁 상황이 아주 악화되더라도 엄청나게 상승할 잠재력을 갖고 있습니다. 그 회사에게 부족한 것은 개발 부서에서 나온 아이디어를 충분히 실현시키기 위한 실행 능력입니다. 경영층은 비록 관료주의가 점차 강해지는 성향이 있긴 하지만 그래도 그 업종에 경험이 풍부한 전문가들로 구성되어 있습니다. 비용을 절약할 가능성이 존재하기 때문에 성공에 대한 가능성도 충분합니다. 우리는 앞으로 시장의 점유율을 확보하기 위해 신흥 시장들을 더욱 강력하게 공략하라고 권하는 바입니다." 이런 말은 그럴듯하게 들린다. 그렇지 않은가? 그러나 장담하건대 이런 진술은 어느 주식에나 맞아떨어진다.

어떤 점성술사가 현자인지 사기꾼인지 알고 싶은가? 여기 한 가지 방법이 있다. 스무 명의 사람들을 선정하여 점성술사가 그들의 성격과 특징을 파악하도록 해라. 그리고 작은 카드에 각각 그 설명을 메모해 넣는다. 익명성을 확보하기 위해 이름 대신 1에서 20까지 번호를 카드에 써넣는다. 선정된 사람들은 자신들이 어떤 번호에 해당되는지 모른다. 그들 가운데 거의 모두가 전체 카드 중에서 자신의 번호와 일치하는 작은 카드를 선택해 내면 비로소 당신은 눈앞에 있는 그 점성술사가 진정한 현자이며 능력자라는 것을 알게 될 것이다. 그러나 아직껏 나는 그런 사람을 만나지 못했다.

클러스터 착각

토스트 위에 나타난 성모 마리아

1957년에 스웨덴의 오페라 가수인 프리드리히 유르겐손은 자신의 노래를 녹음하기 위해서 카세트를 한 대 구입했다. 녹음을 하고 나서 들어 보니 노래 사이사이에 녹음할 때는 몰랐던 잡음이 들어가 있었다. 그 소리는 마치 이 세계 밖에서 들려오는 메시지를 담은 속삭임처럼 들렸다. 몇 년 후에 그는 새들이 지저귀는 소리를 녹음했다. 이번에는 새소리 사이로 고인이 된 어머니의 목소리가 들려왔다. 그 목소리는 마치 이렇게 속삭이는 것 같았다.

"프리드리히, 내 말이 들리니? 여기 엄마야."

그것으로 충분했다. 그 이후로 유르겐손은 가수를 그만두고 주로 녹음된 소리를 통해 죽은 사람들과 의사소통을 하는 일에 매진했다.

그와 비슷한 사례가 미국에도 있었다. 1994년에 미국 플로리다

우리의 뇌는 꾸며 내서라도 연결 고리를 찾고 싶어 한다.
그러나 성모 마리아가 어떤 계시를 주러 나타난 것이라면
왜 하필 토스트 위에 나타났을까?

에 사는 다이애나 다이저라는 여인은 토스트 한 조각을 깨물어 먹고 잠시 접시 위에 올려놓았다. 그런데 바로 그때 토스트에 성모 마리아의 얼굴이 나타났다. 그녀는 토스트를 더 먹지 않고 이후 10년 동안 '신의 복음'을, 즉 그 토스트 빵을 플라스틱 그릇에 담아서 보관했다. 그리고 2004년에 그녀는 그때까지 잘 보관해 온 그 빵을 이베이(eBay) 경매를 통해 무려 3천만 원에 팔았다.

이런 비슷한 이야기를 한 번쯤은 들은 기억이 있을 것이다. 1978년에 미국 뉴멕시코에 사는 한 여인에게도 비슷한 일이 일어났는데, 이번에는 토스트 조각이 아니라 납작한 둥근 빵이었다. 빵의 누렇게 익은 부분이 예수의 얼굴과 비슷해 보였다는 것이다. 언론에서는 그 이야기를 기사로 떠벌렸고, 수천 명의 사람들이 옥수수로 만든 납작한 빵 위에 나타난 구세주를 보려고 뉴멕시코로 쇄도했다. 또 1976년에 우주탐사선 바이킹호가 화성을 탐사하는 와중에 인간의 얼굴처럼 보이는 화성 지면을 촬영한 적이 있었다. 이 사진은 군신(軍神) 마르스의 얼굴이라 불리면서 대단한 뉴스거리가 되었다.

그렇다면 당신은 어떤가? 당신도 역시 구름 속에 나타난 사람의 얼굴이나 바위에 어른거리는 동물의 실루엣 같은 형상을 본 적이 있는가? 물론 본 적이 있을 것이다. 이런 현상은 굉장히 흔한 일이다. 우리의 뇌는 논리적인 연결이 전혀 없더라도 거기에서 비슷한 형태의 모델이나 규칙, 연결 고리를 찾으려 하기 때문이다. 이런 현상들을 학문적으로는 '클러스터 착각(Clustering illusion)'이라고 부른다. 뇌는 여기서 더 나아가 만약 그런 것을 찾지 못하면 그런 것을 꾸며 내기까지 한다. 녹음테이프에서 들리는 이상한 소리처럼 신호나 형태가 모호하면 할수록 거기에 어떤 모델을 끼워 넣어 해석하는 일은 더 쉬워진다.

반면에 드러난 현상이 뚜렷할수록 꾸며 넣어 연결 짓는 일은 더 어려워진다. 군신 마르스의 얼굴을 발견하고 25년이 지난 후에 인공위성이 그 지형에 가까이 다가가 또렷한 사진을 찍었는데, 그 결과 나타난 것은 상상했던 멋진 사람의 얼굴이 아니라 보통의 바위 덩어리였다.

이런 하찮은 사례들은 클러스터 착각이 그다지 큰 문제는 아닌 것처럼 보이게 한다. 하지만 그렇지 않다. 매 순간 데이터들을 홍수처럼 쏟아 내는 금융시장을 예로 들어 보자. 한 친구가 금융시장에서 재미있는 법칙을 발견했다며 환하게 웃으면서 이렇게 말한 적이 있다. "오늘의 주식 시세와 오일 시세를 보면 금 시세를 예측할 수 있다."

그의 말에 따르면 만약 오늘의 주식 시세와 오일 시세가 올라가면 모레에는 금 시세도 올라간다는 것이다. 그의 예상은 몇 주일 동안은 잘 들어맞았다. 내 친구는 자신이 발견한 법칙을 철석같이 믿고 점점 더 많은 돈을 투자했고, 결국은 자신이 저축했던 돈을 다 잃고 말았다. 그가 발견했다고 하는 것은 사실은 존재하지도 않는 '법칙'이었다.

OXXXOXXXOXXOOOXOOXXOO

이 연속적인 기호는 순전히 우연히 배치된 것일까, 아니면 정밀하게 조합된 것일까? 심리학 교수인 토마스 길로비치는 수백 명의 사람들에게 이 질문을 던졌다. 대다수의 사람들은 위의 문자 배열이 우연히 이어지는 것이라고는 믿지 않았다. 지금 당장은 잘 모르겠지만 어떤 법칙이 그 뒤에 숨어 있을 것이라고 말했다. 그렇지만 길로비치 교수는 이런 생각은 틀렸으며, 주사위 놀이를 떠올려 보라고 말한다. 주사위 놀이에서도 가끔 똑같은 숫자가 계속해서 네 번 연이어 나올 때가 있는데, 그러면 사람들은 크게 당황한다. 우리는 이렇게 숫자가 연속으로 나오는 우연을 믿지 않으려고 한다.

제2차 세계대전 당시 독일은 런던을 공중 폭격했다. 그때 독일은 V1 로켓이라는 일종의 무인 비행체를 투입했는데, 그것은 입력된 목표를 찾아가서 폭격하는 무기였다. 비행체의 항로를 지도에 표시해 보면 공격 목표 지점들이 항로에 정확히 일치했는데, 이 사실은 런던 주민들을 공포 속으로 몰아넣었다. 사람들은 항로와 목표 지점을 표시한 자료들을 통해 어떤 모델을 발견해 낼 수 있을 거라고 믿었고, 그것을 토대로 하면 도시의 어느 구역들이 가장 안전할지 알 수 있을 거라고 생각했다. 그러나 전쟁이 끝난 후에 통계적으로 조사를 한 결과 독일 측이 공격 목표 지점들을 배정한 것은 순전히 우연이었다는 것이 입증되었다. 그리고 오늘날에 와서야 왜 그랬는지 그 이유가 분명해졌다. 바로 그 당시 V1의 내비게이션 시스템이 극히 부정확했기 때문이었다.

결론적으로 우리는 사안의 규칙이나 모델들을 인식하려고 지나치게 민감하게 군다. 그러므로 당신은 의문을 가져라. 만약 당신이 어떤 모델을 발견했다고 생각되면 먼저 순수한 우연은 아닐까라고 생각해 보라. 만약 그런 모델이 우연이라고 여기기에는 너무 그럴듯해 보인다면, 수학자를 찾아가서 그 데이터들을 제시하고 통계학적으로 테스트해 보도록 하라.

그리고 당신이 먹고 있는 죽 속의 재료들이 갑자기 예수의 얼굴 형태로 보이거든 당신 스스로에게 이렇게 물어보라. '만약 예수가 계시를 주러 나타난 것이라면 왜 사람이 잔뜩 모여 있는 뉴욕의 타임스퀘어나 저녁 메인 뉴스 시간에 나타나지 않고 하필 죽에 나타났을까?'라고.

자기관찰의 착각

내 말을 믿어요, 그게 정답이니까

브루노는 비타민이 주요 상품인 제약 회사를 운영한다. 그의 아버지는 비타민이 개인의 건강 상태에 따라 맞춤 형태로 복용하는 것이 아니라 의사의 처방을 받아야 살 수 있는 약이던 시절에 기업을 창업했다. 브루노가 1990년대 초 기업을 상속 받았을 당시에는 비타민과 건강 보조 식품들에 대한 수요가 빠르게 증가하고 있었다. 브루노는 자기에게 주어진 유리한 기회를 적극 이용해서 부채를 지면서까지 생산량을 확대했다. 그 결과 오늘날 그는 가장 성공한 제약 회사 경영자 가운데 한 사람으로 꼽히고 있으며, 유럽의 비타민 제약 회사 협회의 회장직을 맡고 있다.

어느 인터뷰에서 한 저널리스트가 과연 비타민이 건강에 유용한지에 대해서 묻자 그는 자신 있게 말했다.

사람들은 자신의 내면을 관찰하는 시선이
순수하고 정직하다고 생각하지만
나를 제외한 타인의 자기관찰은 신뢰할 수 없다고 생각한다.

"물론입니다. 비타민은 건강 필수품이지요. 저 역시도 어린 시절부터 하루도 빼놓지 않고 매일 세 가지 복합 비타민 알약을 복용해 왔습니다."

당신은 과연 그의 말을 믿는가?

당신이 철두철미하게 확신하고 있는 생각을 하나 떠올려 보자. 어쩌면 금값이 앞으로 5년 동안 오를 거라는 생각 같은 것 말이다. 아니면 신은 존재한다는 확신 같은 것도 좋다. 그 생각을 하나의 문장으로 써보라.

그렇다면 당신은 자신을 믿는가?

당신은 브루노가 갖고 있는 확신보다 당신의 확신이 더 설득력이 있다고 분류하고 있다. 맞는가? 그에 대한 내 설명은 이렇다. 즉 당신의 경우에는 내향적인 관찰을 하고 있으며, 브루노의 경우에는 외향적인 관찰을 하고 있다. 당신은 자신의 마음을 들여다볼 수는 있지만, 브루노의 마음을 들여다보지는 못한다. 그래서 브루노의 경우에 대해 다음과 같이 생각할 수 있다.

'부르노가 처한 상황이 그로 하여금 비타민은 유용하다고 믿도록 호도하고 있다. 지금 그의 부유함과 사회적 지위는 회사에 달려 있고 가업도 이어나가야 하는 책임을 지고 있다. 게다가 그는 평생 동안 비타민 약을 복용해 왔으니, 결코 그 모든 것이 별 효과 없는 것이라고는 말할 수 없을 것이다.'

반면에 당신의 경우에는 상황이 다르다. 당신은 직접적으로 당신의 내면에 대고(물론 당신이 믿고 있는 대로 전적으로 편견 없이) 묻는다.

그러나 내면을 향하는 당신의 시선은 과연 얼마나 순수하고 정직한가? 스웨덴의 심리학자인 라르스 할은 실험 대상자들에게 아주 잠깐 동안 두 장의 인물 사진을 잠시 보여 주고 그들에게 어떤 얼굴이 더 매력적으로 생각되는지 선택하라고 했다. 그들이 사진을 선택하면 다시 그 사진을 보여 주면서 마음에 드는 이유를 설명해 보라고 부탁했다. 하지만 여기에는 속임수가 숨어 있었다. 다시 사진을 보여 줄 때 슬쩍 사진들을 뒤바꾼 것이다. 대다수의 실험 대상자들은 사진이 바뀐 것을 눈치채지 못하고 자신이 선택하지 않았던 사진을 보면서 왜 그 사진이 더 마음에 드는지 이유를 상세히 설명했다. 이 연구 결과에 따르면 결국 '자기반성'이라는 것은 신빙성이 없다. 우리는 우리의 마음속을 들여다볼 때 이미 뭔가를 조작하고 스스로를 정당화하기 때문이다.

자신의 마음에 대해서는 정확히 통찰하고 있다고 믿지만 다른 사람들은 전혀 그렇지 않다고 생각하는 것을 '자기관찰의 착각(Introspection illusion)'이라고 부른다. 즉 나를 제외한 다른 사람들의 자기관찰은 신뢰할 수 없다고 생각한다. 그것은 궤변을 늘어놓는 것보다 더한 것이다. 우리는 우리가 갖고 있는 확신을 너무 확신해서, 다른 누군가가 어떤 사안에 대해 나와 다른 시각을 가지고 있으면 다음과 같은 세 가지 반응을 하게 된다.

첫 번째 반응은 상대방이 제대로 모르고 있다는 식으로 치부하는 것이다. 말하자면 다른 사람에게는 판단에 필요한 정보가 결여되어 있다고 생각한다. 만약에 그가 그것에 대해 잘 알고 있다면 그는 우리 편에 설 것이다. 그에게는 오직 계몽이 필요할 뿐이다. 특히 정치적인 활동주의자(사람들을 직접 만나 선거 운동을 하거나 설득하는 등의 방식이 정치 활동에 효과적이라는 생각하는 사람을 이르는 말 - 옮긴이)들은 그런 식으로 생각한다. 그들은 사람은 다른 사람들을 교육함으로써 확신시킬 수 있다고 믿는다.

두 번째 반응은 상대방을 백지로 가정하는 것이다. 즉 다른 사람은 분명 필요한 정보들을 알고 있음에도 불구하고 그의 두뇌가 제대로 발달하지 않아서 올바른 결론을 내릴 수 없다는 것이다. 그는 그냥 멍청이에 지나지 않는다. 이러한 반응은 특히 어리석은 소비자들을 자신이 나서서 보호해 주어야 한다고 믿는 오만한 정부가 자주 보이는 반응이다.

세 번째 반응은 상대방을 사악하다고 가정하는 것이다. 즉 분명 필요한 정보를 가지고 있고 심지어 그것을 잘 이해하고 있지만 의도적으로 대결하기 위해 반대 의견을 내세우고 있다는 것이다. 그 사람은 결국 나쁜 의도를 가지고 있다. 종교에 맹목적으로 빠진 사람들은 신앙을 가지지 않은 사람들을 그런 식으로 본다. 즉 그들은 악마에게 현혹됐다는 것이다.

결론적으로 자기 자신이 갖고 있는 확신보다 더 확신을 주는 것은 없다. 만약에 당신이 어떤 일이 있어도 자신의 생각을 고수한다면, 그것은 그냥 자연스러운 일이다. 그러나 위험하기도 하다. 우리는 쉽게 자기관찰에 대해 이야기하지만 내면으로 시선을 돌린다는 것은 대부분은 실천하기 힘든, 날조된 공약 같은 것이다. 만약 당신이 자기 자신을 너무나 철저히, 너무 오랫동안 신뢰하게 되면 나중에 깨어나는 일이 더욱 힘들어질 수 있다. 그러므로 당신은 무언가에 대해 강한 확신이 들면 들수록 더욱 자신에 대해 비판적이 되어라.

당신이 진정 지혜로워지고 싶다면 독단적으로 행동하지 마라. 오히려 당신 자신의 이단자가 되어라!

경험적 지식을 무시하는 경향

책 속에만 틀어박혀서는 안 되는 이유

 당신은 천여 권의 의학책을 읽었지만 아직 수술을 한 번도 해보지 않은 의사에게 수술을 받겠는가? 아니면 의학책은 한 권도 안 읽었더라도 수술을 천 번이나 해본 사람에게 수술을 받겠는가? 또 당신의 방 안에 보이는 물건들 가운데 어떤 것이 책 속에서 얻은 지식으로부터 발전되어 나왔고, 어떤 것이 누군가의 수많은 시도와 착오로부터 발전되어 나온 것일까?
 한 거대 제약 회사의 CEO와 함께 저녁 식사를 하던 중 그가 나에게 다음과 같은 이야기를 해주었다. "그것이 뭔지 정확하게 말할 수 없지만 나는 회사를 돌아볼 때면 어느 부서가 잘되어 가고 어느 부서가 그렇지 않은지를 곧바로 알아차립니다. 또 사람들을 채용할 때면 만난 지 몇 초도 안 돼서 그들이 능력을 잘 발휘할지 그

경제학을 공부한다고 부자가 되는 것은 아니며
수영 교재를 읽는다고 수영을 잘하게 되는 것은 아니다.
중요한 지식은 수많은 시도와 실천 안에 있다.

렇지 않을지를 알아차리지요. 납품업자들과 협상을 할 때면, 누가 나를 속이려고 시도할지를 직관적으로 알아차립니다. 그리고 어떤 회사를 인수하려고 할 때, 투자은행들이 나에게 제출하는 몇백 페이지 보고서를 읽는 것보다 그 기업을 한 번 돌아보는 것이 훨씬 더 많은 것을 말해 줍니다."

"그런데 당신은 그것을 어디서 배웠습니까? 하버드대학에서요?" 내가 묻자 그는 머리를 저었다.

"나와 함께 일했던 훌륭한 직장 상사들에게서 배웠지요. 나는 그들을 관찰하면서 그런 능력을 배웠습니다. 그리고 경력을 쌓아 가는 동안 수천 가지의 잘못을 저질렀고, 거기에서 이 많은 것들을 터득했습니다."

지식에는 두 종류가 있다. 그것은 말로 요약할 수 있는 지식과 그렇지 않은 지식이다. 우리는 말로 요약된 지식을 터무니없이 과대평가하고 경험에서 얻은 지식은 평가 절하하는 경향을 갖고 있다.

라이트 형제는 4년이라는 긴 제작 기간을 거쳐 1903년 12월 17일, 세계 최초로 엔진을 단 도구로 비행하는 데 성공했다. 그들은 원래 자전거와 기계 완구를 만들어 팔던 평범한 사람들이었다. 그런 그들이 인류가 소망하던 비행의 꿈을 실현시킬 수 있었던 이유는 무엇보다도 수많은 시행착오 끝에 엄청난 데이터를 쌓았기 때문이었다. 그들은 자신이 만든 비행기의 조종사가 되어 실험해 보면서 부족한 기술을 보완해 나갔다. 그리고 결국 자신들의 실험 결과를 토대로 최선의 결과를 찾아냈다.

1950년대에 운송업 사업가였던 말콤 맥린은 컨테이너라는 아이디어가 떠올랐다. 모든 소포를 각각 배에서 내려서 화물 트럭에 힘들게 옮겨 싣는 대신에 간단히 배 위에 있던 컨테이너 전체를 화물 트럭으로 옮겨 싣겠다는 구상이었다. 말콤 맥린 덕택에 오늘날 운반비는 획기적으로 절감되었고 전 세계에서 만들어진 제품들을 보다 수월하게 유통시킬 수 있게 되었다. 맥린은 이 아이디어를 바탕으로 기업을 키워 나갈 때 컨테이너를 배에 실어 항해하는 것에 대해서 읽은 적이 없었다. 당시에 그런 책은 있지도 않았다.

자동 직조기를 발명한 사람은 누구이며, 증기기관, 자동차, 전구를 발명한 사람들은 누구인가? 당시에는 공식적인 연구 실험실도 없었고 연구를 위한 연구원도 없었다. 모두가 자질구레해 보이는 일에만 골몰하는 사람들이었다. 우리는 지식인, 대학의 학자들, 작가, 칼럼니스트들은 과대평가하는 반면에 실용주의자들과 뭔가를 만드는 사람들은 과소평가해 왔다. 아이디어와 제품, 새로운 기술들은 주로 시험과 관찰을 통해서 나타나지 곰곰이 읽고 생각한다고 해서 나오는 경우는 드물다. 우리는 수영 교재를 공부해서 수영하는 법을 배우는 것이 아니다. 우리가 경제를 갖게 된 것은 경제학자들 덕택이 아니다. 교수직이 정치학자들을 위해 만들어졌을지는 몰라도 그 교수들이 우리의 민주주의를 올바르게 유지하는 것도 아니다. 나는 영국 버킹엄대학 부총장인 테렌스 킬리의 다음과 같은 견해에 공감한다. 즉 사회의 번영을 이끌어 가는 것은 대학들이 아니며, 번영하는 사회가 대학들을 먹여 살린다. 왜냐하면 스스로 발전하는 사회는 대학의 학문에 의존하지 않고도 발전할 수 있기 때문이다. 그런 점에서 대학은 정부의 지원이 필요한 보육시설과 비슷하다.

그렇다면 언어로 표현되는 지식이 가진 문제는 무엇일까? 첫째로 언어로 표현한 지식은 모호함으로부터 벗어나 있다. 텍스트는 세상 속에서는 발견할 수 없는 명료함을 제시해 준다. 그 결과 우리가 글로 쓴 지식에 근거해서 어떤 결정을 내리면, 과도한 위험에 빠지는 경향이 있다. 지나치게 안심해 버리는 것이다. 이런 오류에 빠진 고전적인 사례를 들자면 연구를 통해 만들어진 모델들에 의거해서 투자 결정을 내리는 일이다. 그런 결정들이 바로 은행의 위기를 초래한 원인들 중 하나다.

둘째, 나와 같은 작가를 포함해서 책을 쓰는 사람들은 책을 쓰지 않는 대다수의 사람들과 다른 기질을 가지고 있다. 그러므로 우리는 그들이 쓴 텍스트들을 이 세계를 대표적으로 모사(模寫)한 것으로 보아서는 안 된다. 그들이 재미있는 이야기를 쓰는 것은 평범한 사람들과는 다른 생각과 세계관을 가지고 있기 때문이다. 작가가 아닌 평범한 사람이 글을 쓴다면 작가들과 근본적으로 다른 이야기들을 생각해 낼까? 그럴 가능성이 매우 높지만 우리는 결코 그것을 확인할 수 없을 것이다. 왜냐하면 그런 사람들은 이야기를 쓰지 않기 때문이다.

셋째, 말은 능력에 가면을 씌워 준다. 즉 자신을 표현할 줄 아는 사람은 그렇지 않은 사람에 비해 더 많은 능력을 가진 것처럼 보인다. 강연이나 회의에서 자신을 표현하는 데 서투른 사람은 승진을 하기 어렵다. 그가 아무리 재능이 있더라도 말이다.

중요한 지식은 수많은 시도와 실천 안에 들어 있다. 언어에 대한 경외심을 내려놓아라. 이제 책 속에 틀어박히는 일은 그만 두고 뭔가 실제로 납득할 수 있는 일을 해라.

자이가르닉 효과

끝내지 못한 일에 대한 스트레스를 줄이는 법

1927년의 독일 베를린. 대학 교수들과 대학생 몇 명이 어느 레스토랑에서 음식을 주문하고 있었다. 웨이터는 각기 다른 메인 요리와 음료, 스테이크 굽기 정도, 사이드 메뉴 등을 주문 받았는데 단 한 줄도 메모하지 않았다. 그 탁자에 둘러앉은 손님들은 "저러다가는 이 많은 주문이 꼬일 것 같은데"라며 걱정했다. 그런데 그가 가져온 음식들과 음료들은 조금도 틀림이 없었다. 사람들은 그의 정확한 기억력에 감탄했다.

식사가 끝난 후에 다시 거리로 나왔을 때, 러시아 출신의 심리학과 학생이었던 블루마 자이가르닉은 목도리를 레스토랑에 두고 온 것을 깨달았다. 그녀는 레스토랑에 되돌아가서 놀랄 만한 기억력을 가진 웨이터에게 목도리를 보았느냐고 물었다. 그러나 그 웨이터는 멀거니 그녀를 쳐다볼 뿐이었다. 그는 그녀가 누구인지 전혀 알아보지 못했으며 심지어 그녀가 조금 전에 거기 앉아서 식사를 했다는 사실조차 기억하지 못했다.

"어떻게 당신은 조금 전의 일을 잊어버릴 수가 있지요? 당신처럼 뛰어난 기억력을 가진 사람이 말이에요." 자이가르닉은 깜짝 놀라서 물었다.

그 웨이터는 간단하게 대답했다. "저는 어떤 음식을 주문 받든 서빙이 다 끝날 때까지만 머릿속에 기억하고 있습니다."

블루마 자이가르닉과 그녀의 스승인 쿠르트 레빈은 이런 기이한 현상에 흥미를 느껴 연구를 시작했고 곧 모든 사람들은 얼마간 그 웨이터와 비슷한 능력을 발휘한다는 사실을 발견했다. 즉 우리들은 아직 완결되지 않은 과제를 잊어버리는 경우가 드물다는 것이다. 그것들은 매번 다시 의식 속으로 끌려들어 오며, 의식과의 연결이 느슨해지지 않는다. 마치 어린아이들이 어른의 소매를 잡아당기듯이 미완결 과제에 다시 주의를 기울일 때까지 계속 우리의 의식을 끌어당긴다. 반면에 우리가 이미 끝낸 과제들은 곧 기억 속에서 사라지고 만다.

블루마 자이가르닉은 이런 메커니즘에 자신의 이름을 붙여서 '자이가르닉 효과(Zeigarnik effect)'라고 불렀다. 그렇지만 그녀가 한 연구에는 몇 가지 뚜렷한 차이를 보이는 예외들이 있었다. 그중 대표적인 것은 십여 가지의 프로젝트를 동시에 수행하는 경우였다. 자

이미 해결한 과제들은 우리의 기억 속에서 쉽게 사라진다.
아무리 복잡한 주문도 완벽하게 기억했던 웨이터가
손님의 얼굴은 기억하지 못하는 것처럼.

이가르닉 효과에 의하면 이런 경우 이 일 저 일 사이에서 갈팡질팡해야 하지만 어떤 사람들은 분명하게 기억력을 유지하고 다른 일에 휩쓸리지 않았다.

최근에 이르러서야 비로소 플로리다주립대학교의 로이 바우마이스터와 그의 연구팀이 예외의 베일을 벗기는 데 성공했다. 그는 졸업 시험을 몇 달 앞두고 스트레스를 받고 있는 대학생들을 세 그룹으로 나누어서 실험했다. 그룹 1에게는 이번 학기에 열릴 한 파티에 대해 집중적으로 생각하도록 했고, 그룹 2에게는 다가올 졸업 시험에 대해 집중적으로 생각하도록 했다. 그룹 3에게는 졸업 시험에 대해 집중해서 생각하면서 더불어 언제 어디서 공부할지 자세한 학습 계획표를 작성해 제출하도록 했다. 이어서 바우마이스터는 학생들에게 단어 앞부분을 제시하고 짧은 시간 내에 단어를 완성하도록 했다. 예를 들어 'pa_'라는 말을 제시하자 몇몇 학생들은 'panic'이라는 단어를 만들어 냈고, 어떤 학생들은 'party', 'paris'를 만들어 냈다. 이 방법은 학생들이 무의식적으로 어떤 일에 관심을 두고 있는지를 알아낼 수 있는 좋은 방법이었다.

예상했던 대로 그룹 1의 대부분의 학생들은 다가올 시험에 대해 골머리를 앓지 않았으나, 그룹 2에 속한 학생들은 시험 이외의 다른 것은 거의 생각할 여유가 없었다. 놀라운 것은 그룹 3의 학생들에게서 나온 결과였다. 이 학생들도 역시 다가올 시험에 대해 집중적으로 생각을 하기는 했지만 압박감을 주는 생각으로부터 분명히 벗어나 있었다. 계속해서 다른 실험들을 해본 결과 다음과 같은 사실이 입증되었다. 즉 아직 해결하지 못한 과제들은 그 과제들을 어떻게 다룰지에 대해 분명한 생각을 갖기 전까지만 우리의 머릿속에 계속 붙어 있으면서 우리를 괴롭힌다. 자이가르닉은 사람들이 머릿속에서 과제를 지우려면 일단 그것을 끝내야만 한다고 생각했는데, 반드시 끝낼 필요가 없었다. 좋은 계획을 갖고 있다면 그것으로도 충분했다. 이것은 놀라운 결과였다. 왜냐하면 계획을 세우는 사람들이 문제를 해결한 사람들과 똑같은 정신 상태가 된다는 것은 인간이 진화해 온 측면에서 보면 증명이 안 되기 때문이다.

  시간 관리 전문가로 유명한 미국의 데이비드 알렌은 시간을 효율적으로 관리하기 위해서는 머리를 물처럼 맑게 유지해야 한다고 말한다. 인생에 대한 그 어떤 고민도 하지 말라는 뜻이 아니다. 해야 하는데 아직 다 정리되지 않은 일들을 다루기 위해서는 세부적인 일을 먼저 해야 한다는 뜻이다. 한 걸음 한 걸음씩 말이다. 그러기 위해서 그는 지금 눈앞의 일들을 먼저 글로 기록하는 것이 가장 좋다고 말한다. 먼저 모든 것을 다 기록해서 당장 할 수 있는 세부적인 과제들로 정리하고 나면 비로소 내면의 목소리는 안정감을 얻는다는 것이다. 여기서 '세부적'이라는 말은 중요하다. '아내의 생일 파티를 어떻게 할지 구상한다'라든가 '새로운 직장을 찾는다'라는 식의 모호한 계획은 쓸모가 없다. 대신 이력서를 다시 써서 헤드헌터에게 준다는 식의 구체적인 계획을 짜는 것이 필요하다. 알렌은 그의 고객들에게 이런 과제를 20~50가지 정도의 단계로 나누어서 생각하라고 충고한다.

다행히도 당신은 데이비드 알렌에게 비싼 상담료를 지불하지 않고도 실천할 수 있다. 이제 만약 오늘 밤에 잠이 오지 않는다면 왜 그런지 금세 알아차리게 될 것이다. 숙면을 위해서 당신의 침대 근처에 메모장을 하나 놓아 두어라. 작은 계획을 적어 넣는 단순한 행위가 당신 내면의 목소리가 내는 불협화음을 침묵하게 할 수 있다.

사회적 비교 편향

나보다 더 뛰어난 사람을 뽑아야 하는 이유

내가 쓴 책들이 베스트셀러가 되었을 때 출판사에서 나에게 한 가지 부탁을 해왔다. 그 출판사에서 어떤 동료가 쓴 책이 베스트셀러 10위로 훌쩍 뛰어오르기 직전인데 내가 책을 읽고 호의적인 논평을 써주면 책에 싣겠다는 것이었다. 그러니까 그들의 말에 의하면 만약 나의 추천사가 있다면 그 작가의 순위가 올라가는 데 큰 도움이 되리라는 것이었다. 추천사 같은 것이 아직도 영향력을 발휘한다는 사실은 나를 매번 놀라게 한다. 논리적으로 보면 오직 좋은 논평들만이 책의 뒷면에 실려야 한다. 그리고 합리적인 독자라면 언제 어디에서나 마주치게 될 아첨하는 글들을 무시하거나 아니면 적어도 혹평과 비교해서 읽어야 할 것이다. 어쨌거나 출판사는 내가 몇 마디 멋진 말로 추천해 줄 것을 고집했다.

나는 주저했다. 왜 스스로 내 살을 도려내겠는가? 어쩌면 얼마 안 가서 내가 차지할 베스트셀러 1위를 위협하게 될지도 모를 누군가를 왜 도와줘야 한단 말인가? 나는 예전에도 가끔 다른 책의 추천사를 써준 적이 있지만, 그 책들은 모두 나한테는 경쟁이 되지 않는 책들이었다. 그러나 이번에는 '사회적 비교 편향(Social comparison bias)'이 효과를 발휘했다. 사회적 비교 편향은 자신의 사회적인 서열을 위협할 수 있을 만큼 뛰어난 사람에게 질투와 경쟁심을 느끼는 것을 말한다. 비록 이런 태도로 인해서 장기적으로는 자기 자신을 웃음거리로 만들더라도 이 편향에서 벗어나기란 쉽지 않다. 다른 말로 해석하면 경쟁에 대한 두려움이라고도 할 수 있을 것이다.

책의 추천사를 써주냐 마느냐에 관한 일은 그나마 큰 문제가 되지 않는 사례일 것이다. 그러나 사회적 비교 편향이 학문 분야에서 일어난다면 큰 문제가 될 수 있다. 모든 학자들의 목표는 가장 저명한 전문 학술지에 가능하면 많은 논문이 실리는 것이다. 그렇게 되면 전문가로서의 명성을 쌓을 수 있고, 또 학술지의 편집위원들이 다른 학자들이 보내온 논문들을 평가해 달라고 부탁할 만큼 인정받기 때문이다. 그런데 논문이 학술지에 실릴지 말지를 결정하는 전문가들은 사실 몇몇에 불과하며 두세 명일 때도 있다. 만약에 어떤 젊은 연구자가 세계를 뒤흔들 만한 기고문, 즉 어떤 전문 분야 전체를 뒤집어엎고 지금까지 명성을 누려 온 특출한 학자들을 옥좌에서 떨어뜨릴 만큼 훌륭한 논문을 보내온다면 어떤 일이 일어날까? 그 편집위원이자 세계적인 학자들은 이런 논문에 대해서 특히 더 엄격하게 심사할 것이다. 이것이 바로 사회적 비교 편향이 작동하는 경우다.

심리학자인 스테판 가르시아와 그의 동료 연구자들은 한 노벨상 수상자의 사례를 들어 이 오류를 설명했다. 그 수상자는 전망이 밝은 한 동료 전문가가 자신이 근무하는 대학교의 교수직에 지원하려 하자 이를 막았다. 그의 태도가 이해가 안 되는 것은 아니지만 장기적으로는 비이성적인 일이다. 그 노벨상 수상자는 재능 있는 젊은 이를 탈락시킴으로써, 그 학자의 지식이 다른 연구팀에 투입되는 위험을 떠안게 됐기 때문이다. 가르시아의 추측에 의하면 사회적 비교 편향은 한 연구팀이 왜 여러 해 동안 변함없이 최고의 연구팀으로 머물 수 없는지 그 이유를 설명해 준다.

사회적 비교 편향은 벤처 기업을 하는 사람들이 가장 흔히 저지르는 오류 가운데 하나이기도 하다. 애플사의 전설적인 마케터였던 가이 가와사키는 현재 벤처 기업을 발굴하고 투자하면서 수많은 기업 창업자들의 자문 역할을 하고 있다. 그는 벤처 기업이 쉽게 저지르는 사회적 비교 편향을 다음과 같이 설명했다. "A등급 게이머는 벤처 기업을 설립할 때 A^+등급의 게이머들, 즉 자기 자신보다 더 나은 사람들을 고용한다. 반면에 C등급의 게이머들은 D등급의 게이머들을 고용하고 D등급의 게이머들은 E등급의 게이머들을 고용

자신의 위치가 위태로워질까 봐
더 나은 재능을 가진 사람을 가까이하지 않는다면
머지않아 실패자들로 가득한 조직 속에 남게 될 것이다.

한다. 이런 식으로 설립된 회사는 몇 년 안 가서 Z등급인 최하위의 사람들로만 구성된다."

그러므로 당신은 당신보다 더 나은 사람들을 고용하라. 그렇지 않으면 얼마 안 가서 실패자들로 가득한 조직을 갖게 될 것이다. 게다가 문제가 무엇인지도 모른 채 잘하고 있다고만 생각하며 기업이 운영될 가능성이 크다. 능력이 없는 사람이 잘못된 결정을 내리고도 자신의 실수를 알아차리지 못하는 '더닝 크루거 효과(Dunning-Kruger effect)'에 빠지게 되는 것이다.

물리학자 아이작 뉴턴은 다니던 학교가 흑사병 때문에 잠시 문을 닫자 고향으로 내려가 혼자서 수학, 천문학, 물리학 등 다양한 분야의 학문을 연구했다. 그리고 학교로 돌아와서 자신의 스승이었던 아이작 바로우에게 연구 결과물을 보여 주었다. 연구물을 본 바로우는 주저 없이 자신의 교수직을 내던지고 그 자리에 제자인 뉴턴을 채용하게 하였다. 자기보다 더 나은 지원자가 있다고 해서 자신의 자리를 기꺼이 내놓은 교수가 또 있었던가? 자기가 고용한 2만 명의 직원들 가운데 누군가 한 명이 자기 자신보다 더 나은 일을 하리라는 것을 통찰하고 자신의 자리를 기꺼이 내놓은 CEO가 있었던가? 나는 그런 경우가 한 번이라도 있었는지 생각나지 않는다.

당신보다 더 나은 재능을 가진 사람을 보면 그를 아낌없이 지원해 주어라. 단기적으로 보면 그로 인해 당신의 위치가 위태로워지겠지만 장기적으로 보면 이득이다. 왜냐하면 어쨌거나 당신 뒤를 따라오는 사람들은 언젠가 당신을 추월하게 될 것이기 때문이다. 그렇게 되기 전까지 당신은 그들과 좀 더 원활한 관계를 유지하는 것이 좋으며 또 그들에게 배워야 할 것이다. 그래서 나는 그때 결국 추천사를 써주었다.

접촉 편향

사랑하는 사람의 사진을 찢어버리기 어려운 이유

당신이라면 히틀러가 입었던 스웨터를 깨끗이 빨았다고 해서 입겠는가? 잠깐, 대답하기 전에 다른 예를 들어 보겠다.

9세기에 카롤링거 왕조가 몰락한 후 유럽, 그중에서도 특히 프랑스는 무정부 상태에 빠졌다. 각 지방의 영주들과 기사들은 끊임없이 서로 싸우고 무자비하게 검을 휘두르며 농가들을 약탈했다. 여자들을 강간하고 이삭이 흩어져 있는 밭들을 짓밟았고 사제들을 끌고 가고 수도원에 불을 지르곤 했다. 교회는 물론 농민들도 이들이 벌이는 미친 듯한 전쟁에 대적할 방법이 없었다.

이를 보다 못한 프랑스 오베르뉴 지방의 주교는 한 가지 아이디어를 생각해 냈다. 그는 영주들과 기사들에게 토론회를 열 테니 어느 벌판으로 나와 달라고 부탁했다. 사제들과 주교들, 그리고 수도

사람들은 사람과 사물 사이를 이어 주는 불가해한 위력이 존재할 것이라는
믿음과 그 힘에 대한 두려움을 쉽게 버리지 못한다.

원장들은 미리 성유물들을 찾아내서 토론회가 열린 벌판 위에 늘어놓았다(성유물들은 죽은 성자들의 뼈와 성자의 피에 젖었던 천 조각들, 성자가 직접 만지거나 사용했던 돌과 타일 조각들을 말한다). 영주들과 기사들이 다 모이자 주교는 앞으로는 무절제하게 폭력을 쓰지 않고 특히 무기를 지니지 않은 사람들을 공격하지 않겠다고 이 성유물 앞에서 맹세할 것을 요구했다. 자신이 요구하는 바를 강조하기 위해서 그 주교는 사람들의 얼굴 앞에 천 조각들과 뼈 조각들을 이리저리 흔들어 댔다. 당시 사람들의 성유물에 대한 존경심은 대단했던 것이 틀림없다. 왜냐하면 이후 무자비한 싸움은 사라졌고, 이 방법을 모방한 사례가 많이 생겨났기 때문이다. 그가 독특한 방식으로 보여 준 양심에 대한 호소는 전 유럽에 '신의 평화(라틴어로 팍스 데이Pax dei)'와 '신의 휴전(라틴어로 트레우가 데이Treuga dei)'이라는 개념으로 퍼져 나갔다.

여기에 대해 훗날 미국의 역사가 필립 데일리더는 "중세 시대에 사람들이 성자들과 그들이 남긴 성유물들에 가졌던 두려움을 결코 과소평가해서는 안 된다"라고 평했다.

당신은 합리적인 현대인이니 이런 어리석은 두려움에 대해서 웃을지도 모른다. 그러나 잠깐만, 이 장의 맨 앞에서 던진 질문에 당신은 어떻게 대답하였는가? 당신이라면 히틀러가 입었던 스웨터를 입겠는가? 아마 그런 일은 거의 없을 것이다. 아닌가? 그것은 놀라운 일이다. 왜냐하면 당신이 그 옷을 입지 않는다는 것은 사람과 사물 사이를 이어 주는 불가해한 위력이 존재할 것이라는 믿음과 그 힘에 대한 두려움을 모두 잃어버린 것은 아니라는 뜻이기 때문이다. 사실 히틀러가 입었던 스웨터는 순수하게 물질적으로 보면 히틀러하고는 더 이상 아무런 관련이 없다. 그런데도 불구하고 당신은 그것을 보면 역겨움을 느끼는 것이다.

이런 식의 믿음을 간단히 배제해 버리기는 무척 어렵다. 펜실베이니아대학의 폴 로진과 그의 동료들은 실험 참가자들에게 가까운 지인의 사진을 한 장씩 가져오라고 부탁했다. 그리고 그들이 가져온 사진을 과녁 중앙에 핀으로 꽂아 놓고 실험 참가자에게 쇠살을 던져서 과녁을 맞히라고 말했다. 물론 실험 참가자가 어머니의 사진을 쇠살로 맞춰 구멍을 내더라도 어머니가 실제로 고통을 느끼는 것은 아니다. 그런데도 불구하고 실험 참가자들의 거부 반응은 컸다. 아무 것도 꽂혀 있지 않은 과녁을 쏜 사람들에 비해서 훨씬 서투르게 쇠살을 던졌고, 명중률도 낮았다. 그들은 마치 어떤 마력의 힘이 과녁 위에 있는 사진을 쏘는 것을 막기라도 하는 것처럼 행동했다.

어떤 사람과 그가 소유했던 물건을 연결해 주는 힘이 존재할 것이라는 생각은 그 힘이 눈에 보이는 것이 아니고, 사물들이 이미 오래전에 사라졌다 해도 우리의 사고에 큰 영향을 미친다. 이것이 '접촉 편향(Contagion bias)'이다. 내가 아는 한 여자 친구는 오랫동안 국영 TV 방송인 '프랑스 2'의 전쟁 특파원으로 활동했다. 카리

브 해안을 순회한 경험이 있는 여행객이 자기가 들렸던 섬마다 밀짚모자나 색칠한 코코넛 껍데기 같은 기념품을 하나씩 사서 가져오듯이, 그녀도 역시 전쟁 기념물들을 한가득 모아 놓은 장롱을 하나 갖고 있다. 그녀는 2003년 바그다드에 특파원으로 투입되었을 때도 기념품을 챙겨 왔다. 미국 군대가 사담 후세인의 정부 청사로 쳐들어가 점령한 지 몇 시간 후에, 몰래 식당에 들어가 금으로 만든 와인 잔 여섯 개를 재빨리 훔쳐서 가지고 온 것이다.

내가 최근에 파리에서 그녀를 만났을 때 그녀는 이 금잔들에 와인을 따라서 손님을 대접했다. 그 방에 있던 모든 사람들이 잔의 화려함에 감동했다.

"이 잔은 라파예트 백화점에서 산 거예요?"라고 누군가가 물었다.

"사담 후세인의 궁전에서 가져온 거예요." 그녀는 간단하게 대답했다.

이 말을 들은 한 여자 손님이 역겹다는 듯이 마셨던 와인을 컵 안에 뱉고는 히스테릭하게 기침을 하기 시작했다.

나는 그 상황에 그냥 있을 수 없어서 입을 열었다.

"지금 숨을 쉴 때마다 후세인 폐 속에 있던 공기 분자들이 얼마나 많이 우리의 폐 속으로 들어오는지 아십니까?" 이렇게 묻고 나서 한 마디 덧붙였다.

"아마 대략 15억 개는 될 겁니다."

그러자 그 여자의 기침은 더욱 심해졌다.

뉴마니아

신제품이 최고라는 착각

앞으로 50년 후에 세계는 어떤 모습일까? 그때 당신의 일상생활은 어떤 식으로 변화되었을까? 당신은 어떤 대상들과 교류를 하게 될까? 지금으로부터 50년 전에 이런 물음을 스스로에게 던졌던 사람들은 당시와는 전혀 다른 세계를 꿈꾸었다. 마치 SF영화에 나오는 것 같은 세계를 당신도 상상해 본 적이 있을 것이다. 하늘을 날아다니는 자동차, 수정처럼 맑고 깨끗한 도시, 유리로 된 마천루들 사이를 잇는 철로들. 그 세계에서 우리는 플라스틱으로 된 침실에서 잠을 자고, 수중 도시에서 일하며, 여름휴가는 달에 가서 보내고 음식은 알약 형태로 먹게 될 것이다. 우리는 아이들을 낳지 않고 카탈로그에서 마음에 드는 아이들을 선택해서 키울 것이다. 이제 인류의 가장 좋은 친구들은 로봇들이며, 죽음이라는 것은 사라지고 없다.

또 우리는 자전거 대신 개인 비행 장비인 제트팩(Jetpack)을 타고 다닐 것이라는 등등의 상상 말이다.

그러나 지금 주위를 돌아보라. 당신은 여전히 고대 이집트 파라오 시대에 처음 고안했던 의자 위에 앉아 있다. 그리고 당신은 약 5천 년 전에 처음으로 만들어졌고 이후 기원전 750년경에 게르만인들이 입기 시작했던 바지를 여전히 입고 있다. 당신이 신고 있는 가죽 구두는 사실은 마지막 빙하기 때 처음으로 아이디어가 떠올라서 만들어진 물건이다. 또 당신 서재에 있는 책장(아마도 이케아에서 만든 빌리 제품일지도 모르지만)도 플라스틱이 아니라 세상에서 가장 오래된 재료인 나무로 만들어졌다.

당신은 지금 이 글도 종이로 만들어진 책으로 읽고 있을 것이며, 아마 당신의 증조할아버지가 그랬듯이 당신도 안경을 쓰고 읽을 것이다. 식사를 할 때 사용하는 나무로 만든 식탁 역시 당신의 증조할아버지가 쓰던 것과 유사하며, 고대 로마 시대부터 킬러 앱(Killer app, 등장하자마자 다른 경쟁 상품을 몰아내고 시장을 완전히 장악하는 혁신적인 제품을 일컫는 말 - 옮긴이)이었던 포크를 사용해서 죽은 동물들과 식물들의 조각을 입에 넣고 있을 것이다. 모든 것이 몇백 년 전에 이미 있었던 대로이다.

그러면 앞으로 50년 후에 세계는 어떤 모습일까? 철학자 나심 탈레브는 그가 최근에 쓴 책 『사라지지 않는 것(Antifragile)』(2013년에 출간될 예정 - 옮긴이)에서 다음과 같은 시사점을 던져 준다. 적어도

우리는 50년 전에 하늘을 날아다니는 자동차를 타고,
수중 도시에서 일하게 될 미래를 상상했다.
하지만 지금 정말 그런가?

과거 50년 전부터 있어 온 대다수의 기술들은 앞으로 50년 후까지도 여전히 남아 있으리라는 것이다. 반면에 불과 몇 년 전부터 생겨난 새로운 기술들은 앞으로 몇 년이 지나고 나면 사라져 버릴 것이라고 한다. 왜 그럴까? 기술이라는 것을 동물의 종(種)처럼 생각해 보자. 수백 년에 걸쳐 일어난 혁신의 물결에 맞서서 스스로를 지키고 생명을 이어 온 동물이라면, 미래에도 분명히 자신을 계속 존속시켜 나갈 수 있을 것이다. 오래된 것은 스스로를 보존한다. 그 안에는 비록 우리가 항상 이해하지는 못했지만 어떤 논리가 자리 잡고 있다.

어떤 기술 역시 수백 년 동안 지속된다면, 거기에는 무엇인가 있는 것이 틀림없다. 미래를 상상하기 좋아하는 사회는 일시적으로 열렬한 반향을 일으키는 발명품들과 현재 시장을 지배하는 킬러 앱 제품들의 영향력을 과대평가한다. 그리고 예로부터 전승되어 온 기술들의 역할은 과소평가하곤 한다. 과거 1960년대는 우주여행의 시대여서 우리는 사람들이 화성으로 수학여행을 떠나는 그림을 그리곤 하였다. 1970년대에는 플라스틱의 등장이 예고되었다. 다시 말해 우리는 미래에 플라스틱으로 만든 집에서 살게 되리라고 생각했던 것이다. 하지만 지금 우리가 그렇게 살고 있는가? 우리는 시스템적으로 새로운 것의 역할을 과대평가하곤 한다. 탈레브는 새로운 것에 열광하는 생각의 오류에 '뉴 마니아'라는 이름을 붙였다.

그러나 가장 최근에 일어났던 혁신의 물결은 우리가 생각하는 것보다 더 빨리 사라지고 만다. 만약 당신이 다음번에 어느 전략 회의에 참석하게 된다면 이 사실을 명심하라. 앞으로 50년 후의 일상생활도 대개는 지금 당신이 영위하고 있는 생활과 비슷할 것이다. 물론 어디서나 매력적인 기술을 사용하는 가젯 제품들(새롭고 신기하지만 실용성이 없는 제품이나 기구, 장치 - 옮긴이)로 번뜩일 것이다. 그러나 이런 제품들의 대다수는 수명이 짧다. 탈레브는 '허튼 것을 골라내는 역사의 필터(Bullshit filter)'가 이런 제품의 수명을 결정하는 역할을 할 것이라고 말한다.

아마도 뉴 마니아 오류에 심각하게 빠진 사람들 중 대표적인 유형이 얼리 어댑터(Early adopter), 즉 가장 최신 버전의 아이폰 없이는 살 수 없는 사람들일 것이다. 예전에 나는 얼리 어댑터에 대해 공감을 갖고 있었다. 나는 그들이 시대를 앞서가는 사람들이라고 생각했다. 그러나 이제는 그들이 일종의 병에 걸린 비합리적인 인간들이라는 생각이 든다. 그들에게 어떤 발명품이 얼마나 확실한 혜택을 가져다주며 얼마나 오래 사용할 수 있는지는 근본적으로 중요하지 않다. 그들에게 중요한 것은 오로지 그것이 새것이냐 아니냐 하는 점일 뿐이다.

당신이 미래에 대해서 예언을 하고 싶다면 창밖을 지나치게 멀리 보아서는 안 된다. 1957년에 출간된 스위스 작가 막스 프리쉬의 소설 『호모 파버』에 이런 점이 잘 드러나 있다. 프리쉬는 주인공을 가르친 교수의 목소리를 빌려 전기로 네트워크화 된 시대에 대해 다음과 같이 예언하게 하고 있다.

"여러분, 여행이란 중세 시대에나 어울리는 겁니다. 우리는 오늘날 이미 통신 수단을 갖고 있지 않습니까? 하물며 내일이나 모레는 어떻겠습니까? …… 더 이상 교통 수단이 필요 없는 날이 올 것입니다. 그때는 결혼식을 올린 신혼부부들만이 마차를 타고서 세상을 여행할 뿐, 그 외의 다른 사람들은 어느 누구도 나다닐 필요가 없을 테니까요. 여러분은 지금 웃고 있지만 그것을 경험하게 될 것입니다"

나는 그 소설을 몇 달 전에 읽었다. 그것도 뉴욕으로 가는 비행기 안에서.

주의력 착각

보이지 않는 고릴라

영국 남부 지방에 세찬 비가 내려서 에이번 강물이 급격히 불어났다. 경찰은 러킹턴 마을에 강물이 넘치자 평소에는 차량들이 통행하던 도로 몇 곳을 통제했다. 지대가 낮아 침수되었기 때문에 그곳을 패쇄하고 돌아가라는 경고 표지판을 세워 두었다. 그러나 도로가 패쇄된 2주 동안 매일 같이 적어도 차 한 대는 경고 표지판을 그냥 지나쳐 달리다가 급류 속으로 빨려 들어가곤 하였다. 차량 운전자들은 자신들의 차에 장착된 내비게이션 시스템을 보는 데만 너무 열중해 있어서 정작 자신들의 차 앞에 무엇이 놓여 있는지는 미처 보지 못했던 것이다.

1990년대에 하버드대학교 심리학자인 크리스토퍼 차브리스와 대니얼 사이먼스는 서로 농구공을 이리저리 패스하고 있는 두 팀에 대한 영상을 촬영했다. 한 팀은 검은색 티셔츠를 입었고, 다른 팀은 흰색 티셔츠를 입었다. 실험 대상자들에게 이 영상을 보면서 흰색 옷을 입은 팀의 선수들이 패스를 몇 번하는지 세보라는 과제를 내 주었다. 이 짧은 비디오는 유튜브(YouTube)에 들어가면 '원숭이 사건의 환상(The monkey business illusion)이라는 제목으로 찾을 수 있다. 만약 지금 당신이 인터넷으로 이 동영상을 볼 수 있다면 직접 실험에 참여해 본 뒤 글을 계속해서 읽어라.

그 영상을 재생해 보면 중간에 뭔가 어처구니없는 일이 벌어진다. 고릴라로 변장을 한 남학생이 나타나 경기장 한가운데에서 어슬렁 대면서 자기 가슴을 손으로 두드린 후에 다시 슬그머니 자취를 감춘다. 실험이 끝난 뒤 자신 있게 패스 횟수를 제출한 사람들에게 뭔가 이상한 것이 눈에 띄었는지, 그러니까 그 고릴라를 보았는지 물어보았다. 그러자 실험에 참가한 사람들 중 절반은 놀란 듯이 "고릴라요? 어떤 고릴라요?"라고 하면서 어리둥절해했다.

이 실험은 심리학에서 가장 유명한 실험들 가운데 하나로 '주의력 착각'에 대해서 보여 준다. 우리는 우리의 시야에서 일어나는 일은 놓치지 않고 다 본다고 믿고 있다. 그러나 사실 우리는 지금 집중하고 있는 것 혹은 보고 싶은 것들만 보고 있다. 다시 말해 이 실험에 참가한 사람들은 움직이는 공을 세는 일에만 집중하고 있다. 따라서 고릴라처럼 예기치 않은 것이 등장했다고 해도 크게 눈에 띄지 않을 수 있는 것이다.

주의력 착각은 위험할 수 있다. 예를 들면 당신이 자동차를 몰고 가면서 전화 통화를 할 때가 그렇다. 보통의 경우에는 아무 문제가 없다. 자동차를 차선 안쪽 중앙에 오도록 하고 달리다가 앞서 가는 차가 브레이크를 밟으면 자신도 브레이크를 밟는, 아주 일상적인 행동은 전화 통화를 해도 부정적인 영향을 받지 않는다. 그러나 갑자기 어린아이가 길을 가로질러 달려간다든지 하는 예상하지 않았던 사건이 발생해서 그런 일상적인 행동 패턴을 깨뜨린다면 주의력이 떨어진 상태라서 반응 속도가 느려진다. 연구에 따르면 차를 몰면서 전화 통화를 하게 되면 술에 취한 상태에서 운전을 하는 것만큼이나 반응 속도가 느려진다고 한다. 당신이 손에 휴대폰을 들고 통화를 하든 이어폰을 사용하든 마찬가지다. 중요한 것은 손이나 눈이 아니라 주의력이다. 다른 행동을 하느라 낮아진 주의력은 거리에서 벌어지는 예기치 않은 상황들에 대응하기 어렵게 만든다.

아마도 당신은 '방 안에 있는 코끼리'라는 영어 표현을 알 것이다. 그것은 사람들이 누구나 다 알고 있지만 선뜻 말할 수 없는 이야기를 가리키는 말이다. 일종의 터부이다. 그렇다면 이번에는 '방 안의 고릴라'라는 표현을 정의해 보자. 사람들이 어떤 문제에 대해 이야기하고 있지만 그것이 얼마나 중요하고 급박한 문제인지 아무도 인지하지 못하는 것을 말한다.

스위스항공사의 경우를 보자. 이 기업은 몸집을 부풀리는 데만 신경을 쓰다 자금 유동성이 줄어들고 있다는 것을 간과했다. 베를

한 가지 일에 지나치게 집중하면 눈앞에 고릴라가 있어도 알아차리지 못한다.
내비게이션에 열중한 운전자가
정작 차 앞의 위험 표지판을 보지 못하는 것처럼.

린 장벽을 무너뜨리는 결과를 가져온 동구권의 경제 실패 역시 마찬가지다. 2008년 미국발 금융 위기가 전 세계 경제를 위험에 빠트렸을 때 전조 현상이 없었을까? 이런 사태를 초래한 과거, 즉 한 해 전까지의 은행 대차대조표들은 그런 위험성을 미리 경고하지 않았던 것일까. 아니다. 그 모든 것들은 우리들의 코앞에서 이리저리 돌아다니는 고릴라들이었는데도 불구하고 시간이 한참 흐를 때까지 눈에 띄지 않았다.

사실 평범하지 않은 일들을 우리가 전혀 인지하지 못하는 것은 아니다. 문제는 '방금' 일어난 놀라운 일들만 우리 눈에 띄며 우리가 인지하지 못하고 넘겨 버리는 것들에는 더 이상 주목하지 않는다는 점이다. 사람들은 주의가 부족한 상태라는 것을 인식하지 못한다. 그래서 중요한 것들을 모두 인지하고 있다는 위험한 환상을 갖는다.

그러나 우리는 모든 것을 주목하고 있다는 주의력 착각에서 벗어나야 한다. 가능한 모든 시나리오와 불가능해 보이는 모든 시나리오에 부딪쳐 보아라. 예기치 않았던 무엇이 등장할 수 있을까? 한가운데에 있는 초점의 곁에, 혹은 바로 뒤에 무엇이 도사리고 있을까? 사람들이 어떤 것에 대해서 이야기하지 않을까? 어디가 눈에 띄게 조용할까? 생각할 수 없는 것에 대해서 생각해 보아야 한다.

우리가 어쩌면 보지 못하고 있는 것들은 아주 대단하고 다른 것일 수 있다. 그러나 더 중요한 것은 그것을 예상할 수 있어야 한다는 사실이다.

전화위복에 대한 환상

위기를 겪고 나면 더 약해진다

10년 전에 내가 산드라를 처음 알게 되었을 때 그녀의 인생은 즐거움으로 넘쳐 났다. 그녀는 누구나 호감을 가질 법한 매력적이고 지적인 젊은 여성이었다. 그녀는 어떤 남자와 사랑에 빠져 결혼을 했다. 상대는 경제 분야 심사위원이었는데 무슨 일을 하는지 알 수 없는 이름처럼 아무런 의미도 없는 직업이었다. 2년 후에 그녀는 유방암에 걸렸다는 통보를 받았고 병세가 꽤 심각했다. 산드라가 화학요법으로 암세포를 죽이는 치료를 받는 동안 그녀의 남편은 외도를 저질렀다.

산드라는 우울증에 걸렸고 그 결과 그녀는 직장을 다녀도 6개월 이상 버티기가 힘들어졌다. 이제 그녀는 예전 자기 자신의 그림자에 불과한 초라한 삶을 살고 있다. 이혼을 한 후 혼자 살고 있는 그녀를 만났을 때 그녀는 이렇게 말했다. "나는 거의 죽을 뻔 했어요. 하지만 그거 알아요? 이혼이나 우울증은 나를 죽이지 못했고 오히려 나를 더 강하게 만들었어요." 그녀는 강한 확신에 차 있는 것 같았지만 나에게는 지금껏 그 말처럼 아이러니하게 들린 말은 없었다.

마르틴은 노트북 컴퓨터 가방을 생산하는 업체를 운영하고 있다. 그가 회사를 설립한 지 5년이 지나자 경쟁자가 한 명 나타나서 그의 고객들을 빼앗아 갔다. 두 회사의 생산 제품들은 큰 차이가 없었지만 경쟁자의 마케팅은 몇 배나 더 나았다. 결국 매출은 줄어들었고 마르틴은 거의 모든 직원들을 해고해야 했다. 은행에서는 더 이상 대출이 어렵다는 통보를 받았으며 밀린 이자도 간신히 낼 수 있는 상태였다. 다행히 그 기업은 가까스로 파산을 비껴갔다. 이제 마르틴은 처음 회사를 설립한 상태로 되돌아가 있었다. 그는 남은 직원들에게 "우리는 많은 것을 배웠고, 이제는 강해져서 위기로부터 빠져나왔습니다"라고 말했다. 위기를 겪으면서 강해졌다니 무슨 뜻일까?

"나를 죽이지 않는 모든 것들은 나를 더 강하게 만든다." 이 말은 니체가 『이 사람을 보라』라는 책에서 한 말이다. 하지만 이것은 틀린 말이다. 회사는 위기를 겪으면 강해지는 것이 아니라 약해진다. 고객들은 달아나고 언론에서는 악의적으로 논평을 하며 능력 있는 직원들도 회사를 떠나간다. 보유하고 있는 현금 잔고는 줄어들고 대출을 받으려면 더 큰 담보를 걸어야 한다. 경영진은 그 기업에서

고난과 위기가 도움이 된다고 믿는 것은 환상이다.
몸은 다치기 전보다 더 건강해지지 않기 때문이다.

재빨리 발을 빼려고 한다. 그런데도 우리는 '재앙이 복으로 바뀔 것'이라면서 그 안에서 긍정적인 것을 보고 싶어 한다.

이러한 환상은 어디에서 유래하는 것일까? 위기가 기회가 될 확률을 좀 더 구체적으로 생각해 보자. 노트북 컴퓨터 가방 생산업자 천 명을 대상으로 심각한 경영 위기를 겪은 뒤, 그들의 운명을 추적한다고 가정해 보자. 통계 수치상의 분포는 어떤 양상을 띠게 될까? 그들 가운데 대다수는 파산할 것이고 몇 명은 예전과 비슷한 수준으로 회복할 수 있을 것이며, 그중 전보다 상황이 더 나아진 업자는 극소수에 불과할 것이다. 살아남은 사람들의 시각에서 볼 때 그들은 위기 속에서 강해져서 빠져나온 셈이 된다. 그러나 그것은 시각적인 착각일 뿐이다. 위기를 넘기고 살아남는 사람은 운이 좋아서 그렇게 된 것이다. 전체적으로 바라보면 위기는 위기일 뿐 강하게 만들어 주는 과정은 아니다. 사람은 위기 속에서 몰락할 수도 있다는 것(혹은 하마터면 몰락할 뻔했다는 것)을 쉽게 잊어버린다.

한 친구가 오토바이 사고를 당했다. 과연 오토바이 사고가 그를 더 강하게 만들었을까? 그는 오토바이를 타는 것이 얼마나 위험한 일인지를 배웠고 그래서 오토바이를 팔아 버렸다. 만세. 하지만 단지 이런 사실을 알기 위해서라면 통계 수치만 들여다보았어도 충분했을 것이다. 많은 사람들은 이렇게 말한다. "위기는 나한테 도움이 되었어요. 이제 나는 전혀 다르게 살고 있지요"라고. 지금의 모습에 만족하고 있다면 좋다. 하지만 덜 스트레스를 받고, 돈에 대한 욕심도 버리고, 자신의 천직에 전념하는 것 따위의 생각은 그 이전에도 할 수 있었을 것이다. 사고로, 병으로 또는 인생의 붕괴로 이어지는 길을 거쳐서 무언가를 깨달았다면 그것이야말로 가장 서글픈 길이며, 안됐지만 가장 어리석은 방법이다. 만약에 새로운 생활 방식이 지금 의미가 있다면, 그 이전에도 이미 의미가 있어야 했을 것이다. 그는 왜 이전에는 그것을 실현하지 못했던 것일까? 그것은 그가 생각이 게을렀거나 아니면 시종일관하지 못했다는 뜻일 것이다.

끔찍한 일들이 우리에게 도움이 된다고 믿는 것은 환상이다. 질병은 비록 그것이 하나의 경험이라고 할지라도 우리의 몸에 흔적을 남긴다. 몸은 병이 들기 이전보다 더 건강해지지 않는다. 사고를 당하거나 화상을 입는 것도 마찬가지다. 그리고 전쟁에서 '강해져서' 귀환하는 군인들이 과연 몇 명이나 되는가? 동일본 대지진이나 허리케인 카트리나에서 살아남은 사람은 미래를 위해서 과연 '강해진' 것일까? 그들은 특별한 경험을 했다. 그러나 그런 경험을 겪었다고 해서 다음번에 또 허리케인이 불었을 때 안전한 것은 아니다. 그들은 귀한 경험을 했다고 스스로를 위로하는 대신에 오히려 그 위험한 지역으로부터 먼 곳으로 이사하는 것이 더 현명할 것이다.

만약 어느 회사의 CEO가 우리 회사가 위기로부터 강해져서 살아남았다고 발표한다면 그 회사의 실제 상황을 더 자세히 관찰해보라. 사실은 정반대일 수도 있기 때문이다. 하지만 나는 산드라에게는 아무 말도 하지 않고 그녀가 환상을 갖도록 그냥 내버려 두었다. 그 환상은 그녀가 자신의 삶을 실제보다 더 편안하게 받아들이도록 도와주고 있기 때문이다.

NIH 증후군

내 아이디어가 훨씬 낫지

나의 요리 실력은 그저 그렇다. 내 아내도 알고 있는 사실이다. 그렇지만 나는 가끔 사람들이 먹을 만하다고 말할 수 있을 요리를 만드는 데 성공하기도 한다. 몇 주일 전에 나는 가자미를 두 마리 샀다. 흔한 생선 소스를 만들면 식상할 것 같아서 내 나름대로 새로운 소스를 만들어 냈다. 화이트 와인과 유향수 열매로 만든 퓌레(채소류나 육류를 갈아서 채로 거른 뒤 농축시켜서 진한 액체 정도의 농도로 만든 것 - 옮긴이), 꿀, 강판으로 간 오렌지 껍질, 그리고 발사믹 식초를 대담하게 섞은 것이었다. 아내는 다 구워진 생선과 소스를 곁들여서 한입 먹어 보더니 미안하다는 듯이 살짝 웃고는 소스 없이 생선을 먹기 시작했다. 반면에 나한테는 그 소스의 맛이 그리 나쁘지 않았다. 나는 그녀가 얼마나 대담한 창조력을 놓치고 있는지를 자세히 설명해 주었지만 그녀의 표정은 전혀 변하지 않았다.

그러고는 2주 후에 이번에는 아내가 가자미로 요리를 했다. 그녀는 두 가지 소스를 준비했다. 하나는 그녀가 평소에 만들던 대로 버터에 밀가루를 볶아 만든 소스였고, 또 다른 하나는 그녀 말에 따르면 '어느 프랑스의 일류 요리사가 개발한' 소스였는데 맛이 형편없었다. 식사가 끝나자 아내는 사실 두 번째 소스는 프랑스의 최고 요리사가 만든 것이 아니라 내가 2주 전에 새로 만들어 본 것이라고 고백했다. 그녀는 재미 삼아 시험해 보려는 생각에서 나를 'NIH 증후군(Not invented here syndrome)'쪽으로 유도했던 것이다. NIH 증후군은 내부에서 고안되거나 개발한 것이 아니라 외부에서 온 것이라면 무엇이든 인정하지 않는 경향을 말한다.

NIH 증후군은 사람들로 하여금 자기 자신의 아이디어와 사랑에 빠지도록 만든다. 비단 생선 요리 소스에만 해당하는 것이 아니라 온갖 종류의 사업 아이디어, 신기술, 연구 성과들에도 해당된다. 기업들은 내부에서 개발된 아이디어들을 외부에서 개발한 아이디어보다 더 낫고 더 중요한 것으로 평가하는 경향을 보인다. 심지어 후자가 객관적으로 더 나은 경우라고 해도 아랑곳하지 않는다. 나는 얼마 전에 의료보험 분야의 소프트웨어 프로그램을 개발하는 회사 대표와 함께 점심 식사를 한 적이 있다. 그는 자기 회사가 만들어 낸 프로그램의 사용법, 안전성, 기능성이 뛰어난데도 불구하고 대형 보험 회사들의 취향에 맞추기가 얼마나 어려운지에 대해서 설명했다. 대다수의 보험 회사들은 가장 좋은 프로그램은 자기네들이 직접, 즉 자신들의 회사에서 개발한 것이라고 확신하고 있기 때문이라는 것이다.

사람들이 여럿이 모여 함께 해결책을 찾고 그것의 가치를 직접 판단해야 하는 상황이라면, NIH 증후군을 쉽게 관찰할 수 있다. 보통은 자신들의 아이디어가 항상 가장 좋은 것이라고 여긴다. 그러므로 이럴 때는 사람들을 두 개의 그룹으로 나누는 것이 좋다. 여기서 한 그룹은 아이디어들을 산출해 내고 다른 한 그룹은 그것을 평가하게 하며, 다음에는 그 역할들을 서로 바꿔서 하게 하는 것이다.

우리는 자신이 고안해 낸 사업 아이디어가 다른 사람들이 생각해 낸 아이디어보다 훨씬 뛰어나서 당연히 성공할 것이라고 생각한다. 이런 경향은 기업이 번창하는 데 한몫을 할 수 있지만 유감스럽게도 대다수의 벤처 기업들이 초라한 수익성을 보이는 이유에 더 큰 영향을 끼친다.

심리학자인 댄 애리얼리는 그의 저서 『경제심리학』에서 그가 어떻게 NIH 증후군을 측정했는지 설명하고 있다. 그는 〈뉴욕 타임즈〉 칼럼니스트 블로그를 통해 독자들에게 6개의 문제에 대해 대답을 해달라고 부탁했다. 문제는 "도시에서 법적으로 물의 소비를 제한하지 않고도 어떻게 물의 사용을 줄일 수 있을까?"라는 식이었다. 그리고 독자들에게 해결책을 제안만 할 것이 아니라 그들 자신의 대답과 다른 사람들의 대답이 얼마나 실용적이고 성공

사업 아이디어든, 신기술이든, 새로운 요리법이든
사람들은 자신이 생각해 낸 아이디어를 과대평가한다.

가능성이 있을지에 대해서도 평가하고, 그 계획에 얼마큼의 시간과 돈을 기부할 수 있을지 알려 달라고 부탁했다. 그 결과 실험 참여자들은 자신이 직접 제안한 답에 더 좋은 평가를 내렸다. 애리얼리는 이 결과의 신뢰도를 높이기 위해 대답을 할 때 사용할 단어 리스트를 정해 준 뒤 실험을 한 번 더 했다. 이 조건으로 인해 거의 모든 사람들이 근본적으로 같은 대답을 하게 되었는데 그럼에도 불구하고 대다수 사람들은 자신의 대답이 낯선 사람들의 대답들보다 더 중요하고 더 성공 가능성이 높다고 간주했다.

사회적인 차원에서 NIH 증후군은 중대한 영향을 미칠 수 있다. 똑똑한 해결책들이라 해도 그것들이 다른 문화에서 왔다는 이유로 받아들여지지 않곤 하기 때문이다. 스위스 동북부에 있는 작은 지역인 아펜첼이너로덴 주에서 1991년 연방 대법원의 결정이 내려지기 전까지는 여성들에게 투표권을 주지 않았다는 사실만 봐도 그렇다. 또 다른 예로, 우리는 오늘날에도 콜럼버스에 의해 "아메리카가 발견되었다"고 이야기하곤 한다. 그곳에는 이미 오래전부터 사람들이 살아왔는데도 말이다.

우리는 우리들 자신이 생각해 내는 아이디어들에 도취해 있다. 다시 냉정해지기 위해서 이따금 당신의 머리에 떠오른 것들을 객관적인 시선으로 꼼꼼하게 관찰해 보라. 지난 10년간 당신의 머리에 떠올랐던 아이디어들 가운데 과연 어떤 것들이 정말로 탁월했는가?

감정 휴리스틱

웃는 얼굴에 마음이 약해지는 이유

당신은 유전자 변형이 된 밀에 대해서 어떻게 생각하는가? 이것은 여러 측면에서 다루어야 할 주제이기 때문에 아마 당신은 성급하게 대답하지 않을 것이다. 논란이 되고 있는 기술의 장점과 단점을 잘 구별해서 종합적으로 판단하는 것이 합리적이니 말이다. 그래서 당신은 모든 가능한 장점들을 나열한 다음에 그것들의 중요성을 판단하고, 그것들이 실제로 적중할 확률과 곱한다. 이렇게 하면 기대치들에 대한 객관적인 평가를 손에 넣게 된다.

그런 다음에 당신은 부정적인 측면에 대해서도 똑같은 과정을 거쳐서 조사한다. 즉 모든 부정적인 것들을 나열하고, 얼마나 영향을 미칠지 가능성을 측정하고 그것들을 적중할 확률과 곱한다. 그런 다음에 부정적인 기대치를 제하고 난 후의 남은 긍정적인 기대치들은 순(純) 기대치가 된다. 만약에 그 수치가 '0' 이상이면 당신은 유전자 변형 밀에 대해서 찬성이다. 그것이 '0' 이하이면 당신은 그것에 반대하는 셈이 된다.

아마도 당신은 이러한 과정에 대해서 알고 있을 것이다. 어느 책이든 의사 결정의 이론에 대해서라면 이렇게 설명이 되어 있다. 그렇지만 아마도 이런 수치를 구해서 무언가를 결정하려고 노력해 본 적은 없을 것이다. 그리고 의사 결정에 관한 책을 쓴 교수들 가운데 이런 방식을 이용해서 자신의 아내를 선택한 사람은 역시 없을 것이다.

그 이유는 첫째, 우리는 모든 가능한 장점과 단점들을 목록으로 나열해 볼 만큼 충분한 상상력을 갖고 있지 않기 때문이다. 우리는 우리의 감각 속으로 들어오는 것들만 한정적으로 생각할 수 있으며, 또 그것이 우리의 평범한 경험치 이상을 넘어가는 일은 드물다. 나이가 겨우 서른 살이면서 백여 년 동안에 일어날 온갖 악천후를 다 상상하는 사람은 없다.

둘째, 사소한 확률들을 계산해 내기란 불가능한 일이다. 드물게 일어나는 사건들은 그와 관련된 데이터도 부족하기 때문이다.

셋째, 우리의 뇌는 그런 계산을 하도록 만들어져 있지 않다. 과거 우리 조상들이 겪어 온 진화 과정 속에서 오랫동안 깊이 생각하곤 했던 사람들은 대개 야수들에게 잡아먹히고 말았다. 즉 우리는 빠

사람이든, 사물이든, 언어든, 그에 대해 어떤 감정을 갖고 있느냐에 따라 사람들의 평가는 달라진다. 좋은 기분을 느끼면 호감을 갖고 나쁜 기분을 느끼면 이로운 것도 멀리한다.

르게 결정을 내렸던 사람들의 후손인 것이다. 이런 진화 과정을 거쳐 우리는 직관적으로 생각을 축약한 인지적 발견법, 즉 휴리스틱(Heuristic)을 발달시켰다.

사람들에게 가장 자주 나타나는 휴리스틱 가운데 하나가 '감정 휴리스틱'이다. 어떤 감정이라고 하는 것은 순간적인 자극으로 만들어진 느낌이다. 즉 당신은 뭔가를 좋아하거나 좋아하지 않는다. '비행기 소음'이라는 단어는 부정적인 감정을 야기한다. '호사로움'이라는 단어는 긍정적인 감정을 야기한다. 이러한 자동적이고 일차원적인 충동은 당신이 위험성과 혜택을 분리해서 독립적으로 판단하는 것을 방해한다. 실제로 그것들은 서로 무관한데도 말이다. 그 대신에 위험들과 혜택은 감정의 끈 하나로 연결되어 있다.

원자력, 바이오 채소, 사립학교, 또는 오토바이 타기 같은 주제에 대해 어떤 감정을 가지고 있느냐에 따라 당신이 그 주제의 위험성과 혜택에 대해서 어떻게 평가하는지가 달라진다. 만약에 당신이 무엇인가를 좋아한다면, 당신은 그것의 위험성은 작고 혜택은 크다고 확신한다.

심리학자인 폴 슬로빅은 수천 명의 사람들을 대상으로 다양한 주제를 던져 감정과 판단의 관계를 연구한 결과 우리는 감정의 꼭두각시라는 사실을 확인했다. 만약에 감정 휴리스틱이 없다면, 위험성과 혜택에 대한 우리의 평가는 서로 독립적이어야 할 것이다.

좀 더 인상 깊은 것은 이런 것이다. 예를 들어 당신이 할리데이비슨 오토바이(미국의 오토바이 제조 회사이자 브랜드명 – 옮긴이)를 한 대 소유하고 있다고 가정하자. 그런데 그 오토바이가 갖고 있는 위험성이 원래 추측했던 것보다 더 크다는 것을 뒤늦게 알게 된다면 어떤 생각을 하게 될까? 당신은 무의식적으로 긍정적인 쪽으로, 오토바이를 탈 때 느끼는 자유로움이 굉장히 크다는 평가를 내려서 혜택을 좀 더 부각시키게 될 것이다. 즉 감정으로 인해 생각의 오류를 저지르면 그것을 바로잡는 것이 아니라 기존의 주장을 옹호하는 쪽으로 좀 더 치우치게 된다.

그런데 이처럼 자발적으로 감정이 생기게 하는 자극은 어디서 비롯되는 것일까? 미시건대학교의 연구가들은 실험 대상자에게 100분의 1초 이하의 시간 동안에 세 가지 그림들, 즉 미소 짓는 얼굴, 심술궂은 얼굴, 그리고 중립적인 표정의 얼굴 가운데 하나를 보여 주었다. 그리고 이어서 한자(漢子)를 하나 보여 주면서 그것이 마음에 드는지 아닌지를 진술하게 했다. 미소 짓는 얼굴을 본 사람들은 대부분 처음 보는 한자가 마음에 든다고 대답했다.

이처럼 눈 깜짝할 사이에 지나간 얼굴 표정에서부터 실체가 없는 증권시장의 분위기까지 아무런 의미가 없는 사안들이라 해도 우리들의 감정과 판단에 영향을 미친다. 경제학자 데이비드 허슐레이퍼와 타일러 섬웨이는 1982년부터 1997년까지 세계 26개 주요 증권거래소들의 변동 상황과 그날의 아침 일조량을 고찰한 끝에, 둘 사이에 상관관계가 있다는 사실을 밝혀냈다. 미신처럼 들리겠지만 아침에 해가 비치면 낮 동안에 증권 거래가 증가한다는 것이다. 물론 항상 그런 것은 아니지만 주로 그런 경향을 보인다고 한다. 다시 말해 아침에 태양이 비치는 것은 마치 미소 짓는 얼굴을 본 것처럼 감정에 긍정적 영향을 주고 결과적으로 판단에도 영향을 미치는 것이다.

당신은 복잡한 일을 결정할 때 자문할 것이다. "그것에 대해 나는 어떻게 생각하는가?"라고. 하지만 이것은 "그것에 대해 나는 어떤 느낌이 드는가?"라고 묻는 것과 다름없다. 물론 당신은 그런 사실을 결코 자진해서 시인하지는 않겠지만.

완벽한 기억에 대한 환상

내가 그런 말을 했을 리 없어요

조지 오웰이 쓴 소설『1984년』에 나오는 주인공인 윈스턴 스미스는 하찮은 일도 골똘히 생각하는 성격의 소유자로 관공서에서 일하고 있다. 그는 진리부(眞理部)에서 신문에 난 기사들과 기록 문서 등 과거의 기록들을 현재 통용되는 사실에 맞춰 날조하는 일을 한다. 그가 하는 일은 중요하다. 과거를 고쳐 쓰는 일은 마치 절대적으로 오류가 없는 것 같은 환상을 만들어 내며 결과적으로 정부가 절대적인 권력을 확보할 수 있도록 도와준다.

이 소설에서 나오는 것처럼 엉터리로 역사를 날조하는 것은 보통 있는 일이다. 그런데 끔찍하게 들릴지도 모르지만 당신의 뇌 속에도 작은 윈스턴이 일하고 있다. 그보다 더 나쁜 사실은 오웰의 소설 속에서 윈스턴은 자신의 임무를 억지로 수행하다가 결국 지배적

우리의 기억은 소망과 목적에 맞춰 조금씩 바뀌고 재구성된다.
정확하게 각인된 기억이란 없다.
자신의 기억 중 절반은 맞지 않는다는 것을 잊지 마라.

인 질서에 반항하는 반면에, 당신의 뇌 속에서 일하는 작은 윈스턴은 최고의 효율성을 가지고 당신의 소망과 목적에 완전히 부합하는 작업을 하고 있다는 점이다. 그는 당신의 기억들을 쉽게 그것도 눈에 거의 띄지 않도록 우아하게 바꿔 나간다. 작은 윈스턴은 당신이 오랫동안 가지고 있던 그릇된 견해들에서 벗어날 수 있도록 신뢰를 잃지 않는 범위 내에서 조용히 작업한다. 그리하여 당신은 당신이 언제나 옳았다고 확신하게 된다.

1973년에 미국의 정치학자 그레고리 마커스는 3천 명의 사람들에게 마약 복용 합법화와 같은 논쟁의 여지가 있는 주제들에 대해서 '나는 그것과 같은 생각이다' 또는 '나는 완전히 다른 의견이다' 둘 중 어느 쪽에 해당하는지 체크해 달라고 요청했다. 그리고 10년이 지난 후에 그는 똑같은 사람들에게 똑같은 설문 조사를 실시했다. 동시에 10년 전에는 이 주제들에 대해 어떻게 생각했었는지도 진술해 달라고 부탁했다. 그 결과, '나는 10년 전에 어떻게 생각했는가'라는 질문에 대해 대부분의 사람들이 그때도 지금의 견해와 거의 동일했다고 답했다. 그러나 1973년에 그들이 실제로 가졌던 견해와는 큰 차이가 있었다.

우리는 무의식적으로 과거의 견해를 오늘날의 견해에 맞춰 수정한다. 그래서 우리 자신이 저질렀던 오류와 부딪히게 되는 괴로운 순간들을 피할 수 있다. 유쾌한 전략이다. 왜냐하면 우리가 아무리 단련이 되어 있더라도 그와 상관없이 스스로의 잘못을 시인하는 것은 가장 어려운 과제 중 하나이기 때문이다. 합리적으로 생각한다면 우리가 틀렸다는 사실이 명백히 밝혀질 때마다 기쁨의 환호성을 질러야 할 것이다. 결국 그 순간에야 비로소 그릇된 시각에서 벗어나 한 걸음 더 앞으로 나아갈 수 있기 때문이다. 그렇지만 놀랍게도 우리는 그렇게 생각하거나 행동하지 않는다.

그렇지만 당신은 "내 뇌 속에 정확하게 각인된 기억들이 있다"라는 반론을 던질 수 있다. 예를 들면 당신은 2001년 9월 11일에 뉴욕에서 테러가 일어났다는 소식을 들었을 때 당신이 어디에 있었는지, 어디에 앉아 있거나 서있었는지 정확히 알고 있다. 그렇지 않은가? 심지어 그 순간에 누구와 이야기를 했고 상대방이 어떤 말을 했는지까지 생생하게 기억할 수 있다. 그날에 대한 당신의 기억은 보통 때의 다른 기억들과는 달리 생생하고 세밀하다. 이런 기억을 심리학자들은 '섬광 기억(Flashbulb memories)'이라고 부른다. 순간적으로 카메라 플래시를 터트려 또렷한 사진을 얻는 것처럼 뇌 속에 뚜렷하게 기억이 각인된다고 해서 붙여진 이름이다.

하지만 사실은 섬광 기억 역시 보통의 기억들과 마찬가지로 오류가 생길 수 있으며 심지어 조작된다. 기억은 시간이 지날수록 조금씩 바뀌고 재구성된 결과물이기 때문이다. 미국의 에모리대학교에서 근무하는 울리히 나이저는 섬광 기억에 대한 테스트를 했다. 1986년에 우주왕복선 챌린지호가 폭발한 다음 날, 그는 학생들에게 그날 무엇을 하고 있었는지, 그 소식을 들었을 때 어떤 생각을 했는지에 대해 묻고, 그 대답을 글로 쓰게 했다.

3년 후에 그는 다시 같은 학생들에게 그날의 기억에 대해 새로 물어보았다. 그러자 다시 진술을 한 사람들 가운데 7퍼센트만이 처음에 했던 진술과 같은 진술을 했고, 50퍼센트는 그들이 대답한 것 가운데 3분의 2가 일치하지 않았으며, 25퍼센트는 처음 진술했던 내용과 일치하는 내용이 단 한 가지도 없었다. 나이저는 과거 기억과 전혀 다른 내용을 말한 한 여학생에게 예전에 쓴 글을 보여 주었다. 그러자 그녀는 이렇게 말했다. "이 글의 필체가 내 것인 것은 확실해요. 하지만 내가 이 글을 썼을 리가 없어요." 다만 섬광 같은 어떤 기억들이 왜 그렇게 옳은 것처럼 느껴지는지에 대한 의문은 아직 남아 있다. 우리는 아직 그 이유를 확실하게 규명하지는 못했다.

당신은 인생의 반려자를 처음으로 만났던 그 순간을 마치 섬광처럼 생생하게 기억하고 있을 것이다. 그러나 그 기억 중 절반은 맞지 않는다는 것을 잊지 마라. 우리의 기억들은 오류에 붙잡혀 있다. 섬광처럼 아주 뚜렷하게 기억하고 있다고 생각하는 기억들도 마찬가지다. 그 기억이 절대적이고 완벽하다고 믿는다면 때에 따라 치명적인 결과를 얻을 수도 있다. 범죄를 저지른 사람에 대한 증인들의 진술이나 몽타주 사진들을 생각해 보라. 비록 증인 자신은 범인을 아주 정확하게 기억하고 다시 알아볼 수 있다고 확신하고 있다고 하더라도, 보충 조사를 하지 않고 그들의 진술을 그대로 신뢰한다면 그것은 아주 부주의한 일이다.

금전적 보상의 함정

보너스가 의욕을 떨어뜨리는 이유

몇 달 전에 한 친구가 독일 프랑크푸르트에서 스위스의 취리히로 이사를 했다. 나는 자주 프랑크푸르트에 가기 때문에 그가 아끼는 물건들을 차에 실어 취리히로 날라다 주겠다고 제안했다. 그는 집 안에서 대대로 내려오는 유리잔들과 고서를 가지고 있었는데 이런 물건들에 큰 애착을 가지고 있다는 것을 알고 있기 때문이었다. 이삿짐센터 인부들이 그 물건들을 날달걀 다루는 것보다 더 조심해서 다루지 않는다면 그가 엄청나게 화를 낼 것이 분명했다. 그는 나의 제안을 고마워했고 나는 그 물건들을 취리히로 날라 주었다. 2주 후에 나는 친구에게서 감사 편지를 한 통 받았다. 거기에는 50프랑짜리 지폐가 한 장 들어 있었다. 나는 그 지폐를 보자마자 기분이 몹시 상했다.

스위스는 수년 전부터 방사능 폐기물 처리장을 건설할 장소를 찾고 있다. 최종 장소로 여러 지역들이 물망에 떠올랐는데, 그중에 한 곳이 스위스 중부에 있는 볼펜쉬센이다. 취리히대학교의 경제학자인 브루노 프라이와 그의 연구 동료들은 지역 주민 회의에 참석한 사람들에게 방사능 폐기물 처리장 건설에 동의하는지 물어보았다. 그 질문에 58퍼센트가 그렇다고 대답했다. 그들은 건설을 찬성하는 이유로 국민적인 자존심, 공평성, 사회적 의무, 일자리에 대한 전망 등을 꼽았다.

연구가들은 그들에게 다시 '만약 주민들 각자에게 6백만 원을 보상금으로 제공한다면 처리장 건설에 찬성하겠느냐?'라는 질문을 던졌다. 물론 보상금은 스위스의 모든 납세자들이 내는 돈에서 나오는 것이었다. 그러자 무슨 일이 일어났을까? 찬성 숫자는 절반으로 줄어들었다. 겨우 24.5퍼센트만이 처리장 건설을 받아들일 용의가 있다는 것이었다.

사례를 하나 더 들어 보자. 전 세계적으로 어린이집들은 똑같은 문제로 싸우고 있다. 즉 어린이집의 문을 닫는 시간이 한참 지나고 난 후에 자기 아이들을 데리러 오는 부모들 때문에 그렇다. 어린이집 원장으로서는 그때까지 기다려 주는 수밖에는 달리 방법이 없다. 부모가 오지 않는다고 아이들을 택시에 태워서 보낼 수는 없는 노릇이기 때문이다. 그래서 많은 어린이집이 아이들을 너무 늦게 데리러 오는 부모들에게 벌금을 내게 하는 규칙을 도입했다. 그러자 그 벌금 제도 때문에 늦게 오는 부모들의 숫자가 줄어드는 것이 아니라 오히려 더 늘어났다.

위의 세 가지 사례는 우리에게 한 가지 사실을 보여 준다. 즉 이런 경우들에 있어서는 돈이 행위의 동기가 되지는 못한다는 점이다. 오히려 그 반대이다. 내 친구는 돈을 건넴으로써 내 선의를 평가절하했으며 우리 우정의 가치도 훼손시켰다. 어린이집에서 만든 벌금 제도는 부모들과 어린이집 사이의 관계를 상호 인간적인 관계에서 돈에 기초하는 관계로 변형시켜 버렸다. 어린이집에서 아이를 조금 더 돌봐 주는 것에 미안한 마음을 가지고 있던 부모들은 당당해졌고 그들이 늦게 오는 것은 합법적인 것이 되었다. 결국에는 그 대가로 돈을 지불하니까. 그리고 방사능 폐기물 처리장을 설치하는 데 있어서 찬성하는 대가로 돈을 주겠다고 제안한 것은 뇌물처럼 느껴져서 오히려 반감을 샀고 아니면 적어도 시민 의식, 즉 지역사회의 복지를 위해서 좋은 일을 하겠다는 주민들의 의도를 절감시켜 버렸다.

동기를 구축하는 데 있어서 금전적인 보상이 언제나 효과적인 것은 아니다. 사람들이 내면에서 우러나오는 뭔가를 동기로 삼아 행동할 때 돈으로 보상을 하게 되면 기꺼이 하고 싶은 마음에서 비롯된 내재적 동기를 파괴하는 결과를 낳는다. 이를 달리 표현하자면, 금전적인 동기가 비금전적인 동기를 축출하는 것이다.

당신이 비영리 기업을 하나 운영하다고 가정하자. 당신이 함께

내면에서 우러나온 뭔가를 동기로 삼아 행동할 때 돈으로 보상을 하게 되면
기꺼이 하고 싶은 마음을 파괴하는 정반대의 결과를 낳는다.

일하는 직원들에게 주는 임금은 물론 평균 이하이다. 그럼에도 불구하고 당신 회사의 직원들은 일에 대한 동기가 매우 높다. 왜냐하면 그들은 자신들의 사명을 믿고 있기 때문이다. 그런데 당신이 기부금을 끌어올 때마다 그에 대해 몇 퍼센트씩 임금을 인상하겠다는 일종의 보너스 제도를 도입하면 여기서 바로 '동기 축출 효과'가 나타나게 된다. 즉 금전적인 동기(보너스)가 비금전적인 동기(사명)를 밀어내는 것이다. 이제 당신 회사의 직원들은 직접적으로 보너스와 관련이 있는 일이 아니라면 조금도 관여하지 않을 것이다. 창조성이나 회사의 명성, 그들이 가진 지식을 새로 들어온 직원들과 나누는 것 따위의 일들은 앞으로 일어나지 않을 것이다.

당신이 금융계 기업이나 영업 위주의 기업을 운영한다면 그런 경우에는 문제가 없다. 당신은 자신의 열정을 위해서 일하는 투자 상담가나, 보험회사 에이전트, 또는 회계감사원을 알고 있는가? 그들이 자신의 사명에 따라 일하는 것 같은가? 나는 그런 사람을 본 적이 없다. 그러므로 이런 부류의 직업들에서는 보너스 제도의 기능이 잘 발휘된다.

그에 반해서 당신이 이제 막 회사를 하나 세우고서 직원들을 모집한다면, 당신은 처음부터 돈으로 보너스를 지급하는 식보다는 직원들이 회사와 그들이 할 일에 사명감을 가질 수 있도록 의미를 부여하는 것이 훨씬 낫다.

또 한 가지 힌트가 있다. 만약에 당신에게 자녀가 있다면 당신은 이미 경험했을 것이다. 아이들은 돈으로 매수할 수 없다. 당신 아이들이 학교 숙제를 다 끝내고 악기를 연습하거나 정원으로 나가서 잔디를 깎기를 바란다면 돈으로 그들을 유혹하지 마라. 그 대신에 그들에게 일주일마다 고정된 용돈을 주어라. 만약 그렇게 하지 않으면 아이들은 얼마 안 가서 밤에 잠자리에 들기를 거부할 것이다. 당신이 그 대가로 돈을 줄 때까지 말이다.

하우스 머니 효과

왜 120억 로또 당첨자는 빈털터리가 되었을까?

1980년대 초, 바람이 부는 어느 가을날이었다. 축축한 나무 이파리들이 보도 위로 이리저리 굴러다녔다. 나는 자전거를 끌고 학교로 통하는 언덕을 올라가던 중이었는데 내 발밑에 기이한 잎사귀 하나가 떨어져 있는 것이 보였다. 크고 진한 갈색에 이상한 무늬가 얼핏 보였다. 허리를 굽혀서 보니까 그것은 500프랑짜리 지폐였다(현재는 500프랑 지폐가 발행되지 않는다. 원화로 약 58만 원 – 옮긴이). 500프랑이라니. 그야말로 학생이었던 나에게 하늘에서 내려 준 선물이었다.

나는 지폐를 주워 품속에 집어넣었다가 곧바로 다시 꺼내서 썼다. 당시 시장에 나와 있는 것들 가운데 가장 좋은 최신 모델의 자전거를 한 대 산 것이다. 내가 쓰고 있는 자전거가 아무 문제 없이 완벽하게 잘 달리고 있는데도 말이다.

물론 나는 그때 따로 모아 둔 몇십 프랑이 있었다. 그러나 이렇게 열심히 모은 돈을 지금 당장 필요하지 않은 새 자전거를 사는데 써야겠다는 생각은 전혀 하지 않았다. 기껏해야 이따금 영화관에 가기 위해 조금씩 빼서 썼을 뿐이다. 나중에 가서야 길에서 주은 돈을 새 자전거에 써버린 나의 태도가 얼마나 비합리적이었는지 깨달았다. 돈을 어떻게 얻었든 모두 똑같이 생각해야 하는데도 우리는 그렇게 생각하거나 행동하지 않는다. 우리가 돈을 어떻게 생각하고 접근하느냐에 따라 전혀 다른 식으로 다룬다. 돈은 있는 그대로 드러나는 것이 아니라 감정적인 옷을 휘감고 나타난다.

두 가지 질문이 있다. 첫째, 당신은 1년 동안 열심히 일을 해서 돈을 모았다. 연말이 되니 당신의 계좌에는 연초보다 3천만 원이 더 들어와 있다. 당신은 그 돈으로 무엇을 하겠는가? A) 돈을 모두 안전한 은행 계좌에 넣어 둔다. B) 펀드에 돈을 투자한다. C) 그 돈으로 그동안 필요했지만 하지 못한 일을 한다. 예를 들면 오래되서 엉망이 된 부엌을 개조한다. D)호사스런 유람선을 타고 여행을 떠난다. 당신은 이것들 중 어떤 것을 선택하겠는가? 만약에 당신이 대다수의 사람들처럼 생각한다면 A나 B, 또는 C로 결정을 할 것이다.

두 번째 질문이다. 당신은 3천만 원짜리 로또에 당첨되었다. 당신은 그 돈으로 무엇을 하겠는가? 내가 제시한 대답들을 다시 한번 훑어보라. A, B, C인가, 아니면 D인가? 대다수의 사람들은 물론 당신도 이제 C나 D를 선택할 것이다. 그리고 선택이 달라짐으

우리는 우연히 줍거나 도박으로 얻은 돈은
일해서 번 돈보다 훨씬 더 가볍게 취급한다.

로써 사람들은 생각의 오류를 저질렀음을 스스로 시인하게 된다. 어떤 경우라도 3천만 원이 생긴 것은 마찬가지다. 3천만 원은 어쨌거나 3천만 원인데도 선택은 달라졌다.

비슷한 생각의 오류를 카지노에서도 관찰할 수 있다. 한 남자가 룰렛 게임에서 1천5백만 원을 걸었다가 모든 돈을 다 잃었다. 하지만 그는 이렇게 말했다. "나는 실제로 1천5백만 원을 다 잃은 것은 아닙니다. 사실 그 돈은 내가 앞서 게임에서 딴 1천5백만 원이었으니까요."

"하지만 그렇다고 해도 1천5백만 원이라는 액수는 똑같지 않습니까?" 내가 질문을 던졌다. 그러자 그는 웃으면서 "나한테는 아닙니다"라고 말했다.

우리는 도박으로 얻은 돈, 우연히 줍거나 상속 받은 돈은 자기 스스로 일해서 번 돈보다 더 가볍게 취급한다. 경제학자인 리처드 탈러는 이런 현상에 '하우스 머니 효과(House money effect)'라는 이름을 붙였다. 이는 쉽게 얻었거나 예상치 않게 들어온 돈은 아껴 쓰지 않고 위험부담이 큰 계획이나 자산에 과감하게 투자하는 경향을 말한다. 즉 투기로 혹은 우연히 얻은 수익은 위험성을 감당할 용의가 커진다는 것이다. 로또에 당첨이 되고도 몇 년이 지나고 나면 그 엄청난 돈을 다 잃고 오히려 전보다 더 가난해지는 일이 종종 있는 것은 바로 이것 때문이다. '얻은 대로 다 날아가 없어진다'는 독일 속담도 이런 하우스 머니 효과를 통속적으로 표현한 것이다.

탈러는 그가 가르치는 학생들을 대상으로 실험을 실시 했다. 우선 학생들을 두 그룹으로 나누고 첫 번째 그룹에게 3만 원을 나눠 준 뒤 지금 막 3만 원을 벌었으니까 그 돈을 가지고 다음과 같은 동전 던지기 게임에 참여할지 선택할 수 있다고 말했다. 동전을 던져서 숫자의 면이 나오면 그들은 1만 원을 더 얻고, 반대쪽이 나오면 1만 원을 잃는다는 것이었다. 그러자 학생들 가운데 70퍼센트가 동전 던지기에 참여하는 쪽을 선택했다.

두 번째 그룹의 학생들에게는 이렇게 말했다. 선택지는 두 가지로, 안전하게 3만 원을 버는 쪽과 동전 던지기에 참여하는 것 중에서 하나를 선택할 수 있다고 말했다. 동전 던지기에 참여하면 동전 윗면이 나올 경우 2만 원을, 숫자의 면이 나오면 4만 원을 벌 수 있다고 했다. 두 번째 그룹은 좀 더 보수적인 선택을 했다. 43퍼센트의 학생들만이 동전 던지기를 선택했다. 비록 어떤 경우를 선택하더라도 확률상 얻을 수 있는 돈은 3만 원으로 똑같데도 말이다.

시장의 전략가들은 이 같은 하우스 머니 효과가 꽤 유용하다는 것을 알고 있다. 온라인 게임 업체에서는 회원이 되면 당신에게 10만원의 게임 머니를 선물한다. 신용카드 회사들은 당신이 카드 신청서를 작성하면 10만 원의 보너스 포인트를 선물한다. 항공사들은 당신이 항공사 여행자 클럽에 가입하면 몇천 마일리지를 선물한다. 가입 초기에 당신에게 무료 통화를 주는 통신 회사들도 있다. 이는 당신으로 하여금 게임에 좀 더 쉽게 빠지게 하고, 불필요하게 전화를 많이 걸도록 유도한다. 마일리지나 상품권을 증정하는 문화는 이런 하우스 머니 효과에 근거하고 있는 것이다.

예상치 못한 돈이 생기거나 기업들이 당신에게 뭔가를 '선물'할 때는 조심하라. 공짜라는 생각에 우쭐해하고 있는 동안 얼마 안 가서 훨씬 더 많은 것을 되돌려 줘야 할 위험성이 크기 때문이다. 차라리 돈을 휘감고 있는 매력적인 옷을 벗겨 내고 거기에다 진정한 노동의 옷을 입히는 것이 더 나을 것이다. 당신의 은행 계좌에다 저금하는 것 말이다.

적은 숫자의 법칙

결론에만 주목했을 때 생기는 오해

당신은 지점을 천 개나 가지고 있는 소매업 분야 대기업 이사회 임원이다. 재무 담당 이사의 지시로 '상점 내에서 일어나는 절도 행위'라는 껄끄러운 문제를 연구한 한 컨설턴트가 자신의 연구 결과를 발표한다. 빔 프로젝트 화면에는 판매액 대비 절도가 얼마나 일어나는지 절도 비율이 큰 순서대로 백 개의 지점 이름이 큰 글씨체로 나열되어 있다. 그리고 화면 위에 놀라운 결과가 띄워진다. 그 내용인즉 '매상 대비 절도 비율이 가장 높은 지점들은 주로 시골 지역에 있는 지점들이다'라는 것이다. 좌중에서 잠시 놀라움의 표정들이 일고 침묵이 흐른 뒤에 재무 담당 이사가 나서서 다음과 같이 입을 열었다.

"여러분, 결론은 분명합니다. 지금부터 즉시 시골에 있는 지점들에는 추가적으로 보안 시스템을 설치할 것입니다. 보아하니 이 불량배 같은 농부들은 대못으로 쾅쾅 박아 놓지 않은 것은 무엇이든지 훔치나 보군요! 이 결과를 누가 설명할 수 있습니까?"

당신 같으면 설명할 수 있겠는가? 물론이다. 당신은 그 컨설턴트에게 절도 비율이 '가장 낮은' 백 개의 지점들순으로 다시 데이터를 정렬하라고 요구해 보라. 아마도 그 컨설턴트는 자기 컴퓨터의 엑셀 프로그램을 잠시 바쁘게 뒤적이면서 이리저리 분류한 후에 결과를 보여 줄 것이다. 놀랍게도 절도를 당하지 않은 상점들도 대다수가 지방으로 분류되어 있을 것이 분명하다.

그러면 당신은 미소 띤 얼굴로 좌중을 둘러보며 절도 비율의 결과를 이렇게 설명하면 된다. "시골이라는 환경이 중요한 역할을 하는 것은 아닙니다. 유일하게 중요한 것은, 지점이 큰가 혹은 작은가 하는 점입니다. 시골에 있는 지점들은 규모가 대체로 작지요. 그래서 여기서는 단 한 번의 절도가 발생해도 매상 대비 절도 비율에 막대한 영향을 줍니다. 그렇기 때문에 시골에서의 절도 비율은 지점마다 차이가 큽니다. 다시 말해 큰 지점들이 있는 도시보다 훨씬 크지요. 여러분, 여기에는 '적은 숫자의 법칙'이 작용하고 있습니다."

적은 숫자의 법칙은 우리가 직관적으로 이해하기 어렵다. 그래서 우리, 그중에서도 특히 저널리스트들, 매니저들 그리고 이사회의 임원들은 매번 다시 그 오류에 빠져들곤 한다. 다른 극단적인 사례를 들어 다시 생각해 보자. 어느 지점에서 근무하는 직원들의 평균 몸무게를 예시로 들어 보겠다. 천 개의 지점을 다 다루는 대신에 단 두 개의 지점만을 선택한다. 그중 하나는 직원이 천 명인 아주 규모가 큰 지점이고 다른 하나는 직원이 두 명인 아주 작은 지점이다. 규모가 큰 지점 직원의 평균 몸무게는 대략 일반 사람들의 평균 몸무게와 비슷할 것이다. 지점에 누가 새로 채용되고 혹은 누가 해고되는 것과 상관없이 그 평균치는 거의 변하지 않는다. 그러나 규모가 아주 작은 지점의 경우는 다르다. 즉 지점장이 굉장히 뚱뚱한 직원을 채용하느냐 아니면 마른 직원을 채용하느냐에 따라 그 지점의 평균 몸무게의 변동은 아주 심해진다.

절도의 비율에 대한 사례도 마찬가지다. 즉 해당 지점들의 규모가 작으면 작을수록 절도 비율들의 차이는 더 커진다. 컨설턴트가 자신의 엑셀 프로그램에 있는 목록을 어떻게 정리하는지와는 상관이 없다. 전체 데이터를 절도 비율 순서대로 정리하면 목록 처음에는 작은 지점들이 나열되고, 그 중간에는 큰 지점들이, 그리고 가장 마지막 부분에는 다시금 작은 지점들이 나열된다. 그러므로 재무 담당 이사가 내린 결론은 아무런 의미도 없다. 작은 지점들에 보안 시스템을 설치하는 일은 불필요한 일이 되는 것이다.

당신이 신문에서 다음과 같은 기사를 읽는다고 가정하자.

"새로 설립된 기업일수록 좀 더 지적인 직원들을 채용한다. '불필요한 연구 담당 관청' 주관으로 모든 독일 기업들에서 근무하고 있는 직원들의 평균 지능지수를 조사했는데, 그 결과인즉, 이제 막 활

A와 B지점의 매출 대비 절도 비율은 각각 10퍼센트, 5퍼센트다. 임원들은 A지점의 보완시스템을 질책했다. 그런데 A지점 매출액은 100만 원, B지점 매출액은 1억 원이라면 누가 더 큰 피해를 준 걸까?

동을 시작한 신진 기업의 직원 평균 지능지수가 가장 높다는 것이었다."

이러한 기사에 대해서 당신은 어떻게 생각하는가? 아마 아무런 생각도 들지 않을 것이다. 왜냐하면 여기서도 또다시 적은 숫자의 법칙이 작용하고 있기 때문이다. 처음 문을 연 기업은 직원 수를 적게 채용하는 경향이 있다. 그러므로 소기업 직원들의 평균 지능지수는 대기업 직원들의 평균 지능지수보다 변동이 심하다. 결과적으로 소기업들과 거기에 포함될 신생 기업들은 평균 지능지수 목록에서 가장 윗부분과 가장 아랫부분을 차지할 것이다. 따라서 이 연구는 아무런 신빙성을 갖고 있지 못하며, 기껏해야 우연의 법칙을 보여 줄 뿐이다. 대니얼 카너먼은 그의 최근 저서에서 경험이 풍부한 학자들조차도 적은 숫자의 법칙에 쉽게 빠지곤 한다는 사실을 알려 주고 있다. 그리고 그런 사실을 알고 나면 우리는 매우 진정이 된다.

만약에 어떤 연구들이 소기업들, 가계, 도시, 교회, 학교 등등에 대해서 뭔가 특별해 보이는 결과물들을 제시하면 조심하라. 여기서 마치 놀라운 인식인 것처럼 나타나는 내용들은 사실 알고 보면 우연히 그렇게 분포 현상을 보인 것일 뿐 전적으로 평범한 결과물일 수 있기 때문이다.

수다를 떠는 경향

기업의 실적이 악화될수록 CEO의 연설이 길어지는 이유

미스 틴 USA(Miss teen USA, 14세~18세를 대상으로 한 미국의 미인 대회 – 옮긴이)에 참가한 미스 틴 사우스캐롤라이나(Miss teen south carolina)는 인터뷰 중 미국인들 가운데 5분의 1 정도가 세계지도를 보고도 미국이 어디 있는지 찾지 못하는데 왜 그렇다고 생각하느냐는 질문을 받았다. 그녀는 카메라 앞에서 이렇게 대답했다.

"제 개인적인 생각으로는 그 미국인들이 지도를 갖고 있지 않아서라고 생각합니다. 그리고 제 생각으로는 우리의 교육은, 예를 들면 남아프리카나 이라크 같은 나라는 교육 수준이 비슷한데요, 또 제 생각에 우리의 교육, 그러니까 미국의 교육은 미국을 도와야 한다고 봐요. 남아프리카를 도와야 하고요, 이라크를 도와야 하고요, 아시아의 나라들을 도와야 한다고 봐요. 우리의 미래가 성장하는

것이 가능하도록 말이에요."

인터뷰 영상은 유튜브를 통해 전 세계로 퍼져 나갔다. 당신은 그녀의 답변에 대해서 할 말이 있겠는가? 그녀가 하고자 한 말은 무엇이었던 것 같은가? 어쨌거나 그녀는 고등학교 졸업장도 가지고 있었는데 말이다. 하지만 나는 상관하지 않겠다. 다음과 같은 문장은 어떤가?

"문화적인 전달이 반사되는 것은 이제 결코 주체 중심적인 이성과 미래적인 역사 의식 속에 있어서는 안 된다. 자유가 상호 주관적으로 구성되어 있는 것을 우리가 어떻게 인지하는가의 정도에 따라, 자기 소유로 생각되었던 자율성의 소유적-개인주의적 가상은 무너진다."

철학자 위르겐 하버마스가 『사실성과 타당성』이라는 책 속에서 한 말이다. 대체 무슨 말인지 당신은 이해했는가?

위의 두 사례에 나온 미국 미녀의 말과 독일의 유명 철학자가 한 말은 같은 현상을 보여 준다. 그것은 바로 '수다를 떠는 경향(Twaddle tendency)'이다.

자신이 잘 모르는 주제이거나 깊이 고민해 보지 않은 문제일 경우 머릿속에서 명료하게 정리할 수 없다. 이때 마구 쏟아 내는 말들은 생각의 불분명함을 은폐시킨다. 어떤 때는 성공할 때도 있지만, 어떤 때는 실패한다. 미국 미녀의 경우에는 모호하게 둘러대는 작전을 썼지만 실패했다. 하버마스의 경우에는 적어도 잠깐은 그 기능을 발휘했다. 모호하게 말하는 작전은 말이 유창하면 할수록 듣는 이가 더 쉽게 빠져든다. 『스마트한 생각들』에서 전문가의 말이라면 이치에 맞지 않고 의미가 없는 것이라고 해도 귀를 기울이는 '권위자 편향'에 대해 언급한 적이 있다. 여기에 수다를 떠는 경향까지 더해지면 더 위험하다.

생각해 보면 나 자신도 얼마나 자주 수다를 떠는 경향에 빠져들었던가! 나는 젊은 시절에 프랑스의 철학자 자크 데리다에 매료되어 그가 쓴 책들을 마구 섭렵했다. 하지만 집중적으로 곰곰이 생각하면서 읽은 후에도 제대로 이해한 것은 아무것도 없었다. 그런 식으로 그의 철학은 곧 신비의 학문이라는 휘광을 얻게 되었다. 그 휘광은 심지어 내가 이 분야에 대해 박사 학위 논문을 하나 쓰도록 충동질하기까지 했다. 나중에 와서 돌이켜 보면 둘 다 쓸데없는 수다를 떤 것에 불과했다. 데리다도 그랬고 나의 학위 논문도 그랬다. 나는 나의 무지함을 은폐하려고 그럴 듯한 언어를 사용해 연기를 피웠다.

수다를 떠는 경향은 운동선수들에게서 가장 뚜렷하게 나타난다. 한 어설픈 축구 선수가 인터뷰에서 오늘 경기에 대한 분석을 해달라는 요청을 받는다. 사실 그는 "우리는 경기에서 졌습니다. 지금은 간단히 말해 그렇습니다"라는 말 정도 외에는 할 말이 없다. 그러나 방송 기자는 어떻게든 시간을 채워야 하기 때문에 운동선수에게 스포츠 해설자의 역할까지 요구한다. 가장 좋은 것은 기자 자신

축구 선수는 "우리는 경기에서 졌습니다"라는 말 외에는 할 말이 없다.
하지만 인터뷰 시간을 채워야 하기 때문에
기자와 함께 쓸데없는 수다를 떨게 된다.

이 마구 말을 쏟아내고, 선수들과 트레이너들도 함께 수다를 떨도록 하는 것이다.

앞에서 이미 보았듯이 학문을 연구하는 영역에서조차 수다를 떠는 일이 만연하고 있다. 연구 결과가 적으면 적을수록 그런 경향이 더욱 강해진다. 특히 수다를 떠는 경향에 잘 빠지는 사람들은 경제학자들이다. 그들이 내뱉는 평론들과 경제 관련 예측들을 잠깐만 봐도 쉽게 눈치챌 수 있을 것이다. 규모가 작은 기업에서도 똑같은 현상이 벌어진다. 어떤 기업의 실적이 악화되면 될수록 CEO의 수다스러움은 더욱 심해진다. 거기에다 행동의 수다스러움, 즉 과잉 행동까지 덧붙여진다.

칭찬할 만한 예외가 있다면 제너럴일렉트릭의 전 CEO인 잭 웰치를 들 수 있다. 그는 어느 인터뷰에서 다음과 같이 말했다.

"간단하고 분명하게 하는 것이 얼마나 어려운 일인지 당신은 믿지 않을 겁니다. 사람들은 자신들이 단순한 사람으로 보이는 것을 두려워하지요. 실제로는 정반대인데도 말입니다."

결론적으로 수다스러움은 무지를 은폐시킨다. 만약에 어떤 것이 분명하게 표현되지 않으면, 말하는 사람 자신도 무슨 말을 하는지 알지 못한다. 언어의 표현은 생각을 반영하는 거울이다. 즉 분명한 생각은 분명하게 표현된다. 분명하지 못한 생각은 수다스러운 말로 변한다. 어리석게도 우리들은 분명한 생각을 갖는 경우가 별로 없다. 우리가 살고 있는 세계는 복잡한데도 말이다. 그러므로 어떤 하나의 양상을 이해하기 위해서라도 많이 생각하고 깊이 따져 보는 작업이 필요하다. 그리고 분명한 깨달음을 갖기 전까지는 마크 트웨인(미국의 작가, 대표작으로 『톰 소여의 모험』 『왕자와 거지』등이 있다 – 옮긴이)의 말대로 하는 편이 더 낫다. "할 말이 없을 때는 말을 하지 마라."

간단함은 길고 힘든 길의 출발점이 아니라 종착점이다.

능력에 대한 환상

성공한 CEO의 자서전을 읽을 필요가 없는 이유

창업 전문이라고 불릴 만한 사업가들, 즉 여러 개의 기업을 연달아 성공적으로 창업하는 기업가는 왜 몇 명 되지 않는 것일까? 물론 우리는 스티브 잡스(애플 창립자 - 옮긴이), 리처드 브랜슨(음악, 항공, 금융 등 다양한 사업을 펼치고 있는 영국의 버진 그룹 회장 - 옮긴이), 엘론 머스크(온라인 결제 회사, 로켓 제조 회사, 전기 자동차 회사 등을 설립한 미국의 기업인 - 옮긴이) 같은 인물들을 알고 있다. 그러나 이런 사람들은 극소수다. 분야를 막론하고 새로운 회사를 몇 개나 창업하는 사람들의 수는 모든 회사 창업자들 가운데 1퍼센트도 채 되지 않는다. 그 이유가 성공한 사업가들 대부분이 마이크로소프트사의 공동 창업자인 폴 앨런처럼 개인 요트 속으로 몸을 사리고 있기 때문일까? 그럴 리는 없다. 사업가들에 대해 잘 알고 있는 사람이라면 그들이 편안한 의자에 등을 기대고 오랫동안 쉬는 것을 참지 못한다는 사실을 알 것이다. 그렇다면 그들이 나이가 예순 다섯이 될 때까지도 회사에서 손을 떼지 못하고 계속 관여하기 때문일까? 그것도 역시 아니다. 대부분의 창업자들은 그들이 갖고 있는 지분을 10년 안에 매각한다.

원래부터 뭔가를 개척하고 이루는 경향을 가진 사람들은 그들이 가진 능력과 명성, 개인적으로 구축한 네트워크를 활용해서 수많은 회사들을 창업할 수 있도록 완전무장을 하고 있는 셈이다. 그런데도 왜 그들은 오직 한 번만 회사를 설립하는 것일까? 이런 상황을 설명할 수 있는 답은 오직 한 가지밖에 없다. 그들이 성공적으로 회사를 설립한 데는 능력보다는 행운이 더 결정적으로 작용했다는 사실이다. 이런 말을 기분 좋게 듣는 사업가는 없다. 나 자신도 처음에 '능력에 대한 환상(Illusion of skill)'이라는 말을 들었을 때, "뭐라고, 내가 거둔 성공이 순전히 우연이었다고?"라는 식으로 반발했다. 무엇보다도 성공을 위해 열심히 일했던 사람들은 이 말을 들으면 우선 기분이 상한다.

그러나 우리는 냉정해지자. 어떤 회사가 거둔 성공 가운데 어느 정도가 행운이고, 어느 정도가 특별한 재능을 가지고 열심히 일해서 얻은 열매일까? 이 질문을 잘못 이해하지 않길 바란다. 나 역시 재능 없이는 일이 성사되지 않으며, 열심히 일을 하지 않고 성공하는 비결은 없다는 것을 잘 알고 있다. 다만 능력도, 열심히 일을 하

CEO의 능력이나 성실성은 성공을 위한 결정적인 기준이 되지 않는다.
그는 그저 다른 사람들보다 운이 조금 더 좋았을 뿐이다.

는 것도 성공을 위한 결정적인 기준이 되지는 않는다. 그러한 소양들은 물론 필수적이지만 결정적인 것은 아니다. 그런데 왜 사람들은 능력과 성실성이 성공의 결정적 요인이라고 생각할까? 아주 간단하게 생각해 보자. 만약 어떤 사람이 무슨 일이든 성공을 하거나 능력이 좀 더 떨어지는 다른 사람들과 비교해서 더 오랫동안 성공을 거둘 때는 성공의 결정적인 요인이 그 사람의 능력이라고 말할 수 있다. 그러나 회사 창업자들의 경우에는 그렇지 않다는 것이 입증되고 있다. 그들은 여러 번 창업을 하지도 않을뿐더러 실패 없이 승승장구하는 일도 거의 없다. 만약 이 말이 사실이 아니라면 첫 번째 성공을 거둔 그들이 두 번째, 세 번째 연이어서 성공하는 데 아무런 문제가 없었을 것이다.

    회사를 운영하는 경영자의 경우에는 어떨까? 한 회사가 성공하는 데 있어서 경영자의 능력은 얼마나 결정적으로 작용할까? 연구가들은 CEO들의 개인적인 특성과 그들이 운영하는 회사의 가치 상승 사이의 연관성에 대해서 조사를 했다. 결과는 다음과 같았다. 비슷한 수준의 회사를 임의로 두 개 선택해서 서로 비교해 보니 CEO의 자질이 뛰어나고 회사 가치가 상승한 경우는 전체의 60퍼센트 정도였다. 그런데 상대적으로 좀 덜 뛰어난 CEO들의 회사 가치가 상승한 경우도 50퍼센트에 달했다. CEO가 뛰어날수록 회사가 더 성공할 것이라는 추측과 10퍼센트 정도밖에 차이가 나지 않은 것이다. 대니얼 카너먼은 이에 대해 다음과 같이 말했다.

"사람들은 경영 분야에서 성공을 거둔 대가들에 대한 책들을 열광적으로 사들이는데, 사실 그런 대가들이 우연히 성공한 사람보다 그저 조금 더 나은 사람들이라는 것을 상상하기는 어려울 것이다." 워런 버핏도 역시 CEO들을 신격화하는 일을 대수롭지 않게 여긴다. "CEO로서 당신이 거두는 성과는 당신이 보트의 노를 얼마나 잘 젓느냐에 달려 있기보다 어떤 보트에 올라타느냐에 더 좌우된다."

게다가 능력이 전혀 아무런 역할을 하지 못하는 분야들도 있다. 카너먼은 그의 책 『생각에 관한 생각』에서 어느 금융 자문 회사를 방문했던 경험에 대해서 설명하고 있다. 그는 미리 준비하는 차원에서 모든 투자 상담가들이 과거 8년 동안 쌓은 실적을 정리한 문서를 보내 달라고 요청했다. 거기에는 모든 상담가들의 실적과 그에 따른 순위가 연도별로 나와 있었다. 카너먼은 첫 해와 둘째 해, 첫 해와 셋째 해, 첫 해와 넷째 해 등 이런 식으로 2년씩 짝을 지어서 모든 해의 관계를 비교해서 계산해 보았다. 그 결과 실적 순위는 순전히 우연히 생겨난 것이라는 사실이 밝혀졌다. 어떤 상담가의 실적은 어느 때는 아주 상승했다가 어떤 때는 아주 하락하였다. 비록 한 상담가가 어느 해에 최고의 실적을 달성했더라도 그것은 그 이전이나 그 이후의 실적들과는 아무 상관이 없다는 의미였다. 즉 상관관계는 제로였다. 그런데도 불구하고 투자 성과는 기술과 실력에 따른 것이라고 생각하고 있었던 것이다. 달리 말하면 회사들은 실적에 대해서가 아니라 운에 대해서 보상을 한 것이다.

물론 실제로 자신들의 능력 덕택에 살아가는 사람들이 있다. 비행기 파일럿, 함석을 다루는 기술자, 변호사 등등이 그렇다. 그다음으로 비록 능력이 필요하기는 해도 결정적이지는 않은 분야들이 있다. 회사 창업자와 경영자들이 그런 부류다. 반대로 우연이 지배적으로 작용하는 분야들이 있다. 예를 들면 능력의 환상에 사로잡혀 있는 금융 산업이 그런 분야다. 그러므로 당신은 함석을 다루는 기술자들에게는 그에 합당한 존경심을 갖고 대하고, 성공을 거뒀다고 말하는 금융 산업의 뜨내기들은 진지하게 받아들이지 마라.

심사숙고의 함정

생각을 너무 많이 해서 잃는 것들

영리한 지네가 한 마리 있었다. 지네는 탁자 모서리에 달라붙어서 사탕가루가 놓여 있는 건너편 탁자를 바라보고 있었다. 그 영리한 지네는 탁자의 왼쪽 다리를 타고 내려갈까 아니면 오른쪽 다리를 타고 내려갈까 생각해 보고, 또 건너편 탁자에 다다르면 그 탁자의 오른쪽 다리를 타고 올라갈지 아니면 왼쪽 다리를 타고 기어 올라갈지 곰곰이 생각했다. 그런 다음에 지네는 자신의 어떤 다리를 쓰기 시작해야 가장 이상적일지, 어떤 순서로 다리들을 움직여야 할지 자신에게 물어보았다. 그 지네는 자신이 배운 산수를 총동원해 모든 가능성들을 철저히 계산한 후에 가장 좋은 방법을 찾아냈다. 마침내 지네가 첫 걸음을 내디뎠다. 그러나 생각하느라 너무 많은 시간을 쓴 지네는 결국 그 자리에서 떠나지 못하고 굶어 죽고 말았다.

1999년에 열린 브리티시 오픈 골프 대회. 장 방 드 밸드는 그때까지 완벽한 골프 경기를 하고 있었다. 그는 3타 차 선두로 마지막 홀에 이르렀다. 이제 편안하게 6타를 치면 우승을 차지할 수 있었고, 그건 쉬운 일이었다. 세계 챔피언 리그에 오르는 것도 이제는 시간 문제였다. 어떤 위험도 감수하고 침착하게 게임을 한다면 충분했다. 그가 티(골프에서 각 홀의 첫 번째로 공을 칠 때 공을 얹어 놓는 장치 – 옮긴이)에서 1구를 치려고 나섰을 때 그의 이마에 땀이 고였다. 그는 초보자처럼 공을 쳤다. 공은 거의 홀에서 60미터나 떨어진 풀숲으로 떨어졌다. 방 드 밸드는 점점 더 초조해졌다. 그다음에 친 타구들도 더 나아지지는 않았다. 그는 공을 물속에 빠뜨렸고 그다음에는 또다시 풀밭으로 떨어지게 했으며 심지어 모래 속으로 떨어지게 했다. 그의 몸동작이 갑자기 골프 초보자처럼 변한 것이다. 결국 그는 공을 간신히 홀 주변으로 보냈으며 총 일곱 번 시도 끝에 공을 홀에 넣었다. 방 드 밸드는 브리티시 오픈에서 우승을 차지하지 못했고 그의 골프 경력도 잠정적으로 끝나 버렸다.

조나 레러는 그가 쓴 책 『탁월한 결정의 비밀』에서 지나치게 심사숙고하는 것의 위험에 대해 설명하고 있다. 1980년대에 미국의 소비자 잡지인 〈소비자 보고〉에서는 음식 전문가를 초대해 45가지 종류의 딸기 잼을 맛보게 하고 순위를 매겼다. 몇 년 후에 심리학 교수인 티모시 윌슨이 자기 학생들에게 그 실험을 되풀이 해보았는데, 결과는 거의 똑같았다. 즉 학생들은 전문가들이 선호했던 것과

골프 선수는 종종 너무 많은 생각을 하느라
눈앞의 승리를 놓친다.
사람은 너무 많은 생각을 하면 직관의 지혜를 차단하게 된다.

똑같은 잼들을 선호했고, 최악으로 꼽은 딸기 잼도 동일했다. 맛과 관련된 판단에 있어서는 전문가와 별 차이가 없었던 것이다. 윌슨 교수는 그 실험을 두 번째 그룹의 학생들과도 되풀이해 보았는데, 그들은 첫 번째 그룹과는 달리 그들이 판단을 내린 이유를 상세하게 설명해야 했다. 그렇게 해서 생겨난 잼들의 순위표는 완전히 뒤바뀌었다. 가장 좋다고 평가받은 잼들이 부분적으로 가장 나쁜 점수를 받은 것이다. 그들은 머리로 생각을 하느라 본능적인 판단이 왜곡되고 말았다.

결론적으로 사람은 생각을 너무 많이 하면 직관의 지혜를 차단하게 된다. 좀 심오한 이야기처럼 들릴지 모르지만 사실은 이상할 것이 없다. 왜냐하면 유리처럼 투명하고 합리적인 생각들과 마찬가지로 직관들도 역시 두뇌에서 생겨나기 때문이다. 직관은 단순히 합리적인 생각들과는 종류가 다른 정보 작업일 뿐이다. 물론 더 근원적인 것이기도 하다. 그렇다고 해서 더 조악한 것은 아니다. 오히려 때로는 더 낫다.

그렇다면 다음과 같은 물음이 생긴다. 즉 사람은 언제 깊이 생각을 해야 할까? 그리고 언제 마음에 귀를 기울여야 할까? 조금 두루뭉술할지 모르지만 다음과 같은 규칙이 있다. 숙달된 능력, 특히 운동처럼 몸으로 하는 능력과 관련될 때나(지네 또는 골프 선수인 방 드 벨드의 경우처럼) 이미 우리가 천 번은 대답했을 물음과 관련될 때는 (워런 버핏은 이런 경우 '능력의 범위'에 대해서 이야기한다) 깊이 생각하지 않는 편이 더 낫다. 깊이 생각하면 직관적인 해결책을 찾는 데 방해가 된다. 석기 시대에 우리의 선조들이 어떤 일에 닥쳐서 결정을 내려야 할 때도 똑같이 그랬다. 즉 먹을거리 따위에 대해서 판단을 내릴 때, 동료들을 선택할 때 또는 누구를 믿어야 할지 결정해야 하는 문제에 부딪쳤을 때 등이 그렇다. 이런 경우에는 합리적인 생각보다 훨씬 더 나은 휴리스틱, 즉 깊게 생각하지 않고도 최선의 결정을 내리는 시스템을 작동시켰다. 반면에 진화를 거치면서도 우리가 대비하지 못한 복잡한 상황들에서는(예를 들면 투자 결정을 해야 하는 일 따위) 분별력 있게 깊이 생각하는 것이 좋다. 여기에서는 직관보다는 논리가 더 낫다.

수학자인 배리 마주르 교수는 다음과 같은 말을 했다. "몇 년 전에 나는 스탠포드대학교와 하버드대학교 중 어디로 가야 할지 고민 중이었다. 나는 이 딜레마를 친구들에게 끊임없이 물어봄으로써 그들에게 부담을 주었다. 마침내 한 친구가 말했다. '자네는 의사 결정 이론 분야에서 전문가 중 한 명이 아닌가. 그러니 모든 장점들과 단점들의 목록을 작성해서 그것들을 평가하고 기대치에 따른 효용성을 계산해 내야 하지 않겠나.' 그 말을 듣자마자 내 입에서 다음과 같은 말이 튀어나왔다. '제발, 샌디, 난 지금 진지하게 고민하고 있다네!'"

뉴스의 환상

뉴스를 보지 않으면 정말 뒤처질까?

인도네시아 수마트라 섬에 일어난 지진, 러시아에서 일어난 비행기 추락 사고, 딸을 30년 동안이나 지하실에 감금한 남자, 세계적인 모델 하이디 클룸의 이혼, 독일 은행에서 받는 기록적인 보수들, 파키스탄에서 일어난 암살 미수 사건, 말리 대통령의 퇴진, 투포환 던지기에서 달성한 세계신기록. 사람들은 과연 이런 소식들을 꼭 알아야 할까?

우리는 정보를 아주 많이 손쉽게 얻고 있지만 알고 있는 것은 매우 적다. 왜 그럴까? 그 이유는 200년 전, 세계 전역으로부터 새로운 소식들을 모으는 '뉴스'라는 이름의 유독성 강한 지식 형태가 발명되었기 때문이다. 설탕이 몸에 영향을 주는 것처럼 뉴스는 정신에 영향을 준다. 뉴스는 맛이 있고 소화하기 쉽지만 장기적으로는 몸에 아주 해롭다.

3년 전에 나는 한 가지 실험을 시작했다. 어떤 뉴스도 더 이상 '소비'하지 않기로 결심한 것이다. 나는 구독하던 모든 신문과 잡지들을 다 끊었다. 텔레비전과 라디오도 치웠다. 내 아이폰에서 뉴스 애플리케이션(스마트폰에서 사용하는 응용 프로그램 – 옮긴이)도 지워 버렸다. 무료 신문 역시 단 한 장도 거들떠보지 않았으며, 내가 탄 비행기 안의 앞자리에서 누군가 신문을 펼치고 있으면 의식적으로 시선을 돌렸다. 처음 몇 주 동안은 힘들었다. 정말 있는 힘껏 거부해야 했다. 그리고 뭔가를 놓친 듯한 불안감에 끊임없이 시달렸다. 그러나 얼마 후에 나는 새로운 인생을 시작한 듯한 느낌이 들었다.

3년이 지난 후의 결과는 이렇다. 나는 생각이 더 분명해지고 통찰력도 좋아졌으며, 의사 결정을 내리는 일도 더 잘 할 수 있게 되었고 시간도 훨씬 더 많아졌다. 그리고 가장 좋은 점은 지금까지 뭔가 중요한 것을 놓친 적이 없다는 것이다. 페이스북 같은 인터넷 네트워크가 아니라 피와 살이 있는 진짜 친구들과 지인들로 구성된 나의 사회적인 네트워크가 내 소식통으로서 기능을 발휘하고 있다.

내가 뉴스를 멀리 피해 가는 이유는 십여 가지가 있다. 그중 가장 중요한 것을 두 가지 들자면 첫째, 우리의 뇌는 스캔들을 일으키고 쇼크를 주는 자극들이나 개인과 관련된 정보, 요란하고 빠르게 변하는 자극들에 매우 강하게 반응한다. 반면에 추상적이고 복잡하며 해석을 해야 할 필요가 있는 정보들에는 매우 약하게 반응한다.

자극적인 가십 기사와 현란한 사진, 오싹하거나 황당한 이야기,
광고를 잘라 버린다면 신문은 남아나지 않을 것이다.
당신이 신문에서 읽는 위험한 내용은 진정 위험한 것들이 아니다.

뉴스를 만드는 사람들은 이런 점을 이용한다. 오싹한 이야기, 현란한 사진들, 그리고 엄청난 이목을 끄는 '사실'들이 우리의 주의력을 사로잡는다. 뉴스의 수익 구조도 이런 식으로 기능을 발휘한다. 즉 재미있고 자극적인 뉴스일수록 사람들이 많이 보기 때문에 광고가 더 많이 붙는다. 그 결과 섬세한 감각을 요구하는 것, 복잡한 것, 추상적이고 깊은 사고를 요구하는 것들은 모두 조직적으로 화면에서 사라지게 된다. 이런 내용들이 우리의 삶과 세계를 이해하는 데는 훨씬 더 본질적인데도 말이다. 뉴스를 마구 소비함으로써 뉴스 소비자들은 문제의 중요도를 완전히 잘못 평가한다. 그 결과 우리는 머릿속에 잘못된 리스크를 입력한 채 돌아다닌다. 당신이 신문 같은 데서 읽는 위험한 내용들은 진정으로 위험한 것들이 아니다.

둘째로, 뉴스들은 중요하지 않다. 당신은 지난 1년 동안 아마 만여 개나 되는 짧은 뉴스들을 소화했을 것이다. 매일 약 30여 개의 뉴스를 삼킨 셈이다. 솔직히 말해 보자. 그런 뉴스들 가운데 당신의 삶, 당신의 경력, 당신의 사업을 위해 뉴스를 접하지 않았을 때보다 더 나은 결정을 하도록 해준 것이 있는가? 내가 사람들에게 이 질문을 던졌을 때 1년간 들었던 만여 개의 뉴스들 중에서 중요한 뉴스가 두 가지 이상 있었다고 말한 사람은 아무도 없었다. 그야말로 중요성의 비율치고는 초라하기 짝이 없다. 뉴스를 전하는 언론 매체들은 자신들이 우리의 경쟁에 유리한 정보들을 제공해 준다고 믿게 하려고 애쓴다. 많은 사람들이 그런 함정에 빠져든다. 그러나 실제로 뉴스의 소비는 경쟁에 유리한 것이 아니라 오히려 불리한 것이다. 만약에 뉴스의 소비가 실제로 사람들을 한 발 더 진보하게 해준다면, 저널리스트들은 돈을 가장 많이 버는 사람들 중 하나가 될 것이다. 하지만 실제로는 그렇지 않다.

내가 『스마트한 생각들』과 이 책을 통해 소개한 생각의 오류가 대략 백여 개인데 이 중에 그 어떤 것보다도 뉴스를 거부하는 것만큼 당신에게 유용한 것은 없다. 뉴스를 듣지 않는 생활을 한다고 해서 혹시 파티 같은 데서 쫓겨날까 봐 두려운가? 이제 당신은 시베리아에서 어떤 비행기가 추락해 부서졌다는 사실은 모를지라도 세상의 좀 더 심오한 지혜들과 보이지 않는 관계들은 더 잘 이해하게 될 것이다. 그리고 이런 것을 다른 사람들과도 공유할 수 있다. 당신이 뉴스를 읽고 듣는 것을 줄이고 있다고 사람들에게 말하는 것을 꺼려하지 마라. 처음에는 당신을 이상하게 볼지 몰라도 결국 당신의 말에 매료되어 귀를 기울일 것이다.

간단히 말해 이제 뉴스 소비를 멈추어라, 그것도 완전히. 그 대신 당신은 그런 뉴스의 배후에 대해서 쓴 긴 기사들과 책들을 읽어라. 사실 이 세계를 이해하는 데는 책보다 더 좋은 것은 없다.

지연 행동

매번 다이어트에 실패하는 이유

작가인 친구가 한 명 있다. 그는 감정들을 문장으로 불러낼 줄 아는, 말하자면 언어 예술가이다. 그런데 책 한 권을 쓰기 위해 책에 7년 동안이나 매달렸는데도 지금까지 겨우 100페이지 정도밖에 쓰지 않았다. 그의 하루 작업량은 겨우 두어 줄 정도이다. 그의 초라한 성과에 대해 말하자 그는 이렇게 대답했다. "작업을 위해 다른 이야기들을 찾아 헤매다 보면 시간이 훌쩍 가버린다네. 그리고 그게 글을 쓰는 것보다 더 기분이 좋기도 하고." 사실 그는 몇 시간이고 웹 사이트에서 검색을 하거나 아니면 심오한 책들을 읽는데 푹 빠져서 앉아 있곤 한다. 아직은 모르지만 대단한 이야기들을 만날 수 있으리라는 희망을 갖고서 말이다. 그리고 그는 작업에 도움이 될 만한 이야기를 발견하더라도 '만족스러운 기분'이 들지 않으면 제대로 글을 쓸 수 없다고 믿었다. 하지만 유감스럽게도 그런 기분이 드는 경우는 매우 드물었다.

또 다른 친구는 10년 전부터 매일같이 담배를 끊으려고 시도하고 있다. 그는 담배 한 개비를 피울 때마다 그것이 그의 마지막 담배인 것처럼 말한다. 그럼 나는 어떨까? 나의 소득세 신고서 용지는 6개월 전부터 내 책상 위에 놓여 있다. 분명 언젠가는, 저절로 채워졌으면 좋겠다는 희망을 간직한 채로 말이다.

중요하지만 불편한 행위들을 미루는 경향을 학문적으로 '지연 행동(Procrastination)'이라고 부른다. 우리는 헬스클럽으로 가는 길을 외면하는 것, 비용이 더 저렴한 보험으로 바꿔 타는 일, 감사 카드를 쓰는 일 등 수많은 일들을 미루고 있다. 새해에 새로 계획을 세웠다고 해도 달라지는 것은 없다.

지연 행동은 비합리적인 행동이다. 왜냐하면 무엇을 계획한다고 해서 그것이 저절로 이루어지는 법은 없기 때문이다. 게다가 우리에게 무엇이 좋은지, 왜 중요한 일인지를 모르고 있는 것도 아니다. 그런데도 불구하고 우리는 왜 매번 중요한 일들을 뒤로 미루는 것일까? 그 이유는 노력을 들이는 것과 결과를 얻는 것 사이에 시간적인 간격이 있기 때문이다. 이것을 메우려면 상당히 강력한 정신적인 힘이 필요하다. 심리학자인 로이 바우마이스터의 기발한 실험이 그것을 잘 보여 준다. 그는 학생들을 작은 방으로 불렀다. 방 안의 탁자에는 방금 구운 초코칩 쿠키가 먹음직스럽게 놓여 있었지만 학생들에게는 생무가 담긴 그릇을 주면서 원하는 만큼 무를 먹어도 된다고 말했다. 그러나 초코칩 쿠키를 먹는 것은 엄격히 금한다고 말했다. 그런 다음에 그들을 30분 동안 혼자 있도록 놔두었다. 학생들은 초코칩 쿠키의 유혹을 잘 견뎌 냈다. 두 번째 실험 대상이 된 학생들은 그들이 원하는 만큼 마음대로 초콜릿 과자를 먹게 해주었다. 실험이 끝난 뒤 두 그룹의 학생들 모두에게 어려운 수학 문제를 풀게 하였다. 과자를 먹는 것이 금지되었던 그룹의 학생들은 마음대로 먹을 수 있었던 학생들보다 두 배는 더 빨리 문제 풀기를 포기하고 말았다. 그들은 먹고 싶은 것을 참으면서 스스로를 통제하느라 정신적 에너지를 다 소모해서 이제 수학 문제를 푸는 데 필요한 의지력이 다 바닥난 것이다. 앞에서도 말했듯 의지력은 (적어도 단기적으로는) 마치 배터리처럼 작용한다. 만약에 그 에너지가 다 소모되면 앞으로 다가올 도전에 대처할 에너지는 없어진다.

우리의 의지력이 근본적으로는 이렇게 작동하기 때문에 지연 행동에 빠지지 않기 위해서는 이 점을 인식하고 있어야 한다. 24시간 내내 변함없이 똑같은 상태로 자신을 통제할 수 있는 것은 아니다. 사람이 긴장을 풀었다가 다시 의지력을 발동시키고, 그런 다음에 바닥난 배터리를 충전하는 단계들이 필요하다. 이것이 지연 행동에서 벗어나기 위한 한 가지 조건이다. 지연 행동에서 벗어나기 위한 두 번째 조건은, 우리가 해야 할 일을 외면하고 다른 행동으로 이끌려 가는 것을 막아 주는 방법을 터득하는 것이다. 즉 관심을 다

사람들은 다이어트나 담배를 끊는 것,
외국어 공부를 하는 것 등을 매년 열심히 계획한다.
그러나 대부분 계획했다는 데 의미를 둔다.

른 곳으로 돌리지 못하게 미리 차단하는 것이다. 나는 소설을 쓸 때면 컴퓨터 인터넷 접속을 끊어 놓는다. 작업을 하면서 스트레스가 쌓이면 인터넷 검색을 하고 싶은 유혹이 너무 크기 때문이다. 가장 중요한 것은 작업 기한을 정해 놓는 것이다. 심리학자인 댄 애리얼리가 확인한 바에 의하면, 외부적으로 정해진 기한은(예를 들면 선생님이 정해 준 숙제 제출 기한, 세무서에서 정한 서류 제출 기한) 효과가 가장 크다. 자기 스스로 기한을 정해야 한다면 그 일을 여러 단계로 나누어 진행할 수 있도록 단계별 세부 기한을 정하는 것이 좋다. 그러므로 명확한 단계별 목표 없이 새해에 세운 계획은 실패할 수밖에 없는 것이다.

지연 행동은 비합리적이기는 하지만 인간적이다. 여기에 맞서 싸우기 위해서 여러 트릭들을 결합시켜 보라. 나의 이웃집 여자는 그런 방식을 써서 그녀의 박사 학위 논문을 3개월 만에 완성했다. 그녀는 전화도 없고 인터넷 접속도 안 되는 아주 작은 방을 하나 빌렸다. 그리고 논문을 세 부분으로 나누어 작업 기한을 설정했다. 이어서 그녀는 사람들을 만났을 때 상대가 원하기만 한다면 그녀 자신이 정한 목표들에 대해 설명해 주었고, 심지어 그녀의 명함 뒷면에다 그것을 인쇄해 넣기까지 했다. 그럼으로써 그녀는 자신이 개인적으로 구상한 마감 기한을 공식적인 것으로 바꿔 놓았다. 그리고 정오와 저녁때가 되면 그녀는 패션 잡지들을 뒤적이거나 충분히 수면을 취해서 자신의 정신적인 '배터리'를 충전시켰다.

마음 이론의 함정

왜 기부 신청서 옆에는 아이들 사진이 있을까?

미국에서는 18년 동안이나 전쟁 전사자의 관을 촬영하고 보도하는 것이 금지되었다. 그러다가 2009년 2월에 와서 국방 장관인 로버트 게이츠가 그 금지를 해제했다. 그러자 인터넷에 전사자의 관 사진이 쇄도하기 시작했다. 사망한 군인 가족의 동의를 얻어야 한다는 원칙이 있었지만 지키지 않아도 법적 처벌이 이루어지지는 않았다. 그런데 도대체 왜 관을 찍은 사진을 보여 주는 것을 금지했을까? 그것은 전쟁의 부정적인 모습을 조금이라도 덜 보여 주기 위해서다. 전사자들의 통계 수치를 찾아본 사람이라면 한 번의 전쟁에서 얼마나 많은 희생자가 생기는지 알 수 있을 것이다. 그러나 사람들은 단순한 통계 수치에 대해 냉담하게 반응한다. 반면에 그 수치에 숨겨져 있던 인간이라는 존재가 떠오르면 몹시 감정적으로 반응한다. 그 이유는 우리가 태곳적부터 오로지 집단 내에서만 살아남을 수 있었기 때문이다. 그래서 지난 10만여 년 동안 우리는 다른 사람들이 어떻게 생각하고 느끼는지를 감지해 낼 수 있도록 특별히 뛰어난 감각을 발달시켜 왔다. 학문적으로는 이것을 '마음 이론(Theory of mind)'이라고 부른다.

마음 이론에 대한 실험이 한 가지 있다. 내가 당신에게 10만 원을 주겠다. 당신은 이 돈을 낯선 사람 한 명과 나눠 가져야 한다. 만약에 그 사람이 당신의 제안을 받아들인다면 돈을 나눠 가질 수 있다. 그러나 거절한다면 당신은 나에게 10만 원을 되돌려 주어야 한다. 이렇게 되면 당신은 역시 물론 그 사람 역시 돈을 갖지 못한다. 당신은 그에게 어떤 제안을 하겠는가?

어쩌면 1천 원 정도만 제공하는 것이 아마 가장 합리적일 것이다. 그 사람 역시 아무것도 받지 않는 것보다는 최소한 그 돈이라도 받는 것이 더 나을 테니까. 그러나 1980년대에 경제학자들이 이 같은 최후통첩 게임(학술적인 명칭이 그렇다)을 실험했을 때, 실험 대상이 된 사람들은 전혀 다른 태도를 보였다. 대다수의 사람들이 상대방에게 전체 돈의 30퍼센트에서 50퍼센트 사이를 제안했다. 30퍼센트 이하는 '불공평'한 것으로 느껴졌던 것이다. 이런 최후통첩 게임은 마음 이론을 가장 분명하게 표현해 주는 것들 가운데 하나이다. 즉 사람은 상대방을 고려하고 그의 감정을 느낀다는 것이다.

그런데 그 게임의 조건을 조금만 바꿔도 인간의 관대함이 그리

사람들은 영양실조에 대한 통계자료에 냉담하게 반응한다.
그러나 바짝 말라서 애처로운 눈을 한 소녀의 사진은
우리의 마음을 흔들어 놓는다.

크지 않다는 것을 충분히 알 수 있다. 그 두 사람을 서로 분리된 방안으로 들어가게 하는 것이다. 상대방을 먼저 본 적이 없거나 현재 볼 수 없는 경우에는 대다수의 사람들이 상대방의 감정에 대해 깊이 생각하지 않았다. 상대방은 추상적인 존재가 되므로 그에게 제안하는 금액은 총 금액의 20퍼센트 이하로 떨어졌다.

심리학자인 폴 슬로빅은 기부에 관한 실험을 실시했다. A그룹의 사람들에게는 말라위 출신의 소녀 로키아의 사진을 보여 주었다. 로키아는 바짝 말라서 애처로운 눈으로 쳐다보고 있었다. B그룹의 사람들에게는 말라위의 기아 상태에 대한 통계를 제공했다. 3백만 명 이상의 어린아이들이 영양실조에 시달리고 있다는 내용이었다. 실험 결과, A그룹의 기부금액이 B그룹에 비해 두 배 이상 많았다. 놀라운 일이다. 불행의 실제 규모가 분명하게 드러나게 되면 그들을 도와주려는 온정은 더 늘어나야 정상일 것이다. 그러나 우리는 그러지 않는다. 통계자료 따위는 우리를 냉담하게 만들 뿐이다. 하지만 그런 상황에 처한 사람들의 모습을 직접 보는 것은 우리의 마음을 움직인다.

매스컴에서는 이미 오래 전부터 단순한 사실 보도나 막대형 차트를 그려서 보여 주는 통계 수치들로는 독자들의 마음을 얻을 수 없다는 것을 알고 있었다. 그래서 나온 말이 '이름을 넣지 않는 기사는 없으며, 얼굴을 넣지 않는 기사는 없다'라는 것이다. 만약 어떤 기업의 주가에 관한 기사를 쓴다면 해당 회사의 CEO 사진을 기사의 중심에 넣는다. 주가의 변동에 따라 웃는 모습 또는 슬픈 모습의 사진을 적절히 활용한다. 어떤 국가에 대해 다룬다면 그 나라의 대통령의 모습이 신문에 실려야 한다. 또한 지진이 일어났다면 반드시 희생자들의 생생한 사진이 기사에 들어가야 한다.

　이처럼 인간의 모습에 사람들의 관심이 쏠리게 되는 심리는 인류의 가장 중요한 문화적 발명품 가운데 하나인 소설이 왜 성공을 거두는가 하는 이유를 설명해 준다. 특히 시대를 뛰어넘어 사랑을 받는 몇몇 작품들은 인간들 사이에서 일어나는 갈등을 몇몇 개별적인 운명들에 고정시켜서 표현함으로써 몰입도를 높였다. 미국에서 청교도주의가 팽배하던 시기에 사회 통념을 거스른 한 사람에게 공동체가 어떻게 심리적인 고문을 가했는지에 대해서는 관련 박사 학위 논문을 찾아볼 수도 있을 것이다. 하지만 그 대신에 우리는 너대니얼 호손이 쓴 소설 『주홍글씨』를 읽는다. 그리고 1930년대를 강타했던 미국의 경제공황에 대해서는 어떤가? 당시의 경제 상황을 분석한 어마어마한 통계와 자료가 있지만 경제공황으로 인해 비극을 겪게 되는 가족의 이야기에 대해 존 스타인벡이 쓴 『분노의 포도』를 읽는 것이 좀 더 생생하게 느껴진다.

　만약 당신에게 개별적이고 구체적인 운명들에 대한 자료가 제시되면 조심하라. 그리고 결정을 내리기 전에 그 배후에 숨겨져 있는 사실들과 통계 수치들의 분포에 대해서 물어보아라. 그렇게 한다고 해서 당신이 냉정해 보이지는 않을 것이다. 그 대신 당신은 개별적인 운명을 올바른 맥락 속에서 이해할 수 있을 것이다. 반대로 만약 당신이 다른 사람의 마음을 흔들거나 의사 결정을 내려서 집단을 이끌어야 하는 사람이라면 당신의 인간적인 약점들을 분명하게 드러내며 호소하라. 그러면 사람들을 움직이고, 흔들고, 그들에게 동기를 부여할 수 있다.

평균값의 오류

평균 연봉이라는 말에 감춰진 진실

당신이 어느 버스 안에 49명의 사람들과 함께 앉아 있다고 가정하자. 다음 정류장에서 버스가 멈춰 서자 독일에서 가장 몸무게가 많이 나가는 사람이 올라탔다. 그럼 버스에 탄 사람들의 평균 몸무게는 얼마나 달라질까? 4퍼센트? 아니면 5퍼센트 정도? 대략 이런 범위 이내일 거라 추측할 것이다.

당신이 아직도 같은 버스 안에 앉아 있다고 가정하자. 이번에는 다음 정류장에서 독일에서 가장 부유한 남자인 칼 알브레히트가 승차한다. 버스에 탄 승객들의 평균 재산액은 얼마나 많이 달라질까? 앞선 사례처럼 4퍼센트 정도? 아니, 완전히 틀렸다!

우리는 두 번째의 사례를 잠시 살펴보자. 우연히 선정된 49명의 사람들 누구나 7천5백만 원의 재산을 소유하고 있다고 가정해 보

자. 그런데 250억 원의 재산을 갖고 있는 칼 알브레히트가 버스에 탔다. 이제 버스 안에 타고 있는 사람들의 평균 재산액은 5억7천만 원 정도로 훌쩍 치솟는다. 무려 760퍼센트나 증가한 것이다.

다른 측정치를 가진 사람들보다 현저한 차이를 보이는 단 한 명의 예외자로 인해서 버스 안의 풍경은 완전히 달라졌으며, 이런 경우에 '평균'이라는 말은 아무런 의미가 없다.

나심 탈레브는 이 버스 사례를 내게 들려주면서 같은 이유로 수심이 평균 1미터인 강은 절대로 건너가지 말아야 한다고 말했다. 강이 길게 흘러가다 보면 깊이가 불과 몇 센티미터밖에 안 되는 지점도 있지만, 깊이가 10미터는 족히 되어서 사람들이 빠지면 익사할 수도 있는 소용돌이 지점도 있다. 그러므로 강의 깊이를 평균 수치로 계산하는 것은 위험할 수 있다. 왜냐하면 평균값은 그 배후에 있는 통계의 분포 양상을 은폐하기 때문이다.

또 다른 예를 들어 보자. 여름날 외출했을 때 평균적으로 자외선에 노출되는 정도는 피부 건강에 크게 해가 되지 않는다. 그러나 만약에 당신이 여름 내내 어두컴컴한 사무실 안에서 지내다가, 스페인 마요르카 섬으로 비행기를 타고 날아가 거기서 일주일 동안 파라솔이나 선크림과 같은 아무런 보호 장치도 없이 뙤약볕 아래서 살을 태운다면 분명 피부가 크게 상할 것이다. 당신이 매우 특수한 체질이라서 다른 사람에 비해 더 많은 자외선을 흡수한 것이 아닐지라도 말이다. 지금 내가 지적한 평균의 문제는 사실 전혀 새로운 것이 아

강에는 수심이 불과 몇 센티미터인 곳도, 10미터인 곳도 있다.
강의 깊이가 평균 1미터라고 안심하는 것은 위험하다.
평균값은 그 배후에 있는 개별값의 특성을 은폐하기 때문이다.

니며, 누구라도 유추할 수 있는 논리적인 것이다. 그러나 우리를 둘러싼 세계가 점점 더 복잡해지면서 통계상의 분포는 더욱 더 불규칙해진다.

앞서 버스의 사례로 돌아가 보자. 휴가에서 피부가 상한 경우는 버스 안에 몸무게가 많이 나가는 사람이 탄 사례보다 부유한 사람이 탄 사례에 더 가까울 것이다. 그러므로 평균에 대해서 이야기하는 것은 부적절하다. 평균적으로 웹 사이트를 방문하는 검색자의 수는 얼마나 될까? 조심하라! '평균적인' 웹 사이트라는 것은 없다. 예를 들면 〈빌트〉(독일의 유명 타블로이드판 신문. 그림과 사진들이 많이 들어 있는 대중 신문이다 - 옮긴이)나 페이스북 또는 구글 사이트처럼 방문자 수가 어머어마한 웹 사이트는 극소수이다. 그러나 나머지 수많은 웹 사이트들은 방문자의 수가 아주 적다. 이러한 경우를 두고 수학자들은 '거듭제곱의 법칙(Power law)'이라는 말로 설명한다. 극단적인 것들이 일어날 확률은 작지만 통계의 분포 양상에 큰 영향을 미치기 때문에 평균이라는 말은 사실 아무 것도 말해 주지 않는다는 뜻이다.

국내 기업의 평균적인 규모는 얼마일까? 어느 도시의 평균 주민 수는 얼마일까? 사망자의 수나 전쟁 일수로 계산했을 때 평균적인 전쟁이라는 것은 어떤 것을 가리킬까? 닥스(DAX, 독일 프랑크푸르트 증권거래소에 상장된 주식들 가운데 30개 기업들을 대상으로 한 종합 주가 지수를 말한다 - 옮긴이)의 하루 평균 변화 지수란 무엇일까? 건설 프로젝트에 있어서 평균적인 비용 초과라는 것은 무엇을 말하는 것일까? 책들의 평균 판매 부수는 얼마나 될까? 회오리바람이 일으키는 평균적인 피해 액수는 얼마나 될까? 한 금융 전문가가 벌어들이는 평균 보너스는 얼마일까? 아이폰 어플리케이션의 평균 다운로드 횟수는 얼마나 될까? 영화배우가 벌어들이는 평균 수입은 얼마나 될까?

물론 이 모든 것들을 계산할 수는 있지만, 그렇게 나온 결과가 어떤 중요한 사실을 설명하지는 않는다. 이런 모든 경우들이 거듭제곱의 법칙에 따른 통계 분포와 연관되기 때문이다.

위의 마지막 사례를 살펴보면, 그야말로 손으로 꼽을 만한 소수의 배우들은 연간 1억5천만 원 정도를 벌어들인다. 반면에 수천 명의 배우들은 최저 생계비만으로 생활하고 있다. 당신이라면 당신의 딸이나 아들에게 배우의 평균 수입이 대단하니까 연극학을 전공해 배우가 되라고 권하겠는가? 그러지 않는 편이 낫다.

누군가가 평균이라는 말을 하면 귀를 쫑긋 세워야 한다. 그리고 배후에 숨겨진 통계의 분포를 규명하려고 노력해 보라. 첫 번째 버스의 사례처럼 한 가지 극단적인 경우가 전체의 평균 수치에 아무런 영향을 끼치지 않는 영역에서는 평균이라는 말이 의미가 있다. 그러나 두 번째 돈 많은 사람이 탄 버스의 사례처럼 한 가지 극단적인 경우가 지배하는 영역에서는 당신은(그리고 저널리스트들은) '평균'이라는 말을 거부해야 할 것이다.

수면자 효과

광고인줄 알면서도 혹하는 이유

제2차 세계대전 동안에 모든 나라에서 선전 영화(관객이 특정한 관점을 갖도록 설득하기 위한 의도를 가지고 만든 영화 —옮긴이)를 찍어 냈다. 영화의 메시지는 국민들, 특히 군인들은 조국을 위해서 열렬하게 싸워야 하며 필요하다면 죽음까지 각오해야 한다는 것이었다. 1940년대 미국 국방부는 선전을 위해서 너무 많은 돈을 지출했기 때문에 제작 비용이 많이 드는 영화들이 실제로 그만한 영향력이 있는지를 파악해야 했다. 그래서 여러 연구를 실시해 선전 영화를 계기로 군인들의 태도가 어떻게 변하는지를 조사했다. 결과는 실망스러웠다. 선전 영화들은 군인들의 애국심을 조금도 강화시키지 못했던 것이다.

선전 영화가 조악하게 만들어졌기 때문이었을까? 물론 그런 영

사람들은 정보의 출처는 빨리 잊어버리지만
메시지 자체는 오래 기억한다.
이것이 바로 선거 때마다 추악한 흑색선전이 난무하는 이유다.

화도 있었겠지만 대다수가 그런 것은 아니었다. 오히려 원인은 영화를 보는 관객들이 그것이 선전 영화임을 이미 알고 있다는 데 있었다. 그래서 영화를 다 보기도 전에 그 영화 속에서 전달하려는 정보들의 가치가 떨어진 것이다. 선전 영화는 아주 논리적으로 주장을 펼치거나 정서적으로 감동을 줄 수 있었지만 관객들은 그러한 주장들을 즉시 폄하해 버렸다.

그런데 관객들이 영화를 본 지 9주일이 지났을 때 무언가 기대하지 않았던 일이 일어났다. 심리학자들은 군인들이 전쟁에 대해 갖고 있는 생각에 관해서 한 번 더 측정해 보았다. 그 결과, 9주일 전에 영화를 봤던 군인들은 보지 않은 군인들보다 전쟁에 대해 더 높은 공감대를 보여 주었다. 선전 영화는 결국 그 기능을 톡톡히 발휘했던 것이다.

이에 학자들은 한 가지 수수께끼에 부딪치게 되었다. 왜냐하면 그 당시에 심리학자들은 어떤 주장이 사람들에게 미치는 영향력은 시간이 갈수록 줄어든다는 사실을 이미 알고 있었기 때문이다. 마치 방사선 물질이 시간이 지날수록 서서히 분해되어 없어져 가는 것처럼 말이다. 당신도 이미 그런 것을 겪어 보았을 것이다. 예를 들면 유전자 치료의 장점에 대한 신문 기사를 읽고 난 직후라면 당신은 유전자 치료에 대해 긍정적인 생각을 갖게 된다. 그러나 몇 주일이 지나고 나면 기사에서 말했던 내용을 더 이상 자세히 기억하지 못하고 또 몇 주일이 더 지난 후에는 아예 그 기사에 대해 잊게 될 것이다.

선전의 경우에는 놀랍게도 정확히 그 반대였다. 누군가가 선전을 통해서 영향을 받으면 그 메시지의 설득력은 시간이 갈수록 증가했다. 왜 그럴까? 미국 국방부의 위탁으로 이 연구를 주도했던 심리학자 칼 호블랜드는 이러한 수수께끼를 처음에는 드러나지 않게 잠자고 있던 효과가 나중에 깨어난다는 뜻에서 '수면자 효과(Sleeper effect)'라고 불렀다. 그에 따르면 어떤 정보가 어디에서 유래한 것인지에 대한 지식은 그 정보가 전달하는 메시지보다 더 빠르게 잊혀진다. 이는 달리 표현하면 사람의 뇌는 정보가 어디서 왔는지는(그 정보가 선전 영화에서 왔다는 것을) 비교적 빨리 잊어버리지만 그 정보 자체는(조국을 위해 전쟁은 필요하고 꼭 이겨야 한다는) 그보다 천천히 잊는다는 것이다. 그러므로 어떤 정보가 믿을 수 없는 출처에서 나온 것이라 해도 시간이 지나면 출처는 잊혀지고 그 주장은 설득력을 얻게 된다. 그 정보의 가치를 떨어뜨리는 요인들은 그 메시지의 내용이 잊혀지는 것보다 더 빠른 속도로 녹아 사라진다.

미국에서는 상대방 후보에 대해 흑색선전을 하는 추악한 광고 없이는 선거가 치러지지 않을 정도다. 어쨌든 그런 광고가 끝날 때면 마지막에 누가 그 광고에 돈을 대는 광고주인지를 알리는 것이 법적으로 분명하게 규정되어 있다. 그래서 모든 시청자는 그 광고가 선거를 위한 선전이라는 것을 분명히 안다. 하지만 그럼에도 이 경우 역시 수면자 효과가 그 역할을 충실히 해낸다는 사실이 수많은 연구에 의해 밝혀졌다. 특히 지지하는 후보를 아직 결정하지 못한 투표자들에게 그렇다. 그 광고를 내보낸 사람이 누구인가 하는 사실은 잊혀지고 대신 광고주가 내보낸 흑색선전의 주장이 사람들의 기억에 남게 되는 것이다.

나는 왜 광고가 사람들에게 영향력을 발휘하는지 자문해 보았다. 광고 메시지들은 그 의도를 누구나 알고 있으므로, 머리가 영리한 사람이라면 누구나 광고의 가치를 즉각 상대화하고 거기서 전하는 메시지를 객관적으로 받아들여야 할 것이다. 하지만 지적인 독자들조차도 항상 그렇게 하지 못한다. 당신은 어떤 정보를 얻고 나서 몇 주일이 지나면 그 정보가 제대로 조사해서 쓴 기사에서 비롯된 것인지 아니면 그냥 쉽게 광고를 보고 얻은 것인지 더 이상 알지 못할 가능성이 크다.

그렇다면 수면자 효과에 맞서기 위해 어떻게 해야 할까?

첫째, 비록 좋은 의도로 주어진 조언들이라고 해도 당신이 요구한 것이 아니라면 받아들이지 마라. 그렇게 함으로써 당신은 조작된 정보들로부터 어느 정도는 스스로를 보호할 수 있다.

둘째, 광고로 심각하게 오염된 정보들에서 가능하면 멀리 떨어져 있어라. 그나마 책들은 아직도 광고로부터 자유롭다는 사실이 얼마나 다행인가!

셋째, 자주 접하는 주장들이 있다면 그 모든 것들의 출처가 어디인지를 상기하도록 노력하라. 누가 그것을 말하고 있는가? 그리고 왜 그럴까? 항상 스스로에게 질문을 던져 보아라. 그리고 진실을 파헤치는 조사관처럼 다음과 같은 질문을 꼭 던져라.

"누가 이익을 얻을까?"

이렇게 하면 해야 할 일이 많아지고 당신의 생각 속도가 더 느려질 수 있다. 그 대신 생각은 더 분명해질 것이다.

정보 편향

문제는 정보가 아니다

아르헨티나의 소설가이자 시인인 호르헤 루이스 보르헤스는 단 한 장으로 구성된 단편 소설 「과학에 대한 열정」에서 지도 제작에 대한 학문이 아주 발달한 어느 나라에 대해 이야기하고 있다. 그 나라의 지도 제작자들은 모든 지도들 가운데서도 가장 세밀하게 그려진 지도만 추구하다 결국 한 나라의 실제 크기와 똑같은 1대1 축척 지도까지 만들었다. 그렇지만 지도가 만들어진 후에는 오히려 쓸모없는 지도라는 평을 받고 버려진다. 그러한 지도는 있다고 하더라도 분명 아무런 확실한 인식도 전달하지 못할 것이다. 왜냐하면 그저 주어져 있는 것을 그대로 복제한 것뿐이기 때문이다. 보르헤스가 이야기한 이 지도 이야기는 생각의 오류를 보여 주는 극단적인 예로서 이를 가리켜 '정보 편향(Information bias)'이라고 부른다. 즉, 정보가 많을수록 더 나은 의사 결정을 하게 된다는 잘못된 믿음을 갖는 것이다.

얼마 전 나는 베를린에서 묵을 호텔을 결정하기 위해 인터넷에 나와 있는 호텔들 가운데 다섯 개를 미리 추려 낸 후 내 마음에 드는 호텔을 즉흥적으로 골랐다. 그러나 그때는 최종 결정을 내린 것은 아니었고, 여러 호텔에 대해 더 많은 정보를 수집해서 내가 내린 결정의 가치를 좀 더 높이려고 했다. 나는 여러 호텔들에 대한 십여 가지가 넘는 논평과 별점, 그리고 사람들이 블로그에 올린 내용들을 힘들여 찾아보았고, 또 수많은 사진들과 동영상들을 클릭하여 검색해 보았다. 결국 두 시간이 지난 후에 나는 맨 처음에 내 마음에 들었던 바로 그 호텔로 결정하기로 했다. 부차적으로 산더미 같은 정보들은 얻었지만 결과적으로 더 나은 결정을 내리지는 못한 것이다. 오히려 그 반대로 내가 정보를 얻는 데 소비한 시간을 돈으로 환산한다면, 그 돈으로 베를린의 최고급 호텔인 아들론 켐핀스키 호텔에 가서 숙박할 수도 있었을 것이다.

더 많은 정보를 수집하려는 충동은 의사들이 진단을 내릴 때도 자주 나타난다. 조나단 배런이라는 심리학 교수는 의사들에게 다음과 같은 질문을 던져 보았다. 어느 환자가 A라는 병을 앓고 있을 확률이 80퍼센트인 증세를 앓고 있다. 만약에 그것이 질병 A가 아니라면, 아마도 질병 X나 Y일 것이다. 이 각각의 질병은 각기 다른 조치를 취하며 치료를 해야 한다. 세 가지 질병 모두 심각한 정도는 대략 비슷하며, 각각 치료 후에도 서로 비견될 만한 후유증을 동반할 수 있다. 당신은 의사로서 어떤 치료법을 권하겠는가? 논리적으로 볼 때 당신은 질병 A라고 조심스럽게 언급하고, 치료법 A를 추천할 것이다.

그런데 질병 A를 진단할 수는 없지만 질병 X와 Y를 구별할 수 있는 테스트가 있다고 치자. 이 테스트를 적용하면 질병 X는 양성으로 나오고 질병 Y는 음성으로 나온다. 하지만 질병 A가 걸린 환자가 이 테스트를 받으면 절반은 양성으로, 절반은 음성으로 나온다. 당신은 의사로서 이 테스트를 추천하겠는가? 이 질문을 받은 대다수의 의사들은 그 테스트를 추천했다. 테스트를 통해서 얻어진 정보가 유의미하지 않은데도 말이다. 그 테스트의 결과가 양성이라고 가정해 보자. 그렇다고 해도 질병 A일 개연성은 질병 X일 개연성보다 훨씬 크다. 즉 그 테스트가 전해 주는 부차적인 정보는 정작 의사 결정을 내리는 데는 전적으로 쓸모가 없는 것이다.

기업의 매니저들이나 투자가들도 정보에 중독되어 있다. 결정적인 사안들은 이미 오래전부터 책상 위에 놓여 있는데도 불구하고, 또 한번 연구해 보라는 과제가 얼마나 자주 주어지곤 하는가? 더 많은 정보라는 것은 쓸모가 없을 뿐더러 잘못된 판단으로 이끌 수 있다.

다음과 같은 질문을 해보자. 미국의 샌디에이고와 산안토니오 중 어느 도시에 인구가 더 많을까? 독일 막스 플랑크 연구소의 게

무수한 경제 보고서와 수학 모델들,
국가 경제를 위해 연구하는 연구원들이 있었지만
어느 것도 2008년의 금융 위기를 미리 예측하지 못했다.

르트 기거렌처는 미국 시카고대학교와 독일 뮌헨대학교에 다니는 학생들에게 이 질문을 던졌다. 답은 샌디에이고다. 미국 대학생들 중 62퍼센트는 옳은 대답을 했다. 그러나 독일 대학생들은 100퍼센트 모두 정답을 맞췄다! 그 이유는 독일 학생들은 모두 이미 한 번쯤은 샌디에이고라는 도시의 이름을 들어 보았지만, 산안토니오라는 도시 이름을 들은 적이 거의 없었기 때문이었다. 그래서 그들은 모두 이미 알고 있는 쪽으로 대답한 것이다. 반면에 미국 대학생들은 두 도시를 모두 알고 있었다. 그들은 더 많은 정보를 갖고 있었지만 오히려 그 때문에 틀린 대답을 하는 학생이 더 많았던 것이다.

금융계에서 일하는 수많은 전문가들, 최고의 두뇌들이 모여 있다는 소위 '싱크 탱크'에서 근무하는 경제 전문가들, 국가 경제를 위해 연구하는 연구원들을 상상해 보라. 그리고 그들이 2005년부터 2007년 사이에 만들어 낸 그 모든 서류들에 대해서도 상상해 보라. 무수한 연구 보고서들과 수학 모델들, 산더미처럼 뒤섞인 온갖 평론 관련 서류들, 세련되게 만들어진 파워포인트 프리젠테이션 파일들, 블룸버그 통신사와 로이터 통신사들에 쌓여 있는 테라바이트 용량의 정보들……. 소위 '정보'라는 우상의 신에게 영광을 돌리기 위해서 바쿠스가 추는 열광적인 춤 같다. 그 모든 것들은 허풍에 불과하다. 2008년, 금융 위기가 세계를 온통 뒤집어 놓았다. 헌데 그것을 미리 예측한 사람은 아무도 없었다.

이제부터 당신은 최소한의 정보를 갖고 인생을 헤쳐 나가려고 노력하길 바란다. 그래도 당신은 더 나은 결정을 내리게 될 것이다. 알아야 할 필요가 없는 것은 비록 그것을 알고 있더라도, 무용지물일 뿐이다.

초두 효과 vs. 최신 효과

면접 채점의 진실

나는 당신에게 두 남자, 앨런과 벤을 소개하려고 한다. 당신은 오래 숙고하지 말고 두 사람 중에서 누가 더 마음에 드는지 결정해 보라. 앨런은 지적이고 부지런하며, 충동적이고 비판적이고, 고집도 세고 질투심도 있다. 반면에 벤은 질투심 있고 고집이 세고, 비판적이고 충동적이며, 부지런하고 지적이다. 만약 당신이 엘리베이터에 갇힌다면 두 사람 중 누구와 함께 있는 것이 편하겠는가?

만약에 당신이 대다수의 사람들처럼 생각하고 행동한다면 당신은 앨런을 더 선호할 것이다. 사실 두 사람의 성격은 알고 보면 정확히 똑같은데도 당신의 뇌는 맨 앞에 열거된 수식어들을 그 뒤에 따르는 수식어들보다 더 강하게 기억한다. 그 결과 당신은 눈앞의 두 사람이 서로 다른 성격을 가진 것처럼 믿게 된다. 앨런은 지적이고 부지런한 반면에 벤은 질투심이 있고 고집이 세다는 식으로 말이다. 즉 처음에 설명된 성격의 특성들은 그 뒤에 따르는 다른 모든 설명들을 무색하게 만든다. 그것을 가리켜 '초두 효과(Primacy effect)' 또는 '첫 인상이 중요한 효과'라고 한다.

만약에 초두 효과가 없다면 수많은 기업이 사옥의 현관을 업무의 생산성과는 상관없이 화려하고 웅장하게 꾸미는 식으로 허풍을 떨지는 않을 것이다. 그리고 당신에게 상담을 해줄 변호사가 오래 신어서 다 해진 운동화를 신고 나타나든 아니면 세련되게 광을 낸 명품 구두를 신고 나타나든 상관없을 것이다.

초두 효과는 곧잘 행동의 오류를 초래하곤 한다. 대니얼 카너먼은 그가 쓴 『생각에 관한 생각』에서 그가 교수가 되었을 때 학생들의 시험 성적을 어떻게 매겼는지에 대해 설명하고 있다. 말하자면 대다수의 교사들처럼 그도 학생순으로, 즉 처음에는 학생 1, 그다음에는 학생 2, 이런 식으로 평가를 했다는 것이다. 그 결과 첫 번째 문제들을 완벽하게 대답한 학생들은 이미 좋은 평가를 받고 호감을 사게 되고, 이것은 다음 문제를 평가할 때도 영향을 미쳤다. 그래서 카너먼은 방식을 바꿔서 문제순으로 채점을 했다. 즉 모든 학생들이 문제 1번에 대해 답한 것을 다 읽고 점수를 매긴 뒤 다시 문제 2번으로 돌아가서 점수를 매겼다.

그러나 유감스럽게도 이런 트릭은 어디에서나 사용할 수 있는 것은 아니다. 새로운 직원들을 채용할 때, 당신은 첫인상이 가장 좋은

당신이 만약 면접을 본다면
최대한 공평하고 객관적으로 평가하기 위해 고심할 것이다.
하지만 그 전에 이미 첫인상만으로 평가를 마쳤을 확률이 크다.

사람을 고용할 확률이 높다. 이상적으로라면 모든 지원자들을 순서대로 세운 다음에 모두에게 똑같은 질문을 던져 대답하게 해야겠지만 쉽지 않은 일이다. 게다가 당신은 이미 지원자가 대답을 하기도 전에 첫인상만으로 평가를 마쳤을 것이다.

당신이 어느 기업의 이사인데 한 가지 토론할 사안이 책상 위에 놓여 있고 그것에 대해 아직 아무런 평가를 내리지 못하고 있다고 가정하자. 그때 만약 누군가 처음으로 의견을 낸다면 그 의견은 당신이 그 사안에 대해 전체 평가를 하는 데 있어 결정적으로 작용하게 될 것이다. 이런 사실은 여러 명이 참여한 회의에서도 똑같이 적용된다. 반대로 당신이 초두 효과를 제대로 이용한다면 회의의 방향을 조정할 수 있다. 만약 당신에게 강력하게 추진하고 싶은 의견이 있다면 회의가 시작했을 때 맨 처음으로 의견을 제시하는 것을 주저하지 마라. 그럼으로써 당신은 동료들에게 평균 이상의 영향을 미치고 그들을 당신 편으로 끌어들일 수 있을 것이다. 만약 당신이 회의를 이끄는 위치에 있다면, 동료들을 무작위로 선택해서 의견을 물어보아라. 그렇게 하지 않으면 매번 의견을 나눌 때마다 당신이 가장 먼저 말을 거는 바로 그 사람에게 평균 이상으로 영향을 받게 된다.

초두 효과가 항상 효과가 있는 것은 아니다. 그것과 대립되는 '최신 효과(Recency effect)'가 있기 때문이다. 최신 효과란 가장 나중에 들어오는 정보, 가장 최신의 정보가 과거의 정보보다 더 잘 기억된다는 뜻이다. 우리의 기억력은 단기간만 지속되며 극도로 적은 저장 용량을 갖고 있다. 만약에 뭔가 새로운 것이 들어오면 더 오래된 기억은 내던져지는 것이다.

그럼 초두 효과가 주도하는 것은 언제이고, 최신 효과가 주도하는 것은 언제일까? 대답은 이렇다. 일련의 순서대로 접한 인상들을 즉각적으로 다뤄야 할 때는 초두 효과가 더 강하게 작용한다. 위의 앨런과 벤의 사례를 볼 때, 당신은 두 사람의 성격에 대해 즉시 평가를 내려야만 했다. 반면에 얼마 동안 시간이 지나고 나면 그때는 최신 효과가 우위를 점령하게 된다. 몇 주일 전에 들었던 연설을 떠올려 보라. 아마 무엇보다도 그 연설의 끝 부분이 주요한 포인트로서 기억에 남아 있을 것이다.

자연히 중간에 받은 인상은 영향력이 평균 이하다. 그것이 어느 연설의 중간이든, 판매를 위한 대화의 중간이든, 읽고 있던 어느 책의 중간이든 마찬가지다. 당신은 사물들을 첫인상에 따라서 판단하지 마라. 첫인상은 일방적으로 혹은 딴 방향으로 잘못 판단하게 만든다. 사람을 만났을 때도 마찬가지다. 어떤 사람이 지니고 있는 모든 양상들을 편견 없이 평가하려고 노력하라. 물론 간단한 것은 아니지만 어떤 상황에서는 노력에 따라 쉬울 수도 있다. 예를 들면 나는 지원자들과 면담을 할 때 5분마다 점수를 매기고 나중에 가서 평균 점수를 계산한다. 그렇게 해서 나는 '중간 인상' 역시 첫인상이나 마지막 인상과 마찬가지로 동일한 영향력을 갖도록 노력한다.

노력 정당화 효과

초간편 인스턴트 케이크가 실패작이 된 이유

미국 공군 병사인 존은 낙하산 훈련을 무사히 마쳤다. 그는 의기양양해하면서 자신이 그토록 원하던 낙하산 배지를 받는 날만을 고대했다. 마침내 존의 상사가 그의 앞에 나타나 존의 가슴에 그 배지를 달아 주었다. 그런데 마치 망치로 치듯이 주먹으로 세게 쳐서 박는 바람에 배지의 핀이 존의 피부 속까지 파고 들어가 박혔다. 그 후로 존은 기회만 있으면 핀 때문에 생긴 그 작은 상처를 사람들에게 보여 주기 위해 와이셔츠의 맨 윗단추를 풀어 헤치곤 하였다. 그리고 그 배지를 받은 지 10년이 지난 후에는 배지를 액자 안에 넣어서 거실 벽에 걸어 놓았다.

마크는 녹이 슨 할리데이비슨 오토바이를 자기 손으로 직접 수리했다. 그는 주말마다 그리고 심지어 휴가 기간 동안에도 오토바이가 제대로 굴러가게 하는 데 심신을 다 바쳤다. 이 일로 그의 결혼 생활은 거의 파탄 날 지경이었다. 하지만 마크는 수리를 끝내서 햇볕 아래 찬란하게 모습을 드러낸 오토바이를 볼 때마다 자부심을 느꼈다. 그런데 2년 뒤 마크는 급하게 돈이 필요한 상황에 처했다. 그는 오토바이를 팔려고 중고 시장에 내놓았지만, 그가 생각한 가격은 현실과는 거리가 멀었다. 어떤 한 사람이 중고 시장 가격의 두 배를 제시했지만 마크는 그렇게 싼값에 팔 수는 없다며 거절했다.

위의 사례들에 등장한 존과 마크 두 사람은 모두 '노력 정당화 효과(Effort justification effect)'의 희생물이 되었다. 사람들은 어떤 일에 많은 에너지를 쏟아 부으면 그 결과에 대해서 과잉 평가를 하는 경향이 있다. 존은 그 낙하산 배지를 받을 때 육체적으로 고통을 느꼈기 때문에 다른 훈장들보다 더 높은 가치를 부여하고 있는 것이다. 또 마크는 그의 할리데이비슨 오토바이를 수리할 때 결혼 생활을 희생하면서까지 많은 시간을 들였기 때문에 그 물건의 가치를 너무나 높게 잡고 있었다. 그래서 누구에게도 오토바이를 팔 수 없게 된 것이다.

노력 정당화 효과는 『스마트한 생각들』에서 다룬 바 있는 '인지적 부조화'의 한 종류다. 간단한 훈장을 하나 받다가 핀에 찔려 상처가 난 사건은 사실 우스꽝스런 일이다. 하지만 존의 두뇌는 배지의 가치를 높게 평가하고 매우 신성한 것으로 여기며 본래 가치보다 훨씬 더 크게 보상을 하고 있는 것이다. 이런 일들은 모두 무의식적으

최초의 인스턴트 케이크는 너무 쉽다는 이유로 주부들의 외면을 받았다.
노력이 필요 없는 케이크는 주부들의 수고를 덜어 준 게 아니라
오히려 자존감을 떨어뜨린 것이다.

로 일어나기 때문에 막기가 힘들다.

사람들이 모여 있는 집단에서는 구성원을 집단에 묶어 놓기 위해서 노력 정당화 효과를 이용한다. 소위 입회 의식 같은 것이 대표적이다. 청소년 단체나 대학생 동아리들은 지원자들이 역겹고 폭력적인 시험을 통과했을 때 비로소 그들을 회원으로 받아들여 준다. 연구 결과 이런 의식이 가혹하면 할수록 그 과정을 통과한 사람들이 갖는 자긍심은 더욱 커진다고 한다. 그래서 MBA 과정을 가르치는 대학들은 학생들이 쉴 새 없이, 때로는 거의 기진맥진해질 때까지 학업에 매달리게 함으로써 노력 정당화 효과를 이용한다. 여기에서 대학이 내주는 과제들이 얼마나 유용한지 그렇지 않은지의 여부는 중요하지 않다. 즉 그 과정을 밟는 학생이 MBA 졸업장을 일단 손에 넣으면 그는 그것을 자신의 경력을 쌓는 데 아주 중요한 것으로 간주하게 될 것이다. 왜냐하면 그것을 따기 위해서 그토록 많은 노력을 들였으니까.

노력 정당화의 유순한 형태로는 '이케아(IKEA) 효과'라는 것을 들 수 있다. 우리는 전문 디자이너가 만든 비싼 완제품 가구들보다 내가 이케아에서 직접 재료를 구입하여 조립한 가구들이 더 가치가 있다고 여긴다. 또는 자기가 직접 실로 짠 양말도 그렇다. 비록 그것이 이미 닳아빠진지 오래이고 유행이 지났더라도 H&M(스웨덴에 본거지를 둔 의류 브랜드로 현재 세계 여러 나라에 수많은 매장이 있다 - 옮긴이)에서 산 양말 한 켤레처럼 그냥 신다가 버리기가 쉽지 않은 것이다. 일주일 내내 어떤 전략을 짜기 위해서 열심히 일한 매니저라면 그 전략에 대해 스스로 비판적으로 바라보는 것은 불가능한 일일 것이다. 뭔가를 창조해 내기 위해서 열심히 일한 디자이너나 광고 카피 작성자, 제품 개발자들도 마찬가지다.

1950년대에 인스턴트 케이크를 손쉽게 만들 수 있도록 모든 재료가 혼합된 제품이 시장에 나왔다. 생산업자는 이 제품이 분명 엄청나게 판매될 것이라고 기대했다. 하지만 그의 계산은 완전히 빗나갔다. 오히려 가정주부들은 그 제품을 싫어했는데, 그 이유는 이 제품을 쓰면 케이크를 만들기가 너무 쉬웠기 때문이다. 노력을 전혀 들이지 않고 간단히 케이크를 만들 수 있다는 사실은 만족감을 주기는커녕 주부로서의 자존감을 건드린 것이다. 생산업자는 재료에 신선한 달걀을 하나 넣고 섞는 과정을 추가해서 조리법을 약간 복잡하게 만들었다. 그러자 비로소 가정주부들의 자존감이 상승했다. 그리고 만들기 편한 케이크에 대한 만족감도 함께 상승했다.

노력 정당화 효과를 인지한다면 자신이 좀 더 냉정해지도록 스스로를 통제할 수 있다. 당신도 그렇게 해보라. 즉 어떤 일에 많은 시간과 일을 투자했다면 일단 그것에서 멀리 떨어져서 그 결과를 관찰하라. 그것도 오직 결과에만 집중해야 한다. 만약에 집필하는 데 5년이나 걸렸는데 어떤 출판사도 관심을 갖지 않는 소설이 있다면, 이 작품은 정말 노벨 문학상감일까? 당신은 MBA를 꼭 따야 한다고 믿고 오랫동안 준비해 왔다. 하지만 정말로 그것을 따기 위해 계속 노력해야 할까? 그리고 당신이 수년 전부터 마음에 두고 구애하는 한 여자가 있다. 그런데 그녀가 당신에게 목을 매는 다른 여자보다 더 나은 여자라고 진심으로 확신할 수 있을까?

대안은 단 하나라는 착각

대안을 검토할 때 저지르는 실수

당신은 MBA 교육과정에 대해서 멋지게 설명하고 있는 팸플릿을 이리저리 넘겨본다. 팸플릿은 담쟁이덩쿨이 우거진 대학 캠퍼스와 최상의 시설을 갖춘 스포츠 시설 사진을 담고 있다. 당신의 시선은 세계화 추세에 맞게 젊은 여성들, 중국인과 인도인들이 함께 찍은 사진에 머무른다. 그들은 캠퍼스를 배경으로 밝게 웃고 있다. 팸플릿의 마지막 페이지에는 MBA를 따는 것이 재정적으로 투자할 가치가 있는 결정이라는 내용이 실려 있다. MBA를 따는 데는 1억 원의 비용이 들지만 은퇴할 때까지 평균적으로 벌어들이는 보수가 MBA를 따지 않고 직업을 얻은 졸업생들이 얻는 보수보다 4억 원 정도가 더 많다는 것이다. 3억 원의 수익을 더 얻을 수 있다면 이것은 과연 별로 생각할 필요도 없이 쉽게 결정할 수 있는 선택이 될

공터에 경기장을 건설할지 말지를
비교하는 것은 옳지 않다.
경기장을 세우는 것 외에 할 수 있는 모든 가능성을 비교해 보아야 한다.

수 있을까? 결코 그렇지 않다. 당신은 동시에 네 가지나 되는 생각의 오류에 빠질 위험이 있다. 『스마트한 생각들』에서 소개한 '수영하는 몸에 대한 환상'을 떠올려 보자. MBA를 따려고 하는 사람들은 좋은 경력을 쌓는 데 큰 가치를 두고 있다. 그들은 다른 사람들보다 성실하거나 지적 욕구가 강하다는 등의 특성을 지니고 있고 그 때문에 MBA 학위 여부와는 상관없이 많은 소득을 얻게 된다.

둘째, MBA 과정은 2년이 걸린다. 당신은 이 기간 동안 일을 했다면 벌었을 수 있는 소득의 액수를 1억 원 정도로 계산해야 한다. 그러므로 MBA 과정을 밟는 데는 1억이 아니라 결국 2억 원이 든다. 만약 이 금액으로 투자를 잘 한다면 MBA를 따고 난 후에 얻을 수 있는 수익보다 추가적인 수입을 얻을 수 있다.

셋째, 30년도 넘는 기간 동안에 얻을 수 있는 수익을 미리 계산해 낸다는 것은 어리석은 일이다. 앞으로 30년 후에 세상이 어떤 모습으로 변할지 누가 알겠는가?

넷째, 여기서 고려해야 할 또 다른 대안은 'MBA를 따지 마라'는 것이 아니라 MBA보다는 훨씬 비용이 덜 들고 그러면서도 동시에 경력을 향상시켜 줄 다른 교육을 받는 것이 될 수 있을 것이다. 여기서 우리의 관심을 끄는 것은 바로 이 네 번째 생각의 오류, 즉 '대안은 단 하나라는 착각'이다. 우리는 시스템적으로 하나의 제안을 차선책이 될 수 있는 다른 대안과 냉철하게 비교하는 것을 잊어버리곤 하는 것이다.

금융계에서 볼 수 있는 한 가지 사례가 있다. 당신이 예금계좌에 돈을 조금 저축해 두고 투자 상담가에게 수익을 낼 만한 투자처를 하나 추천해 달라는 부탁을 한다고 가정하자. 그는 당신에게 5퍼센트의 이자 소득을 얻게 하는 채권에 투자할 것을 제안한다. 그러면서 "이 채권은 예금계좌에 돈을 넣어 두었다가 1퍼센트의 이자소득을 얻는 것보다 훨씬 낫습니다"라고 말한다. 과연 그 채권에 투자하는 것이 최고의 결정일까? 우리는 그것을 알지 못한다. 왜냐하면 채권에 투자하는 것과 예금계좌에 넣어 두는 것은 범주가 다르기 때문에 비교할 수 없는 것이기 때문이다. 제대로 하려면 투자할 만한 모든 투자처와 채권 투자를 비교해 보고 거기에서 가장 좋은 것을 선택해야 할 것이다.

주식 투자계의 스타인 워런 버핏도 역시 그렇게 하고 있다.

"나는 어떤 거래를 하든 차선책이 될 수 있는 다른 거래와 비교해 본다. 물론 그것이 내가 이미 하고 있는 일보다 더 많은 일을 하게 만들 수도 있지만 반드시 필요한 일이다."

그러나 워런 버핏과는 반대로 정치가들은 상당히 자주 대안은 단 하나라는 착각에 빠지곤 한다. 당신이 살고 있는 도시에서 건물이 들어서 있지 않은 미개발 지역에 스포츠 경기장을 건설할 계획을 세우고 있다고 가정해 보자. 개발 계획을 대변하는 사람들은 스포츠 경기장을 세우면 그 지역을 개발하지 않고 비워 두는 것보다 주민들에게 줄 수 있는 정서적, 재정적 이익이 훨씬 크다고 주장한다. 그러나 경기장 건설을 개발하지 않은 공터와 비교하는 것은 옳지 않다.

제대로 비교하려면 그 장소에 경기장을 건설함으로써 무산되는 그 밖의 모든 가능성들을 비교해 보아야 한다. 예를 들어 학교를 세우는 것, 병원을 세우는 것, 소각 시설을 세우는 것 등과 비교해 보아야 할 것이다. 또 끝으로 그 공터를 매각하고 그 매각 대금을 증권거래소에 투자하는 경우와도 비교해 보아야 할 것이다.

그렇다면 당신은 어떤가? 의사가 5년 후면 당신을 죽음으로 몰아갈 위험성이 있는 종양을 하나 발견한다고 가정해 보자. 그는 종양을 제거할 수 있는 복잡한 수술을 권하는데 수술이 성공해서 종양이 완전히 제거될 확률이 50퍼센트, 그 대신 수술 실패로 사망할 확률도 50퍼센트다. 당신은 어떻게 결정하겠는가? 보통은 이런 식으로 계산을 할 것이다. 앞으로 5년 후에 종양 때문에 사망할 확률 100퍼센트를 선택할 것인가, 아니면 다음 주에 수술을 해서 사망할 확률 50퍼센트를 선택할 것인가. 그런 식의 선택은 대안이 하나라는 착각에 빠진 것이다. 어쩌면 그 종양을 완전히 제거하지 못하더라도 더 이상 전이되지 않도록 막아서 생존 시기를 10년으로 늘려주는 훨씬 더 안전한 수술이 있을 것이다. 그리고 그렇게 해서 몇 년을 더 사는 동안 종양을 안전하게 제거할 수 있는 또 다른 치료법이 나올지 누가 알겠는가.

우리는 A라는 가능성과 현상태(Status quo)로 머무는 것(MBA를 따지 않는 것, 개발하지 않은 공터, 수술을 받지 않는 것) 사이에서 선택해야 하는 기로에 서게 되면, 그 A와 현상태를 비교하는 경향이 있다. 그것은 옳은 일이 아니다. 당신은 수고스럽게 느껴지더라도 언제나 A라는 대안을 B, C, D, E, F와 같은 다른 여러 대안들과 비교해 보라. 그렇지 않으면 조만간에 누군가가 당신에게 속임수를 쓸 수도 있을 것이다.

현저성 편향

'테러'하면 이슬람 국가가 떠오르는 이유

대마초라는 주제가 몇 달 전부터 매스컴에서 집중적으로 다뤄지고 있다고 가정해 보자. 텔레비전에서는 대마초를 피우는 사람들, 대마초를 몰래 재배하는 사람들, 몰래 거래하는 딜러들에 대해서 방영하고 있다. 거리의 신문 판매대에 놓인 신문 1면에는 열두 살 소녀가 마리화나를 피우는 사진이 실려 있고, 시사 잡지에서는 마약과 건강의 관계에 대해 연구한 의학사를 풀어내면서 그 소재의 사회적인 관점과 철학적인 관점에 대해서 조명하고 있다. 대마초는 모든 사람들의 입에 오르고 있다.

여기에 또 하나의 가정을 보태 보자. 대마초의 소비는 자동차 운전자의 사고율과 상관관계가 없다는 것이다. 누구나 사고를 낼 수 있는 것처럼 이따금 대마초를 피우는 자동차 운전자도 사고를 낼 수 있다. 이것은 순전히 우연이다. 그런데 이 두 개의 연관성 없는 이야기가 인과관계로 결합되어 잘못된 정보를 주는 경우가 있다.

쿠르트는 지역 신문기자이다. 오늘 저녁에 그는 우연히 어느 사고 지점을 지나가게 된다. 자동차 한 대가 나무둥치를 들이받는 큰 사고였다. 쿠르트는 수 년 동안 지역을 취재하면서 그 지역 경찰과 좋은 관계를 유지해 왔기 때문에 그들로부터 사고 자동차의 뒷좌석에서 대마초가 발견되었다는 사실을 듣게 된다. 그는 신문사 편집부로 달려가 다음과 같은 머리기사를 쓴다. '또다시 대마초가 자동차 운전자를 죽음으로 몰아가다!'

앞서 제시된 가정들에서 볼 때 그런 식의 제목은 물론 매우 부당한 것이다. 쿠르트는 '현저성 편향(Salience bias)'의 희생자이다. 현저성은 눈에 띄는 특징, 뚜렷하게 드러나는 속성, 특수함, 뭔가 '눈에 확 들어오는' 것을 말한다. 현저성 편향은 어떤 특징이 유난히 눈에 띈다는 이유로 원래 그것이 갖고 있는 의미보다 더 큰 의미를 부여하고 나아가 행위의 원인으로 여기게 하는 오류이다. 이미 말했듯이 우리는 대마초와 자동차 사고 사이의 상관관계는 통계적으로 볼 때 제로라고 가정했다. 그러나 대마초는 이 사고에 있어서 '눈에 띄는' 특징이기 때문에 쿠르트는 대마초가 자동차 사고에 책임이 있다고 믿게 되는 것이다.

몇 년 후에 쿠르트는 경제 담당으로 자리를 옮겼다. 어느 날 아침 세계에서 가장 큰 기업 가운데 하나가 한 여성을 CEO로 임명했다.

일단 한 가지 강력한 이슈가 머릿속에 입력되면
사람들은 거기에 의미를 부여하고 모든 행위의 원인으로 몰아간다.

이거야말로 뉴스감이다! 쿠르트는 그의 노트북 컴퓨터를 열고 기발한 논평을 하나 써서 올린다. 이 여성이 승진한 이유는 바로 그녀가 여성이기 때문이라는 식으로 말이다. 사실 그 여성의 승진은 성별과는 아무런 관계가 없으며 대다수의 최고 직위들은 남자들이 차지하고 있는데도 말이다. 만약 그 기업에서 CEO를 결정할 때 여성이라는 점이 그처럼 결정적으로 작용했던 것이라면 다른 회사들도 역시 인재를 관리할 때 그런 점에 주목했을 것이다. 그러나 이 경우 성별은 단순히 눈에 띄는 특징일 뿐이며 쿠르트는 거기에다 특히 힘을 주어 기사를 쓴 것이다.

  기자들뿐만 아니라 그 누구라도 현저성 편향의 희생자가 될 수 있다. 어느 은행에 강도가 들었는데 두 명의 범인이 잡혔다. 알고 보니 그 불량배들은 나이지리아인들이었다. 어느 특정한 주민 집단이 유별나게 은행을 턴다고 볼 수는 없지만 이렇게 눈에 띄는 상황은 우리의 생각을 왜곡시킨다. 즉 '또 외국인이야?'라는 식으로 생각하게 된다. 만약 어느 보스니아인이 강간 사건을 저지르면 그 이유를 스위스인들이나 독일인들에게서도 발견할 수 있는 요인으로 소급해서 생각하는 것이 아니라, 곧바로 '보스니아인'이라는 이유로 소급해서 생각하게 된다. 그렇게 해서 편견이 생겨나는 것이다. 대다수의 이민자들이 평화롭게 살고 있다는 사실은 우리의 기억에 잘 남지 않는다. 반면에 우리는 부정적인 예외들, 특히 눈에 띄는 것들에 대해서는 절대 잊어버리지 않는다. 그러므로 언제나 이민자들에 관한 일이 문제가 되면 유난히 크고 끔찍한 사건들이 기억에 떠오르는 것이다.

우리가 과거를 해석할 때뿐만 아니라 미래를 바라볼 때에도 현저성 편향은 작용한다. 노벨상 수상자인 대니얼 카너먼과 그의 연구 동료인 아모스 트버스키는 우리가 예측을 할 때 눈에 띄는 정보들을 더 중시한다는 사실을 밝혀냈다. 이로써 투자가들이 왜 '날카로운' 뉴스들(예를 들면 어느 CEO를 해고했다는 뉴스 따위)에 더 강하게 반응하고, 눈에 덜 띄는 뉴스에는 덜 반응하는지(예를 들면 어느 기업이 다년간에 걸쳐 수익을 증가시켰다는 뉴스 따위)가 설명된다. 전문적인 분석가들이라고 해도 이 오류의 영향에서 제외되는 것은 아니다.

눈에 띄는 정보들은 당신의 생각과 행동에 과다한 영향을 미친다. 반면에 숨겨진 채 천천히 전개되는 조용한 요인들은 진지하게 여기지 않는다. 그러나 당신은 눈에 띄는 것들에 현혹되지 마라. 멀리서 봐도 눈에 띄는 아주 진한 붉은색 표지를 가진 책이 베스트셀러 목록에 오르면 당신은 아마 그 책의 성공 요인을 강렬한 책 표지로 돌릴 것이다. 그러나 그렇게 쉽게 판단하지 마라. 얼핏 분명해 보이는 설명들에 맞서 싸우기 위해서 정신적인 에너지를 모아라.

가능성의 덫

하나를 더 얻으려다가 모두 잃는다

내 침대 옆에는 20여 권의 책들이 쌓여 있다. 모두 다 현재 읽고 있는 책들이다. 그 책들 중 어떤 것도 책장에 꽂아 두고 싶지 않고, 어떤 책도 덮어버리고 싶지 않다. 나는 이 책을 조금 읽어 보다가 저 책을 조금 읽어 보고 또 다른 책을 집어 든다. 그러나 독서 시간이 길다고 하더라도 이런 방식은 효율적이지도 않고 실제적인 인식에 이르지 못한다. 나 역시 다른 책들은 치워 놓고 한 권의 책에만 몰두하는 것이 더 생산적이라는 것을 알고 있다. 헌데 나는 왜 그렇게 하지 않는 것일까?

여기 한 남자가 있다. 그는 동시에 세 명의 여자와 사귀고 있는 중이다. 그는 이 세 명의 여자를 모두 사랑하고 있으며 그들 중 어느 한 사람과 결혼을 해서 가정을 이룰 수도 있다고 생각하고 있다.

그렇지만 그는 그 여자들 가운데 한 사람을 정하는 일을 차마 하지 못하고 있다. 왜냐하면 그렇게 할 경우 다른 두 여자의 관계는 끝장 날 것이 불 보듯 뻔하기 때문이다. 그러나 그가 어떤 여자와 살림을 차리겠다고 결정하지 않는 한은 모든 가능성이 열려 있다. 물론 그 대가로 누구하고도 올바른 관계를 맺는 일은 생기지 않겠지만.

나는 두세 가지의 학업을 동시에 쌓고 있는 젊은 사람들을 가끔 본다. 그들은 그렇게 학업을 끝내고 나면 공부한 만큼 더 쉽게 좋은 경력을 쌓을 수 있을 거라는 잘못된 견해를 갖고 있기 때문에 그렇게 하는 것이다. 그렇다면 사람들이 자기 자신에게 여러 가지 가능성들을 열어 두었을 때 도대체 무슨 일이 일어나는 것일까?

기원전 3세기에 중국 조나라의 군대에 맞서 싸우기 위해서 한나라의 장수 한신은 자신의 군대로 하여금 강을 등지고 진지를 치게 했다. 그러고는 자기 군사들에게 다음과 같이 천명했다.

"이제 너희들은 승리할 때까지 싸우거나 아니면 강물에 빠져 죽는 것 둘 중 하나만 선택할 수 있다."

그는 싸움에 져서 도망갈 길을 없앰으로써 병사들의 관심을 오직 한 가지, 즉 싸워서 이기는 것에 집중시킨 것이다. 죽기 아니면 살기로 싸우라는 그의 전략은 결국 싸움을 승리로 이끌었다. 그와 비슷한 트릭을 16세기에 스페인의 정복자 에르난 코르테스도 이용하였다. 그 역시 멕시코 정복을 위해 동부 해안에 도착한 뒤에 그와 일행이 타고 온 배들을 모두 바다 속에 침몰시켜 버렸다.

사람들은 기회를 잃는다는 생각을 견디기 힘들어한다.
좋은 점수를 따거나 성공할 수 있는 기회가 뻔히 보여도
최대한 다양한 선택을 하기 위해 시간을 허비한다.

그러나 한신과 코르테스는 예외적인 인물들이다. 우리 같은 평범한 사람들은 가능하면 많은 선택을 하고 동시에 여러 개를 놓치지 않고 유지하기 위해서 갖은 애를 쓴다.

이러한 충동이 얼마나 강한지를 심리학 교수인 댄 애리얼리와 신지웅이 한 가지 컴퓨터 게임을 가지고 보여 주었다. 그들이 실험에 사용한 컴퓨터 프로그램 화면에는 붉은색, 파란색, 녹색, 세 개의 문이 있다. 총 100점이 주어지는데 문을 하나 클릭하면 점수가 1점 깎이면서 문이 열린다. 그리고 방 안으로 들어가면 100원에서 1000원 사이의 돈을 받을 수 있다. 어느 방에서 가장 좋은 성과를 얻을 수 있는지 밝혀내는 일은 상당히 간단했다. 실험 참여자들은 논리적인 방식대로 했다. 즉 그들은 가장 좋은 방을 찾아내서 게임이 진행되는 동안 내내 그 문만 계속 클릭했다. 이제 애리얼리와 신지웅은 규칙을 바꿨다. 즉 12번 클릭을 하는 동안 한 번도 클릭을 하지 않은 문은 아예 사라지게 만들었다. 그러자 참여자들은 돈을 가장 많이 얻을 수 있는 방이 있는데도 문이 사라지지 않게 골고루 클릭하느라 이 문에서 저 문으로 바쁘게 움직였다. 결과적으로 그들은 앞선 실험처럼 가장 성과가 큰 문만 계속 클릭했더라면 얻었을 점수보다 15퍼센트 적은 점수를 얻었다. 사람들은 점수를 더 많이 얻는 것보다 기회가 사라지는 것에 집착한 것이다. 그래서 다음 실험에서는 문을 열기 위해서 드는 점수를 1점에서 3점으로 올려 보았지만 효과가 없었다. 참여자들은 선택의 여지를 남겨 두기 위해서 계속해서 그들이 갖고 있는 점수들을 소비했다. 심지어 어느 방에서 정확히 얼마나 많은 점수를 얻을 수 있는지 알려 줘도, 자신들의 태도를 바꾸지 않았다. 그들은 자신들에게 열려 있는 기회를 잃는다는 생각을 견딜 수 없었던 것이다.

왜 우리는 그런 식으로 어처구니없는 행동을 하는 것일까? 그 이유는 모든 가능성을 열어 두는 것이 주는 불리함이 분명하게 드러나지 않기 때문이다. 금융의 세계를 생각해 보면 이해가 수월하다. 금융계는 상황이 분명하다. 즉 한 가지 증권을 선택하면 언제나 그에 대해서 값을 치르게 된다. 다른 분야의 경우에도 한 가지를 선택하면 항상 그 대가를 치르게 마련이지만, 그 대가는 숨겨져 있어서 잘 보이지 않는다. 하지만 어떤 옵션을 선택하든 간에 심리적인 에너지가 소모되며 값어치가 큰 삶의 시간을 빼앗는 것만은 분명하다. 한 기업이 생각할 수 있는 모든 팽창 가능성을 시험해 보려고 하는 CEO라면 결국에 가서는 실패의 길을 걷게 된다. 모든 고객들의 마음에 다 들려고 시도하는 기업은 얼마 안 가서 오히려 어떤 고객의 마음도 더 이상 끌지 못하게 된다.

우리는 가능하면 많은 결혼식에 참석해서 춤을 추고, 어떤 것도 제외시키지 않고 모든 것에 다 개방적으로 참여하려는 데 사로잡혀 있다. 하지만 그렇게 하는 것이 우리에게 성공을 가져다주지는 않는다. 당신은 거기에다 삶의 전략을 하나 덧붙여라. 그것은 다름 아니라 어떤 가능성들에 대해서는 의식적으로 주목하지 않고 결정을 내리는 기업의 전략과 비슷한 것이다.

'나는 가능성 속에서 살고 있다(I dwell in possibility)'라고 19세기의 시인 에밀리 디킨슨이 쓴 멋진 시가 하나 있다. 그 말은 멋있기는 하지만 수익을 가져다주지는 못한다. 그 당시에 이미 시인들은 그다지 좋은 전략가들은 아니었으니 말이다.

내집단 편향과 외집단 편향

학연과 지연이 사라지기 힘든 이유

내가 어린 소년이었을 때 겨울날 우리 집의 일요일 모습은 보통 이러했다. 우리 가족은 텔레비전 앞에 앉아 있고, 텔레비전에서는 스키 경기가 중계되고 있었다. 우리 부모님은 스위스 국기를 단 사람들이 이기기를 바랐으며, 나도 그들을 응원해야 한다고 말했다. 나는 부모님이 왜 흥분하는지 이해가 되지 않았다. 첫째, 왜 그들은 두 개의 나무판자에 발을 대고서 산 아래로 질주해 내려가는 것일까? 예를 들면 한쪽 발로 산을 껑충껑충 뛰어오르면서 당구공을 세 개씩 굴리고 100미터 올라갈 때마다 가지고 있던 솔방울을 가능하면 멀리 던지는 경기는 하지 않는 것일까? 둘째로, 100분의 1초의 차이로 이기고 지는 것은 사실상 아무런 차이도 아니다. 평범한 사람이라면 그처럼 거의 근접한 시간 차를 보고 둘 다 똑같이 빨리 달리고 있다고 말할 것이다. 그리고 셋째, 왜 하필이면 스위스 스키 선수들과 나를 동일시해야 한단 말인가? 나는 이 사람들 가운데 어느 누구와도 친척이 아니다. 나는 그들을 알지도 못한다. 그 사람들이 어떻게 살고 있는지 무슨 생각을 하는지 모르며, 만약 내가 스위스 국경에서 조금만 떨어진 저편에 살고 있다면 분명 다른 팀과 나를 동일시할 것이다(그리고 그렇게 해야 할 것이다). 여기서는 다음과 같은 의문이 생긴다. 어떤 스포츠팀이나 어떤 민족, 어떤 기업, 어떤 국가와 자신을 동일시하는 것은 과연 옳은 것일까?

모든 태도의 본보기가 그렇듯이 집단과 자신을 동일시하는 일은 수천 년의 진화를 거쳐 오는 동안에 형성된 것이다. 과거에는 어느 집단에 소속된다는 것이 살아가는 데 필수적이었다. 집단으로부터 제외된다는 것은 확실한 죽음을 의미했다. 자기 혼자의 힘으로만 충분한 양식을 확보하거나 공격에 맞서 자신을 보호하는 것은 거의 불가능한 일이었다. 게다가 개인은 집단에게 맞서면 패배하는 것이 보통이다.

개별적인 인간들이 집단이라는 이름으로 함께 묶이기 시작하자 모든 사람들은 똑같은 행동을 하도록 강요받았다. 그렇게 하지 않는 사람은 집단 내에서 머물 자리가 없을 뿐더러 인간의 유전자 풀에서도 역시 남아 있을 자리가 없어졌다. 그러므로 우리가 집단적인 인간이라는 것은 놀라운 일이 아니다. 우리의 조상들도 모두가 그렇게 했으니까 말이다.

우연히 태어난 곳이 같다는 이유로 스포츠팀을 응원하는 것처럼
집단은 아주 진부하고 사소한 가치 기준 위에서 만들어진다.

우리의 조상들로부터 전해 내려온 이런 태도를 심리학은 '내집단 편향(In group bias), 외집단 편향(Out group bias)'이라는 이름을 붙이고 여러 가지 집단적 효과들에 대하여 연구했다.

거기서 밝혀진 것은 첫째, 집단은 가장 최소한의 기반을 가지고 형성되며 사실 그 기반은 아주 진부하고 사소한 가치 기준 위에서 형성되기도 한다는 사실이다. 스포츠에서는 우연히 태어난 곳이 같다는 것으로, 경제생활에서는 우연히 같은 기업에 속해 있다는 것으로 일체감을 갖기에 충분하다. 영국의 심리학자인 헨리 타이펠은 서로 알지 못하는 사람들에게 동전을 던지게 해서 그들을 여러 집단으로 나누었다. 이어서 그는 어느 한 집단에 속한 사람들에게 그들이 잘 모르는 특정한 예술 양식을 좋은 것으로 생각해야 한다고 말해 주었다. 그러자 다음과 같이 인상적인 결과가 나왔다. 그 집단 내에 속한 사람들은 A)사람들은 서로 모르는 사이고 B)그들은 순전히 우연히 동전을 던져서 함께 같은 집단이 되었으며 C)예술 양식에 대해 아는 바가 전혀 없었는데도 불구하고 다른 집단들의 사람들보다 더 뚜렷하게 공감대를 형성하고 있었다.

둘째, 내가 속한 집단에 대한 소속감이 강해질수록 집단 바깥에 있는 사람들에 대한 편견이 끊임없이 재생산된다. 자기가 속해 있지 않는 집단, 즉 외부 집단에 있는 사람들은 굉장히 동질적일 것이라고 생각하는 것이다. 그래서 외부 집단의 누군가가 어떤 잘못을 저지르면 개인의 잘못이 아니라 그 집단 전체의 성향인 것처럼 매도한다. 이것이 바로 '외집단 동질성 편향(Outgroup homogeneity bias)'으로, 고정관념이나 편견이 생기는 원인이 여기에 있다. SF영화에서 난생 처음 보는 외계인보다 다른 문화권에서 온 사람들이 주로 등장한다는 사실을 눈치 챈 적이 있는가? 사람들은 다른 문화권에 대한 고정관념을 이미 가지고 있기 때문에 영화에서는 이런 점을 최대한 활용한다.

셋째, 집단은 종종 공통적인 가치관에 따라 형성되기 때문에 구성원의 견해를 형성하는 데 상당히 많이 개입하고 지원한다. 만약 집단이 잘못된 가치관을 추구하기 시작하면 가치관 왜곡으로 인해 위험해진다. 특히 기업 내에서는 더욱 그렇다. 어떤 기업이 맹목적으로 잘못된 방향으로 달려가게 되는 이유가 바로 여기에 있다.

가족 구성원들이 서로를 돕는 것은 자연스럽게 공감할 수 있다. 당신 유전자의 절반을 형제자매와 공유하고 있다는 생물학적 이유 때문에 당신은 그들의 성공에 대해 관심을 갖게 된다. 하지만 이 생각에 빠지면 우리들은 모든 생각의 오류들 가운데서도 가장 어리석은 오류에 이르게 된다. 즉 우연히 만들어진 집단을 위해서 자신의 인생을 희생하게 되는 것이다. 사람들은 그것을 '전쟁에 나가기'라고 부르기도 한다. '조국'이라는 낱말이 친족 관계를 암시하는 것은 우연이 아니다. 그리고 군인들을 '형제들'이라는 이름으로 함께 묶는 것이 모든 전쟁 교육의 목표인 것도 우연이 아니다.

낯선 것이라면 편견을 갖고 거부하는 것은 인간의 본능이다. 그러나 어떤 집단과 동일시하게 되면 당신의 시각은 왜곡되고 사실은 조작된다. 만약 당신이 어느 전쟁터로 보내지게 된다면 주저 없이 탈영하라. 아무 상관없는 남들을 위해서 자신의 몸을 죽음 속에 내던지는 사람은 용감한 것이 아니라 어리석은 사람이다.

체리 피킹

보고서에 성공적인 결과만 있는 이유

호텔을 예약하기 위해 웹 사이트에 들어가 보면 모든 호텔들이 아름답고 멋있어 보인다. 거기에 올라온 사진은 새 가구들이 아름답게 배치된 방을 찍은 것으로 여러 사진 중에서도 가장 잘 나온 것을 신중하게 선정했기 때문이다. 옆 건물에 시야가 가린 전망, 화장실에서 물이 새는 수도꼭지, 미적 감각이 전혀 발휘되지 않은 아침 식사 장소는 웹 사이트의 바깥으로 밀려난다. 물론 당신도 그것을 알고 있다. 그래서 사진보다 초라한 호텔에 들어가 로비에서 체크인을 할 때에도 기껏해야 어깨를 한 번 들먹일 뿐이다. 사실 당신은 호텔이 사진과는 다를 거라고 예감했던 것이다. 그 호텔에서 한 행동을 '체리 피킹(Cherry picking)'이라고 부른다. 이 말은 좋은 것만 골라서 취하는 것을 의미한다. 호텔에 들어섰을 때 기대치가 낮아지는 것처럼 자동차나 부동산 매매를 홍보하는 책자를 검토할 때도 마찬가지다. 당신은 그런 식의 과장을 이미 알고 있으며 따라서 그런 화려한 광고를 어느 정도 감안하고 본다.

그런데 회사나 재단, 국가 기관들에서 발행하는 사업 보고서에 대해서는 다르게 반응한다. 그것들은 객관적으로 서술되어 있을 거라고 생각하는 것이다. 하지만 그것은 틀린 생각이다. 왜냐하면 이런 기관들 역시 자신에게 유리하도록 체리 피킹을 하고 있기 때문이다. 다시 말해서 달성된 목표들은 크게 부풀려서 알리고 달성되지 않은 목표들은 언급조차 되지 않는다.

당신이 어느 부서의 팀장이라고 가정하자. 경영진에서 당신을 불러서 당신이 담당한 부서에서 '일이 돌아가는 상태'에 대해서 발표를 하라고 지시한다. 어떻게 하겠는가? 발표 자료의 대부분을 승리에 찬 내용으로 채우고, 나머지는 도전적인 목표들로 메울 것이다. 이루지 못한 목표는 슬그머니 카펫 밑으로 감춰질 것이 분명하다.

체리 피킹 오류에 빠지지 않기란 쉽지 않다. 당신이 어떤 제품을 생산하는 어느 기업의 영업팀장이라고 가정해 보자. 신제품을 출시하기 전에 미리 고객들의 반응을 체크해 보니 대다수의 고객들이 신제품을 제대로 사용하기 어렵다는 의견을 냈다. 직관적으로 사용하기에 너무나 복잡하다는 것이다. 그런데 이 결과를 들은 인사팀장이 한마디를 보탠다. "우리 장인어른은 어제 그 제품을 손에 넣자마자 단숨에 이해하던데 그래."

당신이 생각의 오류에 빠지지 않는 사람이라면 이런 식의 '체리'에는 아무런 비중을 두지 않을 것이다. 그러나 어떤 일화를 그냥 지나치는 일은 그리 간단하지 않다. 왜냐하면 그것은 그야말로 작은 이야기이지만 솔깃하게 되기 때문이다. 우리는 우리의 뇌가 이런 사소한 이야기들에 얼마나 취약하게 반응하는지를 알고 있기 때문에 유리한 방향으로 대화를 조정하기도 한다. 경험이 많은 노련한 영업팀장들은 경력을 쌓아 오는 동안에 이런 작은 일화들에 알레르기 반응을 일으키면서 단련해 왔기 때문에 곧바로 떨쳐 낼 수 있다.

어떤 분야가 숭고하거나 권위를 가지고 있을수록 사람들은 오히려 체리 피킹의 함정 속을 더듬으며 걸어가기 쉽다. 나심 탈레브는 그가 쓴 책 『사라지지 않는 것』에서 철학을 비롯해 의학, 그리고 경제에 이르기까지 모든 연구 분야에서 일하는 사람들이 자신들이 이룬 연구 결과들을 가지고 얼마나 뻐기는지에 대해 묘사하고 있다.

"대학의 연구는 우리를 위해 무엇을 하지 않았는가에 대해서가 아니라 우리들을 위해 무엇을 했는가에 대해 말하는 데에 능수능란하다."

그야말로 체리를 따는 짓거리인 것이다. 그러나 대학에서 연구하는 학문에 대한 우리의 존경심은 너무나 커서 그런 것은 우리 눈에 띄지 않는다. 의학을 예로 들어 보자. 1960년대에 의학에서 가장 큰 도약은 사람들에게 담배를 피우지 말라고 말해 준 것이다. 그것은 제2차 세계대전 이후의 모든 연구들과 의학적 진보들을 다 합

사업 보고서에는 성공한 사례만 있고
이루지 못한 목표는 슬그머니 감춰져 있다.
그야말로 화살을 쏘고 그 주위에 과녁판을 그리는 격이다.

친 것보다 더 큰 기여였다. 이것은 의학자인 드루인 버치가 쓴 책 『약을 복용하기(Taking the medicine)』에서 증명하고 있다. 하지만 사람들은 항생제가 의학의 획기적인 발명품이라고 생각한다. 몇 개의 체리(항생제)는 착각을 줄 뿐이다. 제약 연구가들은 찬사를 받지만 흡연 반대자들은 오히려 그렇지 못하다.

거대한 기업이나 행정부에 몸을 담은 사람들은 자신들이 마치 호텔업자들이나 되는 듯이 좋은 것만 찾아 칭찬을 해댄다. 그들은 자신들이 행한 모든 업적을 보여 주는 데 있어서는 대가들이다. 그러나 자신들이 어떤 효용성을 전달해 주지 '못 했는가'라는 것을 보여 주는 데는 서투르다. 그렇다면 어찌해야 할까? 만약 당신이 그러한 조직의 이사라면 반드시 '따지 않은 체리'에 대해서, 즉 실패한 프로젝트들과 이루지 못한 목표들에 대해서 물어보라. 성공한 것들보다는 그런 것들로부터 훨씬 더 많은 것을 배우게 될 것이다.

둘째로, 비용이 얼마나 필요할지 푼돈까지 자세히 검토하는 금융 전문가를 고용하는 대신에 목표들을 다시 한 번 검토해 보라. 검토를 하면 할수록 원래의 목표들이 허공으로 사라진다는 것을 확인하게 될 것이다. 대신 그 사이에 사람들이 비밀리에 교묘히 만들어 놓은 목표들(물론 모두 달성된 목표들이다)이 드러날 것이다. 누군가 '스스로 세운 목표들'을 제시하면 당신에게 경고의 종이 울린 것으로 생각하라. 그것은 나무 벽에다 화살을 한 발 쏜 다음에 그 화살 주위에 과녁판을 그리는 것일 수 있다.

검은 백조

어느 날 아침, 당신은 백만장자가 될 수도 있다

"모든 백조는 흰색이다." 수백여 년 동안 유럽에서는 누구나 이 말이 타당하다고 확신하고 있었다. 사람들이 보는 백조들은 모두 다 하얗기 때문에 그 진리는 더욱 더 반박할 수 없는 것이었다. 1697년 빌렘 데 블라밍이라는 사람이 오스트레일리아로 탐험을 떠났다가 처음으로 검은 백조들을 목격하기 전까지만 해도 그랬다. 그 이후로 '검은 백조'는 불가능한 일, 있을 수 없는 일이 실제로 발생하는 황당무계한 상황의 상징이 되었다.

당신은 증권거래소에서 돈을 투자한다. 해마다 다우존스 지수는 조금씩 오르내린다. 당신은 점차 이렇게 주가지수가 기분 좋게 올라갔다 내려갔다 하는 것에 익숙해진다. 그러다가 갑자기 증권 시세가 22퍼센트나 폭락했던 1987년 10월 19일과 같은 날이 닥친다.

예고도 없이 말이다. 그런 것이 바로 나심 탈레브가 말하는 의미의 '검은 백조(Black swan)'이다. 전직 증권분석가였던 그가 2008년에 검은 백조라는 제목으로 책을 쓴 이후로 이 개념은 금융계에서 널리 퍼지게 되었다. 여기서 검은 백조란 당신의 삶, 당신의 재정, 당신의 건강, 계획 등에 엄청난 영향을 주는 생각지 못한 사건을 말한다. 검은 백조는 당신의 삶에 긍정적인 영향을 줄 수도, 부정적인 영향을 줄 수도 있다. 우주에서 날아와 당신의 머리 위에 떨어져서 목숨을 빼앗아 간 유성, 캘리포니아에서 금을 채취한 존 서터로 인해 시작된 골드 러시, 소련의 붕괴, 트랜지스터의 발명, 이집트 무바라크 정권의 몰락, 또는 당신의 인생을 송두리째 뒤집어엎을 만남, 이런 것들이 모두 다 검은 백조들이다.

전 미국 국방장관이었던 도널드 럼스펠드에 대한 평은 분분하지만 그는 2002년에 한 기자회견에서 누구도 생각하지 못했던 철학적인 생각을 다음과 같이 분명하게 표현했다. 즉 우리에게는 우리가 알고 있는 일들이 있고(알려진 사실들), 우리가 알지 못하는 것들(알려진 알려지지 않은 것들)이 있으며, 또 우리가 알지 못한다는 것을 알지 못하는 것들(알려지지 않은 알려지지 않은 것들)이 있다는 것이었다.

우주는 얼마나 클까? 이란은 핵폭탄을 갖고 있을까? 인터넷은 사람을 더 영리하게 만들까 아니면 더 우둔하게 만들까? 이런 것들은 '알려진 알려지지 않은 것들'이다. 이런 물음들에 대해서는 적어도 충분히 많은 비용을 들이고 시간이 흐르면 답을 찾을 수 있다는

집단적인 페이스북 열광이 일어날 것이라고는
10년 전만 해도 아무도 예상할 수 없었다.

희망을 가질 수 있다. 그러나 '알려지지 않은 알려지지 않은 것들'의 경우에는 전혀 다르다. 예를 들면 집단적인 페이스북 열광 같은 것이 있으리라고는 10년 전만 해도 아무도 예상할 수 없었다. 그런 것이 소위 알려지지 않은 알려지지 않은 것 또는 검은 백조이다.

그런데 검은 백조들은 왜 중요할까? 역설적으로 들릴지 몰라도 검은 백조가 점점 더 자주 등장하기 때문이다. 우리는 계속해서 미래를 위해 계획을 세울 수는 있지만 검은 백조들은 우리가 짠 계획을 언제든지 무산시켜 버린다. 예상 외의 피드백과 직선적이지 않은 영향들이 함께 작용하여 예감하지 못한 결과들을 초래하는 것이다. 우리의 생각 기관인 두뇌는 사냥꾼이자 채집자로서 살아갈 수 있도록 구성되어 있다. 석기 시대에는 사람들이 정말로 생각지 못한 일을 만나는 경우는 거의 없었다. 사람들이 사냥하려고 뒤쫓는 암사슴은 평균보다 약간 더 빠르거나 더 느리게 달렸고 살이 좀 더 통통하게 찌거나 좀 더 말라 있었다. 그 시대 사람들에게는 모든 일들이 큰 변동이 없이 중간 수치의 근처에서 벌어졌다.

그러나 오늘날에는 다르다. 당신의 삶은 어느 날 갑자기 당신에게 평균 소득의 만 배나 되는 소득을 가져다주는 전환점을 맞이할 수 있다. 래리 페이지(구글을 창립한 CEO - 옮긴이), 로저 페더러(테니스 황제라고 불리는 스위스 출신의 테니스 선수 - 옮긴이), 조지 소로스(금융 투자가로 40년동안 퀀텀 펀드를 운영해 온 헤지 펀드계의 전설 - 옮긴이), 조앤 K. 롤링(영국 아동문학 작가로 『해리 포터』 시리즈를 썼다 - 옮긴이) 또는 보노 같은 사람들에게 물어보라. 예전에는 하루아침에 부자가 된 슈퍼 리치(Super-rich, 10억 이상의 자산을 가진 사람들을 일컫는 말 - 옮긴이)들이 없었다. 이들이 큰 부자가 될 수 있었던 것은 아주 최근에 등장한 규모가 크면 클수록 더 많은 추가 소득을 얻게 되는 현상 때문에 가능한 것이었다.

어떤 일의 개연성은 '0' 이하로 떨어질 수는 없다. 게다가 우리는 생각의 오류에 빠지기 쉬우므로 당신은 매사에 적어도 개연성이 '0' 이상일 것이라는 가정에서 출발해야 할 것이다. 그리고 어떤 경우든 부정적인 검은 백조가 나타날 만한 생활권으로부터는 멀리 떨어져라. 구체적으로 말하면 이렇게 하면 된다. 부채를 지지 말고, 당신이 저축한 것을 가능하면 보수적으로 투자하고, 성공을 거두는 경우에도 값비싼 생활수준에 익숙해지려고 하지 마라.

눈 뜬 장님의 오류

체크리스트에 없는 사항을 한 번 더 확인할 것

문제를 두 가지 낼 테니 맞춰 보라. A)724, 947, 421, 843, 394, 411, 054, 646. 이 숫자들에서 공통점은 무엇일까? 답을 찾기 전까지는 다음으로 넘어가지 마라. 맞다. A의 모든 숫자에는 4라는 숫자가 공통으로 들어 있다. B)349, 851, 274, 905, 772, 032, 854, 113. 이 숫자들에서 공통점은 무엇일까? 이번에도 답을 찾아내기 전까지는 이 글을 계속해서 읽어 나가지 마라. 문제 B는 좀 더 어렵다. 답은 모든 숫자들에 6이라는 숫자가 없다는 것이다. 이 두 문제로부터 무엇을 배울 수 있겠는가? 그것은 있는 것보다는 없는 것을 인식하기가 훨씬 어렵다는 사실이다. 달리 표현하면 사람들은 현재 없는 것보다는 있는 것에 더 비중을 둔다.

지난주에 나는 산책을 하러 나갔다가 나에게는 통증이 전혀 없다는 사실이 떠올랐다. 그 생각은 예상치 않게 떠올랐는데 사실 지금까지 통증을 느껴 본 적이 거의 없기 때문이다. 그런 생각은 아주 진부하면서도 너무나 분명해서 나를 당황하게 만들었다. 그리고 걸을 때 아픈 곳이 없다는 사실은 잠시 동안 행복감을 안겨 주었다. 이처럼 존재하지 않는 것을 생각해 내고 다시 잊어버리기 전까지는 얼마간의 정신적인 작업이 필요했다.

스위스 루체른에서 열린 축제 중에 어느 음악회에서 베토벤의 교향곡 9번이 연주되었다. 폭풍 같은 감동이 콘서트홀을 휘감았다. 제4악장의 송가를 연주할 때는 객석 여기저기서 기쁨의 눈물을 흘리는 모습들이 보였다. 나는 '이 얼마나 행복한 일인가, 이런 교향곡이 있다니'라고 생각했다. 하지만 이 생각이 정말로 맞을까? 그 교향곡 9번이 없다고 해서 더 불행해질까? 아마 그렇지는 않을 것이다. 만약 그 교향곡이 작곡되지 않았더라면 그것이 없다는 생각을 아무도 하지 못했을 테니까 말이다. 음악 감독에게 "제발 이 교향곡을 곧바로 작곡해서 연주해 줘요!"라고 분연히 호소하는 일도 없을 것이다. 간단히 말하면 이미 존재하는 것은 존재하지 않는 것보다 우리에게 훨씬 더 많은 의미를 띠게 된다. 이런 것을 학문적으로는 '눈 뜬 장님의 오류'라고 부른다.

예방에 관한 캠페인들은 이 효과를 바탕으로 만들어진다. 즉 '담배를 피우면 폐암에 걸릴 수 있다'라는 표어는 '담배를 피우지 않으면 폐암에 걸릴 확률이 낮은 삶을 살 수 있다'라는 표어보다 훨씬 더 깊은 인상을 준다. 또 효과 면에서 무엇을 하지 말라는 부정적인 권유보다는 'X를 하라'고 하는 긍정적인 권유에 훨씬 더 영향을 받는다. 그런 것들이 얼마나 무의미하거나 의미가 깊은가 하는 것과는 상관없이 말이다.

세무 공무원이 체크리스트들을 가지고 일을 하게 되면 긍정적 특징의 효과에 감염되기 쉽다. 만약 부가가치세 중 일부가 빠져 있다면 그것은 곧바로 발견될 것이다. 왜냐하면 이미 체크리스트상에 확인하도록 올라 있는 항목이기 때문이다. 하지만 엔론(미국 에너지 회사. 회계 장부를 조작하며 회사를 운영하다가 파산해 미국 경제에 큰 타격을 줌 - 옮긴이)과 버나드 매도프(전직 미국 증권 중개인이자 투자 상담사로 역사상 최대 규모의 폰지 사기 주동자로 알려져 2009년에 최고 150년 형을 선고 받음 - 옮긴이) 같은 능숙한 사기업체들이나 닉 리슨(영국에서 가장 오래된 투자은행인 베어링 은행을 파산시킨 파생 금융 상품 딜러 - 옮긴이) 또는 제롬 케르비엘(프랑스에서 두 번째로 규모가 큰 은행인 소시에테 제네랄에서 선물 거래로 약 8조 원의 손실을 입힌 딜러 - 옮긴이) 같은 악덕 거래인들의 경우에는 그렇지 않다. 이런 부류의 장난은 어떤 체크리스트상에도 올라와 있지 않다. 그리고 반드시 법적으로 처벌 받는 것도 아니다. 어느 부동산 저당 은행에서는 체크리스트 덕분에 대출 리스크가 발견되었다. 그렇지만 여기에는 그 부동산과 아주 가까운 곳에 쓰레기 소각장을 짓고 있어서 그 부동산의 가치가 떨어지고 있다는 내용은 올라와 있지 않다.

우리는 존재하지 않는 것에 대해서는 눈이 멀어 있다.
평화로울 때는 전쟁이 없다는 사실을 생각하지 않고,
건강할 때는 병에 걸릴 수도 있다는 사실을 의식하지 않는다.

만약에 당신이 소비자의 의심을 살 수 있는 제품, 예를 들어 콜레스테롤 함량이 지나치게 높은 샐러드용 소스를 생산하는 업자라고 가정하자. 어떻게 하면 소비자를 교묘히 속일 수 있을까? 제품 포장지에 소스에 함유되어 있는 20여 가지의 비타민에 대해서는 언급하되, 콜레스테롤의 함유량에 대해서는 침묵하면 된다. 그것이 빠져 있어도 소비자들의 눈에는 띄지 않는다. 그리고 현재 눈앞에 제시되어 있는 긍정적인 특성들은 그들이 확실히 안전하다는 느낌을 갖게 해준다.

학문 분야에서도 지속적으로 눈 뜬 장님의 오류에 부딪치게 된다. 어떤 가정이 입증되면 이 내용은 곧 출간되어 널리 알려지고 그 이론이 탁월한 경우에는 노벨상을 받는 영예를 얻기도 한다. 반면에 어떤 가정이 잘못되었다는 것을 밝혀낸 경우에는 어떤 학술 잡지에도 이것을 발표할 수 없으며, 내가 아는 한 그런 것에 대해 노벨상이 수여된 적은 단 한 번도 없었다. 어떤 가설이 허위라는 것을 밝히는 일 역시 그것이 사실임을 입증하는 것만큼이나 학술적으로 가치가 있는 일인데도 말이다.

결론적으로 우리는 일어나지 않는 일들에 대해서 생각할 때는 어려움을 겪는다. 우리는 존재하지 않은 것에 대해서는 눈이 멀어 있다. 전쟁이 일어나면 그것을 인식하지만, 평화가 지배하면 전쟁의 부재에 대해서는 생각하지 않는다. 우리가 건강할 때는 우리가 병에 걸릴 수도 있다는 사실을 의식하는 일이 드물다. 혹은 휴가차 마요르카 섬에 도착해서 비행기에서 내릴 때에도 추락하지 않고 무사히 온 것에 대해서 감사해하지 않는다. 우리가 만약 가끔이라도 존재하지 않는 것에 대해서 생각한다면, 분명 더 만족스러운 삶을 살 수 있을 것이다. 그러나 그렇게 생각하는 것은 분명 힘든 일이다.

가장 위대한 철학적인 질문은 '왜 무엇인가가 존재하며, 그냥 존재하지 않는 것은 왜 없을까?'라는 것이다. 이 질문에 빠른 대답을 기대하지는 마라. 그저 이런 질문을 던지는 것만으로도 눈 뜬 장님의 오류에 맞서는 유용한 방법이다.

잘못된 일치 효과

보나마나 남들도 내 의견과 같다는 착각

당신은 어떤 음악을 가장 좋아하는가? 1960년대 음악인가 아니면 1980년대 음악인가? 대다수의 사람들이 이 물음에 대해 어떻게 대답할 거라고 생각하는가? 보통 사람들은 자신의 생각을 토대로 남들에 대해 추측한다. 만약 당신이 1960년대의 음악을 좋아한다면 당신은 자동적으로 대부분의 사람들이 1960년대 음악을 좋아할 것이라고 생각한다. 1980년대 음악을 선호하는 사람들도 역시 마찬가지로 대다수가 자신과 비슷하게 생각할 것이라고 믿는다. 우리는 자신과 타인의 생각이 일치하는 정도에 대해 과대평가하는 경향이 있다. 다른 사람들도 나와 똑같이 생각하고 느낄 거라고 믿는 것이다. 이러한 생각의 오류를 '잘못된 일치 효과(False consensus effect)'라고 부른다.

사람들은 남들도 나와 똑같이 생각하고 느낄 것이라고 생각하며,
심지어 자신과 의견이 같지 않으면 '아주 비정상적이다'라고 여긴다.

스탠포드대학교의 심리학자인 리 로스는 1977년에 다음과 같은 실험을 해보았다. 피켓 위에 '조 레스토랑에서 식사하세요'라는 말을 적은 뒤 실험에 참가한 학생들에게 이 피켓을 들고 캠퍼스 안을 돌면서 홍보할 수 있겠느냐고 물었다. 그리고 각 학생들에게 다른 학생들이 얼마나 이 일을 하겠다고 나설지 어림잡아 평가해 보라고 했다. 피켓을 들고 다닐 용의가 있다고 답한 사람들은 학생들 가운데 대다수(64퍼센트)가 그 일을 하겠다고 대답할 거라고 추측했다. 반면에 홍보할 수 없다고 답한 학생들은 약 33퍼센트 정도만이 승낙할 거라고 추측했다. 그들은 학생들 가운데 67퍼센트는 이런 황당한 일을 자처하는 것은 너무나 얼빠진 짓이라고 생각할 것이라고 말했다. 두 경우 모두 학생들은 대부분의 사람들이 자신과 똑같은 생각을 할 것이라고 잘못 추측하고 있었다.

잘못된 일치 효과는 자신들의 관심사가 지닌 폭발력을 과대평가하는 이익 단체나 정치집단, 시민 단체에서 찾아볼 수 있다. 예를 들어 환경 단체는 기후 온난화라는 주제가 우리가 직면한 그 어떤 문제보다 중요한 문제이며, 다른 사람들도 분명 그렇게 생각할 것이라고 짐작할 것이다. 그리고 이 단체에 속한 사람이라면 이 문제에 대해 어떻게 생각하고 있든 추측하건대 대다수의 주민들이 나와 같은 견해를 갖고 있다고 믿을 것이다. 만약에 어떤 정치가가 자신이 선거에서 당선되리라고 확신한다면 그것은 단순한 목표 낙관주의라고 볼 수 없다. 그들은 실제로 자신들이 선거에서 당선될 기회를 시스템적으로, 그러니까 의도하지 않았더라도 과대평가하고 있는 것이다. 그리고 당신은 투표자로서 내가 좋아하는 정당에게 기회가 돌아갈 것이라고 몇 퍼센트쯤 더 과대평가한다.

예술가들은 그런 일에 있어서 더 구차하다. 그들은 자신들에게 주어진 것보다 더 많은 성공을 기대하는 경우가 99퍼센트나 된다. 예를 들면 나는 내가 쓴 소설 『마시모 마리니(Massimo marini)』가 앞서 쓴 소설만큼이나 좋다고 생각했기 때문에 엄청난 성공을 거둘 거라고 완전히 확신하고 있었다. 그렇지만 대중들은 생각이 달랐다. 결국 나는 착각했던 것이다. 바로 잘못된 일치 효과였다.

물론 경제 분야에서도 역시 그런 식의 그릇된 결론으로 손해를 입는 경우가 없지 않다. 어느 개발 부서가 그들의 제품이 엄청나게 혁신적이며 그래서 시장에서 성공할 거라고 확신을 갖고 있다고 해서 소비자들도 꼭 그렇게 생각한다는 의미는 아니기 때문이다. 이런 일은 기술이 제품의 가치를 결정하고, 기술자들의 역할이 큰 기업들에서 특히 빈번하게 일어난다. 사소한 일에 구애받는 사람들은 머리를 쥐어짜면서 심사숙고한 것에 대한 애정에 빠져서 그것이 소비자들의 흥미를 끌 거라고 착각한다.

잘못된 일치 효과는 또 다른 흥미로운 현상을 일으킨다. 사람들로 하여금 자신과 의견이 같지 않은 사람들을 '아주 비정상적이다'라는 식으로 낙인찍게 만드는 것이다. 이것 역시 리 로스의 실험에서 드러났다. 즉 피켓을 들고 돌아다닐 용의가 있던 학생들은 그러기를 거부한 학생들을 가리켜 '유머 감각이 없는 경직된 사람들'이라고 묘사했다. 그리고 거부했던 학생들 쪽에서는 피켓을 들고 돌아다닐 의향이 있는 학생들을 가리켜 '바보 천지들', '언제나 자신들을 중심에 세워야 직성이 풀리는 사람들'이라고 평가했다.

아마도 당신은 『스마트한 생각들』에 실린 '사회적 검증'이라는 생각의 오류를 기억할 것이다. 다른 사람들이 행동하는 것처럼 행동하면 옳다고 느끼기 때문에 다른 사람의 행동을 따라하는 오류이다. 그렇다면 잘못된 일치 효과는 사회적 검증과 일치할까? 그렇지 않다. 사회적 검증은 무의식적인 집단적 압박이다. 그러나 잘못된 일치 효과에서는 압박이 작용하지 않는다.

그럼 잘못된 일치 효과는 역사 속에서 어떻게 생존 전략이 될 수 있었을까? 우리의 뇌는 진리를 인식하기 위해서 만들어진 것이 아니라, 가능하면 많은 자손들을 뒤에 남기기 위해서 만들어진 것이다. 잘못된 일치 효과로 인해 확신에 차서 행동하는 사람은 다른 사람들에게 깊은 인상을 남기고 아주 많은 자원을 얻었으며 그로써 자신의 유전자를 후세에 상속할 개연성을 높였다. 의심하는 사람들은 덜 섹시한 사람들이었다. 그래서 이 생각의 오류는 진화의 과정에서 근절되지 않았다.

잘못된 일치 효과에 빠지고 싶지 않다면 내가 사물을 보는 시각을 다른 사람들도 똑같이 갖고 있을 거라 생각하지 마라. 또한 당신과 다르게 생각하는 사람들이 바보 천치가 아니라는 것을 잊지 말아야 한다. 그들에 대해서 회의적으로 생각하지 말고 먼저 당신 자신에 대해서 회의적으로 생각하도록 노력하라.

영역 의존성

노벨 경제학상 수상자의 자산 포트폴리오는 완벽할까?

생각의 오류에 대해서 책들을 쓰다 보면 기분 좋은 일들이 많이 생긴다. 여러 분야의 리더들과 투자가들은 많은 돈을 주고 나를 초대해서 분명하게 생각하는 기술을 가르쳐 달라고 부탁한다(그런데 그렇게 하는 것 자체가 생각의 오류이다. 돈을 들이지 않고 책을 읽는 것이 훨씬 더 유리할 테니까 말이다). 강연 의뢰를 받아 어느 의사들의 모임에 참석했을 때의 일이었다. 나는 '기저율의 무시'에 대해 발표를 하면서 의학을 예로 들어서 설명했다. "한 40세 남자에게서 머리를 찌르는 듯한 통증이 일어나면 이는 뇌혈관의 문제이거나 일시적으로 심한 스트레스를 받아 두통이 생긴 것일 수 있다. 스트레스는 뇌혈관 문제보다 훨씬 자주 일어난다. 즉 일이 일어날 수 있는 '기본 비율'이 더 높다. 그러므로 스트레스에 의한 두통으로 가정하고 환자에게는 먼저 스트레스를 줄여 보라고 권한다. 이 내용을 매우 합리적이다." 강연에 참석한 모든 의사들은 이 내용을 직관적으로 이해했다. 그렇지만 내가 금융계에서 일어나는 유사한 사례를 끄집어내 설명하자 대다수의 의사들은 전혀 이해하지 못했다.

사실 투자가들 앞에서 이야기할 때에도 그와 똑같은 일이 일어난다. 금융 관련 사례들을 들어서 생각의 오류에 대해 설명하면 그것들은 즉각 분명해진다. 그러나 내가 생물학에서 사례들을 가져와 설명하면 전혀 이해하지 못한다. 즉 그들의 인식이 한 영역에서 다른 영역으로 옮겨 가지 못하는 것이다. 이런 효과를 '영역 의존성(Domain dependence)'이라고 부른다. 철학자 나심 탈레브는 영역 의존성을 다음과 같이 설명하고 있다. "장기를 잘 두는 사람들은 몇 수(手) 앞을 내다보고 장기를 둔다. 그러나 다른 영역에서는 그 실력을 발휘하지 못한다. 우리는 한 영역에서 다른 영역으로 능력을 옮겨 갈 수 있다고 믿는다. 하지만 우리는 그렇게 할 수 없다."

해리 마코위츠는 1990년에 '포트폴리오 선택(Portfolio selection)'이라는 이론으로 노벨 경제학상을 수상했다. 그는 이 이론을 통해 수익률을 극대화하기 위해서는 하나의 자산에 투자하지 말고 위험성과 수익성을 따져 여러 자산에 분산 투자해야 한다는 사실을 설명했다. 그런데 마코위츠는 자신이 저축해서 모은 돈을 어떻게 투자할지 결정해야 할 때가 되자 즉, 주식과 채권을 조합해 자신의 포트폴리오를 만들어야 하는 상황이 되자 간단하게 50 대 50으로 배분했다. 주식에 절반을, 그리고 나머지 절반은 채권에 투자한 것이다. 그 노벨상 수상자는 자신이 고안해 낸 아주 영리한 이론을 자기 자신의 경우에 응용하는 데는 능력이 없었던 것이다. 영역 의존성의 극단적인 경우이다. 그는 학문적인 이론의 영역에서 사적인 영역으로 옮겨 가는 데 실패했다.

내 친구 중에 위험을 자처하는 취미를 즐기는 친구가 있다. 맨손으로 까마득하게 치솟아 있는 가파른 벽을 타고 올라가고, 윙슈트(Wingsuit, 하늘을 활공할 수 있는 장비 – 옮긴이)를 입고 산꼭대기에서 뛰어내리곤 하는 것으로 유명한 그는 지난주에 나를 만나 자신의 기업을 설립하는 것이 왜 위험한지에 대해서 설명해 주었다. 파산할 위험을 결코 배제할 수 없기 때문이라는 것이었다. 나는 그에게 "개인적으로 나는 죽어 있기보다는 파산하는 것이 차라리 낫다고 생각한다네"라고 대답했다. 그는 나의 논리를 이해하지 못했다.

소설을 쓰는 작가로서 나도 내 능력을 한 분야에서 다른 분야로 옮겨 가는 일이 얼마나 어려운지 알고 있다. 플롯과 캐릭터들을 고안해 내는 일은 내 손 안에서 쉽게 이루어진다. 아직 묘사되지 않고 비어 있는 페이지를 볼 때 불안함을 느끼지도 않는다. 그러나 빈 방을 꾸미는 일로 바꿔 생각하면 전혀 달라진다. 방 안에 가구를 배치하고 쾌적하게 꾸며야 할 때 나는 몇 시간이고 빈 방에 서서 두 손을 바지 호주머니에 넣은 채 창조적인 생각 따위는 전혀 떠올리지 못하고 그냥 멍하니 서있게 된다.

모든 분야에서 탁월한 전문가는 없다.
문학 비평가의 소설은 허술하고 경제학자의 재테크는 소소하며
의사들의 흡연율은 어느 직업군보다 월등히 높다.

경제 분야는 영역 의존성으로 가득 차 있다. 생활용품 마케팅에 탁월한 능력을 가진 사람이 어느 소프트웨어 회사에 스카우트되었다. 그러나 그는 새로운 직업에서 더 이상 자신의 능력을 발휘하지 못했는데, 그 이유는 그의 마케팅 능력이 무형의 상품 판매로 옮겨 가지는 못했기 때문이었다. 가령 소수의 그룹 안에서는 뛰어난 사회자라고 하더라도 100명이나 되는 사람들 앞에서 사회를 보게 되면 긴장하기 쉽다. 또한 창조적인 마케팅으로 승승장구하던 사람이 CEO로 승진하면 막상 창조적인 전략을 짜내는 일에 어려움을 호소하게 된다.

나는 마코위츠 박사처럼 직업적인 지식을 사적인 영역으로 옮겨 와 응용하는 일에 서툰 사람들을 알고 있다. 내가 아는 한 CEO는 회사에서는 카리스마 있는 사령탑 역할을 맡고 있지만 가정에서는 아무것도 결정하지 못한다. 또 건강을 돌보는 의사들보다 더 흡연율이 높은 직업은 거의 없다. 사회 질서를 지키는 일을 직업으로 가진 사람들은 그들 가정 내에서 경찰이 아닌 사람보다 두 배는 더 폭력적이다. 문학 비평가들이 직접 쓴 소설은 내용이 매우 빈약할 때가 많으며 부부 상담 치료사들의 결혼 생활이 그들을 찾아오는 고객들의 결혼 생활보다 더 쉽게 파괴되곤 한다는 것도 이미 속담처럼 잘 알려져 있는 일이다.

사람들은 어느 한 분야에서는 대가로 인정받는다고 하더라도 다른 분야로 그 능력을 똑같이 옮겨 가지는 못한다. 그것은 학교에서 배우는 지식에도 해당된다. 당신이 학교에 다닐 때 그 당시 가장 공부를 잘했던 학우를 생각해 보라. 지금은 그보다 당신이 더 성공한 것은 아닌지 내기를 해봐도 되지 않을까?

직업적 사고 모델의 함정

망치를 든 사람의 눈에는 모든 것이 못으로 보인다

한 남자가 대출을 받아서 회사를 하나 설립했는데 얼마 안 가서 파산하고 말았다. 그는 우울증에 걸려 자살을 했다. 당신은 이 이야기에서 어떤 점에 주목하고 해석하겠는가? 만약 당신이 경영학자라면 왜 그의 사업 아이디어가 실패했는지 궁금해할 것이다. 그 남자는 회사 운영을 제대로 할 수 없었던 것일까? 아니면 사업 전략이 허술했고 시장도 너무나 작아 경쟁이 심했던 것일까라는 식으로 말이다. 만약 당신이 마케팅 전문가라면 그 남자가 마케팅을 제대로 하지 못해 목표 매출에 도달하지 못했을 것으로 추측할 것이다. 그리고 당신이 금융 전문가라면 그 남자가 대출을 받은 것이 과연 자금을 조달하는 올바른 방식이었을까라는 의문을 제기해 볼 것이다. 당신이 지역 신문기자라면 그 이야기가 기사화될 만한지 가능성을 가늠해 볼 것이고 작가라면 그 사건을 일종의 그리스식 비극으로 구성해서 이야기를 써보려고 시도할 것이다. 당신이 은행가라면 대출 부서에서 무슨 잘못이 있었을지도 모른다고 생각할 것이다. 당신이 사회주의자라면 이 사건은 자본주의의 실패를 단적으로 보여 주고 있다고 믿을 것이다. 당신이 경건주의자(성경을 중심으로 한 영적 생활의 실천을 중요시하며 엄격한 종교 생활을 추구하는 사람들 - 옮긴이)라면 신이 형벌을 내린 거라고 믿을 것이다. 당신이 정신과 의사라면 세로토닌의 분비량이 적어져서 우울증에 빠져 자살한 거라고 생각할 것이다. 과연 어떤 것이 '옳은' 관점일까?

그중 어떤 것도 아니다. "만약 네가 갖고 있는 유일한 도구가 망치라면 너는 모든 문제를 못으로 관찰할 것이다"라고 미국 작가 마크 트웨인은 말했다. 이 인용문이야말로 '직업적 사고 모델의 함정'을 완벽하게 요약해 주고 있다. 워런 버핏의 사업 파트너인 찰스 멍거는 마크 트웨인의 생각을 빌어서 '망치만 가진 사람'이 범할 수 있는 오류에 대해 이렇게 경고한다. "사람들은 경제학자나 엔지니어, 마케팅 매니저, 투자 매니저 등이 되도록 교육을 받는다. 그들은 자신들이 되려고 하는 직업상의 사고방식에서 비롯된 몇 가지 한정된 사고 모델을 배운다. 그리고 이제 그것을 갖고 돌아다니면서 자신이 부딪치는 모든 문제들을 이 몇 안 되는 모델들을 가지고 해결하려고 시도한다."

어떤 외과 의사는 거의 모든 의학적인 문제를 외과적인 개입을

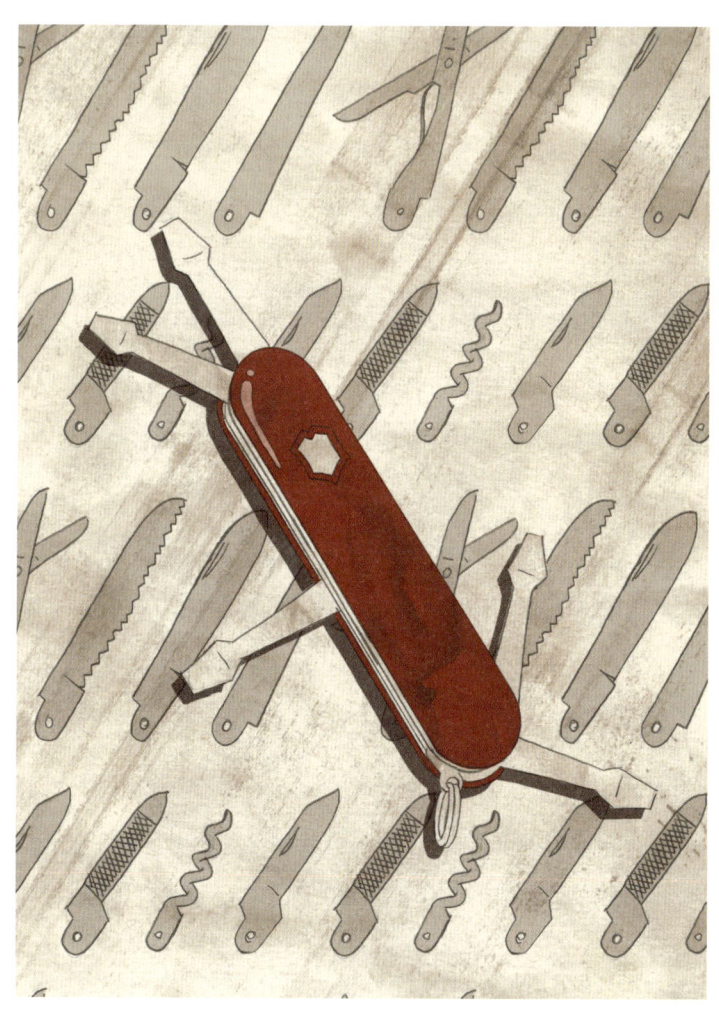

사람의 뇌는 자신의 직업에서 비롯된 몇 개의 생각 도구만 달려 있는
불완전한 맥가이버 칼과 같다.

통해서 해결하고 싶어 한다. 꼭 그런 식으로 수술을 하지 않고도 환자를 치료될 수 있을 텐데도 말이다. 또 트렌드를 다루는 전문가들은 모든 것에서 트렌드를 읽으려고 한다. 하지만 그런 것은 세상에서 가장 어리석은 관점들 가운데 하나이다. 즉 누군가에게 문제의 중요한 핵심이 뭐냐고 물어보면 그 사람은 대개 자신의 능력 범위 안에 있는 것을 언급한다.

이런 오류가 나쁜 점은 무엇일까? 구두 수선공이 언제나 구둣골(신발을 만들거나 보관할 때 쓰는 발 모양의 목재 또는 금속 덩어리 - 옮긴이)만 붙들고 있는 것이 좋은 일일까? 만약 자신의 전문 분야에서 사용하는 방식을 그것이 전혀 소용없는 곳에도 투입한다면 위험할 수 있다. 어떤 여자는 아이가 태어나서 어머니가 되면 자기 남편도 마치 어린아이처럼 다룬다. 또 어떤 교사는 친구들을 마치 자기가 가르치는 학생처럼 대한다. 프로그램을 사용하는 일도 마찬가지다. 우리는 엑셀 프로그램을 능숙하게 사용할 수 있게 되자 이제는 무의미한 곳에조차 그것을 사용하곤 한다. 예를 들면 데이트 서비스를 통해 만난 잠재적인 애인들에 대해서 평가를 할 때에도 그런 프로그램을 사용한다.

심지어 자기 자신의 전문 분야에서도 그 망치를 마구 쓰려는 경향이 있다. 문학평론가들은 자신이 훈련받은 대로 도처에서 작가가 시사하는 것, 상징, 그리고 숨겨진 진술들을 찾아내려고 한다. 나 역시 소설을 쓰기 시작한 이후로 시사점이나 상징, 숨겨진 진술들을 그런 것들이 전혀 없는 곳에서도 발견해 내려 한다는 것을 깨달았다. 어느 중앙은행의 총재가 자금 정책상의 환율 변동에 대해 한마디 말을 하면 경제 기자들이 부차적인 내용을 파악해 내려고 애쓰는 경향도 이해가 안 되는 일은 아니다.

사람의 뇌는 컴퓨터의 중앙처리장치(CPU) 같은 것이 아니다. 좀 더 적절한 예로 여러 가지 특수한 도구들이 달린 스위스 군용 칼(흔히 말하는 맥가이버 칼)을 들 수 있다. 그러나 유감스럽게도 우리의 뇌는 불완전한 맥가이버 칼과 같다. 왜냐하면 우리의 뇌에는 수많은 칼과 드라이버가 다 달려 있지 않기 때문이다. 누구나 자기가 알고 있는 몇 안 되는 사고 모델에 붙잡혀 있다. 그러므로 당신은 두세 개의 도구를 추가로 더 덧붙이려고 노력하라. 당신의 전문 분야에서 멀리 떨어진 사고 모델들을 말이다. 나는 지난 수년 동안 세상을 생물학적인 시각으로 보려는 훈련을 했고, 그럼으로써 복잡한 시스템에 대한 새로운 이해를 얻게 되었다. 음악을 전공한 어느 친구는 공부를 해서 경영학 분야에 대한 시각을 얻었다. 당신은 자신이 어느 분야가 부족한지에 대해 깊이 생각해 보고, 바로 그 분야에서 좋은 사고 모델들을 찾으려고 노력하라. 새로운 전문 분야에서 가장 중요한 모델들을 찾아 자기 것으로 내면화하는 데는 보통 약 1년이 걸린다. 하지만 그럴 만한 가치가 있다. 그렇게 함으로써 당신의 맥가이버 칼은 더 커지고 더 다양성을 지니게 될 것이다. 그리고 당신의 생각들은 더욱 예리해질 것이다.

모호성 회피

왜 우리는 무작정 떠나는 것을 겁내는가?

문제를 하나 내겠다. 공이 담긴 단지 두 개가 있다. 단지 A에는 붉은색 공 50개, 검은색 공 50개가 들어 있다. 단지 B는 공이 100개가 들어 있는데, 그중 몇 개가 붉은색이고, 몇 개는 검정색인지 알 수 없다. 만약 당신이 어떤 단지를 택해서 공을 꺼냈는데 붉은색 공이 나온다면 10만 원을 받을 수 있다. 당신은 어떤 단지를 선택하겠는가? A인가, B인가? 만약에 당신이 대다수의 사람들처럼 생각하고 행동한다면 당신은 단지 A를 선택하기로 결정할 것이다.

이제 다시 게임을 해보자. 이번에는 검은색 공을 꺼내면 10만 원을 받을 수 있다. 당신은 어떤 단지를 선택하기로 결정하겠는가? 추측하건데 당신은 또다시 단지 A를 선택할 것이다.

그러나 이 결정은 논리적이지 않다. 첫 번째 게임에서 단지 A를 택했던 것은 단지 B에는 붉은 색 공이 50개 이하(그러니까 검은색 공은 50개 이상)가 들어 있을 것이라고 가정했기 때문이었다. 그렇다면 검은색 공을 꺼내야 하는 두 번째 게임에서는 단지 B를 선택해야 한다. 하지만 당신이 두 번째 게임에서 단지 A를 다시 선택했다는 것은 이미 첫 번째 게임에서부터 생각의 오류에 빠졌고, 그저 구슬의 분포를 알고 있다는 이유로 단지 A를 선택했다는 사실을 반증한다.

당황할 필요는 없다. 이런 생각의 오류를 갖고 있는 사람이 당신 한 명은 아니니까. 사실 이 문제는 설명을 듣고도 바로 이해하기가 쉽지 않다. 이 생각의 오류를 하버드대학교 경제학자 대니얼 엘스버그의 이름을 따 '엘스버그 역설(Ellsberg paradox)'이라고 한다(그는 훗날 미국 닉슨 대통령의 재집권을 막았던 일명 '펜타곤 페이퍼'를 언론에 유출시켰다). 다른 말로 '모호성 기피(Ambiguity aversion)'라고 불리기도 하는 이 개념은 우리가 위험보다는 불확실성, 모호함을 기피한다는 사실을 말해 준다. 위험은 어떤 일이 일어날지는 알 수 없지만 그 확률에 대해서는 알고 있는 것이고, 모호성은 그 확률도 알 수 없는 것을 말한다. 위험은 어떤 결과가 일어날 확률을 알고 있기 때문에 그것을 기준으로 결정을 할 수 있다. 그러나 모호성의 경우는 그렇지가 않다.

위의 두 가지 개념은 '카푸치노'와 '라테 마키아토'처럼 자주 혼동되는데 그 때문에 상당히 중대한 문제가 발생했다. 위험에 대해서는 미리 대비를 할 수 있지만 모호성에 대해서는 그렇게 하지 못하

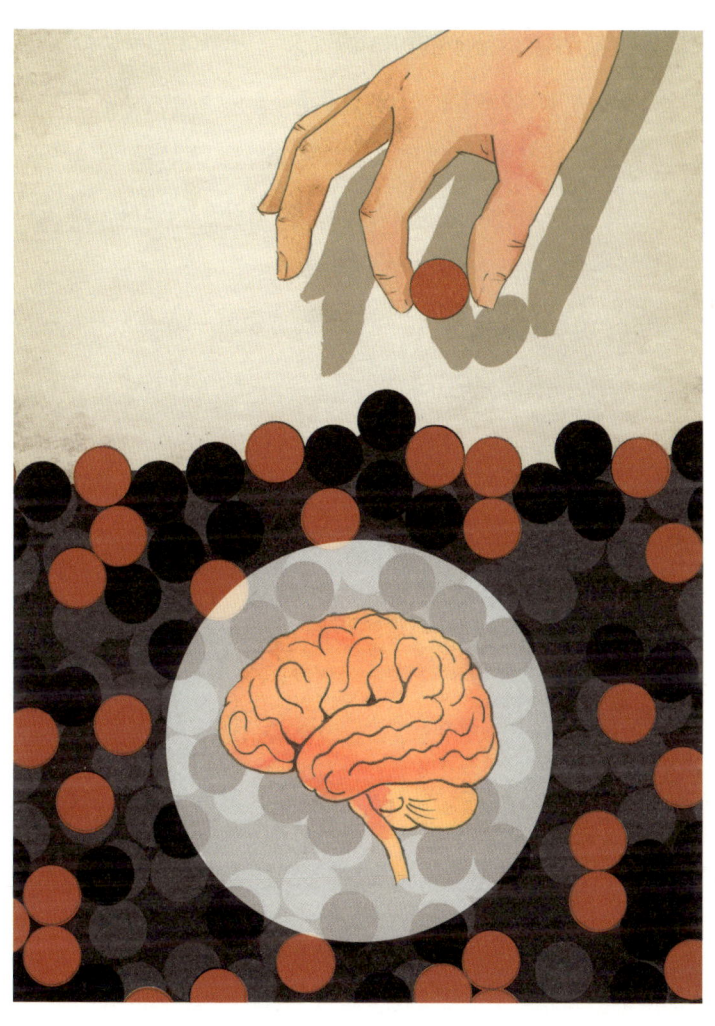

우리의 판단은 논리적인 사고가 아니라
모호함을 피하게 해주는 것이 무엇이냐에 좌우된다.

는 것이다. 위험에 관해서라면 이미 300년 전부터 연구를 해왔다. 그것은 바로 '통계학'이다. 그러나 통계학을 다루는 수많은 교수와 교재 가운데 모호성이라는 주제를 다룬 교재는 단 한 권도 없다. 대신 우리는 모호성을 위험성의 범주 안에 억지로 끼워 넣으려고 시도한다. 그것은 원래 거기에 맞지 않는데도 말이다.

의학의 경우에는 모호성이 존재하지만 어떤 기능을 발휘하기도 한다. 수백만 명의 사람들이 있지만 사람의 몸은 대체로 큰 차이가 없다. 우리는 모두가 비슷한 신체의 크기에 도달하며(키가 100미터가 되는 사람은 아무도 없듯이), 또 비슷한 나이에 도달한다(만 년을 살거나 단지 1000분의 1초만 사는 사람은 없다). 우리들 가운데 대다수는 눈이 두 개이며 한 개의 심장을 가지고 있고 심장은 심방이 네 개다. 다른 종의 동물들이 우리를 본다면 우리가 매우 동질적이라고 생각할 것이다. 우리가 말을 볼 때 그것들이 아주 동질적이라고 생각하듯이 말이다. 비슷한 질병들이 많은 것도 그런 이유 때문이다. 그러므로 "당신이 암으로 사망할 가능성이 30퍼센트에 달합니다"라고 말하는 것은 의미가 있다.

반면에 "유로화가 앞으로 5년 내에 붕괴할 확률은 30퍼센트에 달한다"라는 문장은 의미가 없다. 왜 그럴까? 경제는 다수의 동질적인 사례들로 모호성을 예측할 수 없기 때문이다. 즉 서로 비교할 만한 수백만 가지의 화폐들이 없기 때문에 그 화폐의 역사에서 어떤 일이 일어날 개연성과 확률을 추출해 낼 수가 없는 것이다. 하지만 우리는 종종 이런 문장에 홀리기도 한다.

덧붙여 말하면, 생명보험과 신용 부도 스와프(CDS, 부도가 발생해서 채권이나 대출 원금을 돌려받지 못할 것에 대비한 신용 파생 상품 - 옮긴이)의 차이도 그런 것이다. 생명보험은 우리가 위험성을 계산할 수 있는 영역 안에 있지만 신용 부도 스와프의 경우는 모호성의 영역 안에 있다. 이러한 혼란이 2008년의 금융 위기를 낳은 것이다. 만약 당신이 "하이퍼 인플레이션(통제할 수 없는 인플레이션 상태를 이르는 말 - 옮긴이)의 위험성은 x퍼센트에 달한다"라든가 "우리가 보유한 자산의 리스크는 y퍼센트에 달한다"라는 말을 들었다면 배 속에서 경련이 일어나야 할 것이다.

너무 서두르는 바람에 잘못된 판단을 내리고 싶지 않다면 모호성을 견딜 수 있어야 한다. 그러나 당신의 의지가 얼마나 참을성이 있을지는 누구도 알 수 없다. 당신 자신조차도. 거기에서 결정적인 역할을 하는 것은 당신의 '편도체(Amygdala)'이다. 편도체는 뇌 측두엽에 있는 호두만 한 구조물로 감각을 통해 받아들인 정보를 뇌의 다른 부분에 전달해서 우리의 행동을 결정하는 역할을 한다. 편도체가 어떻게 하느냐에 따라서 당신은 모호성을 좀 더 가볍게 견뎌 내거나 아니면 더 힘들게 견뎌 낼 것이다. 당신이 모호성을 견뎌 내는 정도는 당신의 정치적인 성향에서도 드러난다. 당신이 모호성을 잘 견뎌 내지 못하게 될수록 점점 더 보수적인 성향을 갖게 될 것이다.

어쨌든 간에 분명하게 생각하려는 사람은 위험성과 모호성의 차이를 이해해야 한다. 아주 적은 몇몇 분야들에서만 개연성에 대해서 계산할 수 있다. 그러나 대부분의 경우에는 불쾌한 모호성이 남는다. 당신은 그것을 견디는 법을 배워라.

사혈 효과

'더 좋은 방법이 없으니까'의 위험

한 남자가 의사에게 실려 온다. 의사는 그의 팔뚝 아래의 동맥을 잘라 피가 뚝뚝 흐르도록, 그것도 0.5리터나 흘러나오게 한다. 남자는 정신을 잃는다. 다음 날 의사는 남자의 몸에서 5리터나 더 사혈(瀉血)한다. 마지막 세 번째 사혈 과정에서는 더 이상 피가 제대로 흘러나오지 않았다. 의사는 플라스크에 더운 공기를 가득 채워서 그것을 남자의 상처에 갖다 대고 압력 차를 이용해 피를 짜낸다. 그 남자는 이제 여섯 군데나 심각한 상처를 안은 채 반쯤 죽은 상태로 침대에 누워 있다. 의사는 그 상처의 가장 민감한 부분마다 거머리들을 올려놓는다. 그 벌레들은 천천히 그리고 충분히 피를 빨아 먹는다. 거머리가 피를 너무나 많이 빨아 먹어서 배가 터질 지경이 되면 의사는 또다시 굶주려 있는 새 거머리로 교체한다. 이런 치료를 하고 3개월이 지난 후에도 그 남자가 아직 죽지 않았다면 퇴원을 하게 될 것이다.

이 사혈법의 아이디어는 신체의 '사체액설(四體液說, Humor theory)'에 근거하고 있다. 이 이론에 따르면 모든 질병의 원인은 인간의 몸에 있는 네 가지 즙인 혈액, 점액, 황담즙, 흑담즙의 불균형에 있다. 여드름, 천식, 콜레라, 당뇨병, 간질, 페스트, 뇌졸중, 결핵, 그리고 다른 수백 가지 질병들이 발생하는 이유는 몸속에 너무 많은 피가 들어 있기 때문이며 그래서 사혈을 해야 균형을 되찾고 건강해진다는 것이다. 그래서 1830년대만 해도 프랑스에서는 사혈을 위해 4천만 마리의 거머리를 수입했다. 이 이론은 19세기까지도 통용되면서 2천 년 넘게 의학을 지배해 왔다.

사실상 이 이론은 효과가 없다는 비판적인 의견이 꾸준히 제기되었지만 그 어떤 다른 이론보다 오래 유지되었다. 대다수의 환자들이 사혈을 하지 않아도 더 나아졌다는 사실이 입증되었고, 그런 사실은 의사들에게도 감춰진 것이 아니었다. 말하자면 의학계는 2천 년 동안이나 잘못된 이론에 묶여 있었던 것이다. 왜 그랬을까? 믿기지 않겠지만 사체액설은 인간, 생태계, 전쟁, 도시, 기업, 증권거래소 등 복잡한 시스템을 바탕으로 한 이론들에도 본보기가 되고 있다. 즉 우리는 어떤 이론이 잘못되었기 때문에 포기하는 것이 아니라 그것보다 더 나은 이론이 눈앞에 나타났을 때에야 비로소 포기한다. 누가 봐도 합리적인 사고방식이 아니지만, 그렇다고 우리

사람들은 어떤 이론이 잘못됐다는 것을 알았을 때가 아니라
그것보다 더 나은 이론이 눈앞에 나타났을 때에야 비로소 포기한다.

의 사고 체계가 이런 오류를 쉽게 피할 수 있는 것은 아니다. 나는 이 생각의 오류에 '사혈 효과'라는 이름을 붙였다.

우리는 살아가면서 두 개의 직업이나, 두 군데의 거주 장소, 또는 두 가지 이상의 관계 사이에 매어 있는 자신을 발견하곤 한다. 그러나 우리가 두 개의 견해 사이에 머물러 있는 경우는 결코 없다. 우리는 둘 중 한 가지를 반드시 선택하려고 하며, 한 가지 의견을 물리치고 나면 즉시 새로운 의견을 받아들이기 때문이다. 마치 여자 없이는 하루도 견디지 못하는 남자들처럼 행동한다.

심지어 우리는 어떤 의견을 들을 때 '옳다' 혹은 '그르다'로만 판단을 하려고 한다. 판단을 하기 전에 아직 무엇인가를 잘 모르고 있다는 통찰을 얻기가 쉽지 않고 심지어 그런 통찰을 의식적으로 무시하기까지 한다. 우리는 '무지(無知)'라는 것의 느낌이 어떤 것인지 모른다. 그래서 무지하다는 것을 인정하기보다는 차라리 믿을 만한 이론을 고안하곤 한다. 이런 경향에 대해서 처음으로 주목한 사람은 과학사를 연구한 토머스 쿤이었다. 그는 이론들은 이론 자체의 오류 때문에 무너지는 것이 아니라, 그보다 더 나은 이론이 등장해야 비로소 무너진다고 말했다.

이것이 위험한 이유는 무엇일까? 그것은 더 나은 이론이 아직 없는 경우가 종종 있기 때문이다. 수십 년 동안 미국 연방준비은행을 총괄했던 앨런 그린스펀은 마치 반쯤 신이라도 된 것처럼 존경을 받았다. 그러나 2008년에 금융시장이 무너지면서 그린스펀은 적어도 자신에 대해서는 비판적이 되었다. 의회 청문회에서 그는 이렇게 말했다.

"제가 믿어 온 지적인 건물 전체가 무너져 버렸습니다."

그의 말에 의원들은 질문을 던졌다. "다른 말로 하자면 당신의 세계관, 당신의 사고 모델이 틀렸다는 것을 깨달았다는 말입니까?" 그린스펀은 "정확히 그렇습니다"라고 대답했다.

그동안 신봉해 온 저금리 정책과 규제 철폐로 경제를 조종할 수 있다는 이론이 잘못된 것이었음을 그린스펀 스스로 시인한 것이다. 그럼에도 불구하고 서구 세계의 정부들은 오늘날에도 철통같이 이 이론을 고수하고 있다. 정확히 부채 증가, 금융시장 붕괴, 물가 상승, 실업률 상승 등 온갖 나쁜 결과들이 드러났는 데도 말이다. 그리고 그렇게 하는 이유는 단지 다른 어떤 대안도 눈에 띄지 않기 때문이다. 이것은 전형적인 사혈 효과다.

사혈 효과는 개인에게도 작용한다. 만약에 당신이 지적인 면에서 피를 흘리고 싶지 않다면, 당신의 투자 전략과 인생철학 그리고 타인에 대한 견해를 규칙적으로 검토해 보라. 그동안 고수해 온 이론과 사실이 명백히 어긋난다면 이 이론들을 즉시 포기하라. 그리고 더 중요한 것은 더 '나은' 이론을 발견할 때까지 마냥 기다려서는 안 된다는 것이다. 그렇게 하다가는 2천 년도 더 걸릴 것이다.

기대의 힘

기대는 현실을 변하게 한다

2006년 1월 31일, 구글사는 2005년도 4분기의 재무 결과를 발표했다. 총매출은 전년 대비 97퍼센트나 증가했고 순이익은 82퍼센트나 올랐다. 그야말로 기록적인 성과를 낸 4분기였다. 그런 수치가 보여 준 성과에 대해서 증권거래소들은 어떻게 반응했을까? 주가는 불과 몇 초 사이에 16퍼센트나 떨어졌고 주식 거래는 중단되었다. 거래가 재개된 후에도 주가는 다시 15퍼센트나 더 떨어졌다. 완전히 패닉 상태였다. 한 주식 거래자가 절망하며 자신의 블로그에 올린 글에는 다음과 같은 내용이 쓰여 있었다. '추락하기에 가장 좋은 마천루는 어떤 것인가?'

대체 무슨 일이 일어났기에 그런 현상이 벌어진 것일까? 그 원인은 월가의 분석표 때문이었다. 월가의 분석가들은 구글사가 발표

하기 전부터 굉장한 실적을 올렸을 것이라고 '기대'하고 있었던 것이다. 하지만 구글사가 발표한 결과는 기대에 못 미친다는 이유로 그 기업의 가치를 무려 2조 원이나 무너지게 만들었다.

재무 결과를 정확하게 예측하기는 불가능하다는 것은 어떤 투자가라도 다 알고 있다. 그러므로 "내가 잘못 추측했어. 잘못한 내게 책임이 있어"라고 말하는 것이 합리적인 반응일 것이다. 그렇지만 보통 투자가들은 그런 식으로 반응하지 않는다. 2006년 1월에 주니퍼 네트워크(Juniper networks, 정보 기술과 컴퓨터 네트워크 관련 제품을 생산하는 다국적 기업 - 옮긴이)가 주식당 수익률을 주식 분석가들의 기대에 훨씬 못 미치는 10퍼센트 이하로 발표했을 때, 주가는 21퍼센트나 떨어졌고 기업 가치도 무려 27조 원이나 줄어들었다. 실패는 이런 식으로 올 수도 있다. 앞서서 기대를 부추겼는데 그 결과가 실패로 나타나면 큰 낭패를 볼 수 있는 것이다.

많은 기업들은 분석가들의 기대에 미치기 위해서 엄청난 에너지를 소모한다. 이런 과격한 소모전에서 벗어나기 위해서 몇몇 기업들은 자기들이 먼저 나서서 기대 수익, 즉 '이익 가이던스(Earnings guidance)'를 발표하기도 했다. 하지만 그것은 현명한 도박이 아니었다. 왜냐하면 시장에서는 이제 이러한 내부적인 기대를 훨씬 더 예리한 시선으로 지켜보게 되기 때문이다. 이로 인해 재정 담당 수뇌들은 눈앞의 실적을 높아지게 하는 단거리 착륙을 하도록 강요받고 그 때문에 회계상의 편법에 의지하기도 한다.

기대는 어처구니없는 결과가 나오도록 자극을 주기도 하지만, 찬사를 보낼 만한 자극을 주기도 한다. 1968년에 미국의 심리학자 로버트 로젠탈은 초등학교 학생들과 선생님을 대상으로 한 가지 주목할 만한 실험을 했다. 즉 교사들에게 거짓으로 지적 능력과 학업 성취가 향상될 수 있는, 소위 '지적 개화기를 맞은' 학생들을 구별해 낼 수 있는 테스트를 개발했다고 말했다. 그리고 이 테스트로 선발된 학생 명단을 알려 주었다. 이 명단은 전체 학생 숫자의 20퍼센트에 해당하는 것이었는데 실제로는 순전히 우연하게 선정된 것이었다. 그러고 나서 8개월이 지난 후에 로젠탈은 그 명단에 속했던 아이들이 다른 아이들보다 평균 지능과 성적 모두 향상되었다는 것을 알게 되었다.

의식적으로 태도를 기대에 맞추려는 기업 CEO들이나 재무 담당 이사들과는 반대로 로젠탈의 실험에서는 영향력이 무의식적으로 주어졌다. 그럼에도 실험에 참가한 교사들은 발전 가능성이 있다고 분류된 학생들에게 자연히 더 많은 주의를 기울였던 것 같다. 그리고 그에 부응해서 학생들의 학습 효과는 더 커졌다. 교사들이 가진 기대가 얼마나 강했는지는 그들이 이 명단에 있는 학생들은 다른 학생들보다 성격도 더 좋을 것이라고 판단한 것을 보아도 알 수 있다. 이렇게 타인의 기대나 관심으로 인해 좋은 결과를 얻게 되는 현상을 '로젠탈 효과(Rosenthal effect)' 또는 '피그말리온 효과(Pygalion effect)'라고 한다.

기대받고 있다는 사실만으로
아이들의 성적은 높아질 수 있다.

우리는 우리 자신이 갖고 있는 기대에는 어떻게 반응할까? 여기서 우리는 '플라시보 효과(Placebo effect)'를 만나게 된다. 아무런 치료 효과를 낼 수 없는 가짜 약을 환자에게 진짜 약으로 속여 복용하게 하면 실제로 병세가 호전되는 경향을 플라시보 효과라고 한다. 입증된 바에 의하면 플라시보 효과는 전체 환자들의 3분의 1 정도에게는 효력을 발휘한다. 하지만 그것이 어떻게 효력을 발휘하는지에 대해서는 아직 확실히 밝혀진 바가 없다.

기대라는 것은 뜬구름을 잡는 것일 수 있다. 하지만 그것이 미치는 효과는 매우 현실적이다. 기대는 현실을 변하게 하는 힘을 갖고 있다. 사람은 기대에서 벗어날 수 있을까? 아무런 기대를 갖지 않는 삶을 영위할 수 있을까? 그럴 수 없을 것이다. 그러나 그 기대를 신중하게 다루어 나갈 수는 있다. 당신 자신에 대한 기대와 당신이 사랑하는 사람들에 대한 기대를 높여라 그렇게 함으로써 당신은 그들의 동기를 높여 줄 수 있고 운이 좋으면 결과도 좋을 수 있다. 동시에 당신은 당신이 통제할 수 없는 모든 것들에 대한 기대를 낮춰라. 예를 들면 주식 시장에 대한 기대 같은 것 말이다. 역설적으로 들릴지 모르지만, 좋지 않은 놀라움으로부터 자신을 보호하는 가장 좋은 방법은 놀라게 되리라는 것을 미리 '예상하는 것'이다.

감 사 의 말

    이 책의 원고를 편집해 준 코니 게비스토로프에게 감사를 표한다. 함께 아이디어를 주고받는 유희를 하는 데는 나심 탈레브보다 더 나은 사람이 없었다. 분별 있는 생각과 선택에 대해 우리가 함께 대화를 나누는 일은 내 생활에 있어 지적으로 행복한 시간에 속한다. 또한 지식과 영감을 나누는 취리히마인즈 학자들에게 감사드린다. 이 책을 내준 출판사의 여러 편집자들과 칼럼을 실어 준 신문사 편집장들은 이 책과 앞서 나온『스마트한 생각들』이 성공을 거두는 데 막중한 기여를 했다. 수많은 편집을 거쳐 좋은 책을 만들어 준 그들에게 깊은 감사를 보낸다. 이 책에 부족한 점이 조금이라도 있다면 모든 책임은 나에게 있다. 마지막으로 '좋은 삶'은 스마트한 생각과 스마트한 선택 이상의 무언가로 꾸려 나가는 것이라는 점을 매일같이 새롭게 증명해 준 나의 아내 사비네 리트에게 가장 큰 감사를 표한다.

추천의 글
김경일 (아주대 심리학과 교수)

Why 없이 How만을 편식하는 현대인

인간이 생각하는 방향을 크게 두 가지로 나눌 수 있다. 바로 How(어떻게)와 Why(왜)이다. 가령 새로 산 스마트폰을 사용하려면 상세 메뉴에 어떻게 들어가고, 그러려면 어떤 버튼을 눌러야 하는지, 어떻게 다른 기능을 실행시키는지 등 수많은 How와 관련된 생각을 해야 한다. 그래서 설명서를 보면 '어떻게'와 관련된 많은 정보들이 있다. 인간도 마찬가지이다. 인간의 두뇌를 쓰기 위해서는 How를 생각해야 한다.

그런데 가끔 장비가 고장이 날 때가 있다. 정교한 장비일수록 고장은 더 잘 난다. 예를 들어 스마트폰이 고장 났다고 가정해 보자. 충전은 제대로 되어 있는데 켜지지가 않는 것이다. 그럼 이제 How만을 가지고는 해결이 어려운 상황이 된다. 즉, '어떻게'보다는 그 이상을 생각해야 한다는 것이다. 왜냐하면 이 '켜짐 불능'의 상태를 만들어 낸 원인, 그리고 원인을 만들어 낸 그 이전의 원인들은 그야말로 여러 가지가 있을 수 있기 때문이다. 따라서 이제는 생각의 종류를 바꾸어야 한다. 무엇으로? 바로 '왜'인 Why이다. '왜'라고 생각하면 '왜냐하면'이라는 답을 해야 하고 이는 다시금 더 이전의 원인에 대한 또 다른 '왜'와 그에 따른 '왜냐하면'들을 낳는다.

즉 이 상황에서는 무수히 많은 원인과 결과들의 관계를 생각해야만 하며 우리는 이를 인과관계라고 부른다. 그리고 이 인과관계를 제대로 이해해야만 우리는 고장 난 스마트폰을 고치고 더 나아가 새로운 스마트폰을 만들어 낼 수 있다. 주어진 것을 단순하게 사용만 하는 사람과 인과관계를 이해하고 문제를 해결하며 새로운 것까지 창조할 수 있는 사람, 둘 중 우리는 당연히 후자가 되고 싶어 한다. 하지만 그럼에도 불구하고 우리는 전자를 위한 지식과 정보에만 탐닉한다. '왜냐하면' 전자를 위한 지식은 부드럽고 소화하기 쉬운 반면, 후자를 위한 지식은 대부분 딱딱해서 먹기 어려운 빵과 같기 때문이다. 한마디로 깊이 생각을 해야 하기 때문에 머리가 아프다.

하지만 우리는 살아가면서 다양한 어려움에 봉착하게 되고 지금까지 살아오면서 쌓았던 다양한 How들만 가지고는 이해할 수도, 해결할 수도 없는 문제들에 자주 직면하게 된다. 왜냐하면 그 How들은 다양하고 쉽게 얻을 수 있을지 몰라도 서로 연결되어 있지 않기 때문이다. 그래서 How에 대한 많은 공부와 깨달음이 있다 하더라도 새로운 상황이나 조금 달라진 문제에 마주하면 무기력감을 느끼는 것이다. 이럴 때 우리는 '막막하다'라는 말을 한다.

안타까운 것은 그럼에도 여전히 많은 사람들이 이런 어려움을 만났을 때, 이를 헤쳐나가기 위해 또 다른 How가 무엇이 있는가만 열심히 찾고 있다는 사실이다. 최근 들어 참고서와 함께 서점의 가장 많은 진열대를 차지하고 있는 책, 바로 자기계발서가 유행하는 것이 그 반증이다. 물론 모든 자기계발서에 문제가 있다고 말하는 것은 결코 아니다. 다만 분명한 점은 자기계발서들은 읽기 쉬우면서도 '나도 그렇게 하면 되겠다'라는 느낌을 즉각적으로 주어야 하기에 자극적이고 매력적인 How 위주로 되어 있을 수밖에 없다는 것이다. 더구나 시간에 쫓기고 경쟁에 내몰린 현대인들은 무언가를 빠르게 느끼게 해줄 수 있는 것이라면 그게 무엇이든 매력적인 것으로 착각하게 된다. 우리가 자기계발서에 빠지는 데는 그만한 이유가 있다. 그러나 달콤하고 유혹적인 어조의 How만이 존재하고 있는 것은 부정할 수 없다.

이 책은 그럼 How와 Why 중 어디에 가까운가? 지금부터 이 책의 저자 롤프 도벨리의 이야기를 들어보자.

『스마트한 선택들』이 우리에게 주는 것들

인간은 과연 합리적인 존재인가? 사실 이 질문은 이제는 크게 논쟁이 되지 않는 주제이다. 왜냐하면 이미 수많은 심리학자들이 인간은 합리적 기준이 아닌 다른 근거에 기초해 판단하고 결정하며, 행동한다는 것을 증명했기 때문이다. 그렇다면 그 기준들은 도대체 무엇이란 말인가? 어쨌든 인간에게 있어서 합리적인 기준보다 더 중요하기 때문에 그렇게 고집스럽게 사용되고 있을 것이다. 예를 들어 본문에서 언급한 후회에 대한 두려움은 변화를 추구하지 않으려는 인간의 경향과 자연스럽게 연관된다. 게다가 이 두려움이란 것이 '지금이 마지막 기회다'라는 현혹과 맞물리게 되면 사람을 정신적으로 무장해제시킨다. 그래서 사람들은 좋은 것, 나를 행복하게 해줄 수 있는 것을 제쳐놓고 제일 덜 후회할 만한 것을 선택한다. 여기서 중요한 점은 이런 선택이 인간의 무지몽매함에서 비롯된 것이 아니라는 것이다. 본성이라 할 수 있을 만큼 강한 요인일 뿐이다.

이런 식으로 『스마트한 선택들』은 수십 가지의 예를 통해 우리가 무엇 때문에 그런 행동을 하는가에 대한 다양한 이야기를 들려주고 있다. 그 이야기를 듣다 보면 고개가 끄덕여질 수밖에 없는 대목들이 도처에 있다. 그런 점에서 "이럴 땐 이렇게 하라"고 말하는 세상의 수많은 책들과는 분명히 다른 맥을 짚어 나가고 있다. 최소한 우리에게 이런 문제가 있다고 인정하게 해주고 왜 그런 행동을 하는지 통찰을 제공하기 때문이다. 무언가를 해결하고 바로 잡기 위해서 가장 먼저 해야 할 일이 바로 '인정하고 받아들이는 것' 아니겠는가.

『스마트한 선택들』이 시중의 흔한 자기계발서와 다른 좀 더 특별한 이유는 이 책이 일반 독자들이 이해하기 어려운 정교한 이론과 경험적 자료들을 예상외로 쉽고 재미있게 풀어내고 있기 때문이다. 예를 들어 본문에서 소개되고 있는 '하우스 머니 효과'는 대부분의 독자들이 한번쯤은 들어봤을 행동경제학 분야에서 대부로 불리고 있는 리처드 탈러가 오랜 연구 끝에 내놓은 심성 회계학(Mental accounting)에서 자주 언급하는 현상이다. 길에서 주운 큰돈은 너무나도 쉽게 쓰는데 오랜 시간동안 열심히 저축해서 모은 돈은 좀처럼 쓰기가 쉽지 않다. 왜 이런 행동을 하는 것일까? 결국 같은 금액임에도 불구하고 왜 우리는 이렇게 다른 양상으로 생각을 하고 그에 따른 행동을 하는 것일까? 그것은 바로 돈의 제목이 다르기 때문이다. 하나는 횡재한 돈이고 하나는 나의 피와 땀이 녹아들어 있는 돈이다. 우리는 부지불식간에 돈에 이름, 즉 제목을 붙인다. 여기서 제목은 대부분 그 돈의 사용처를 의미한다. 그리고 그 사용처가 내가 붙인 제목과 다르게 되면 사람들은 소비를 꺼린다는 것이다. 이것을 잘 활용하면 효과적으로 돈을 아낄 수 있다. 즉, 지갑 속에 10만 원을 넣을 때 그중 몇만 원을 비상금이라고 이름 붙이고 지갑 깊숙한 곳에 넣어 두는 것이다. 그러면 그냥 10만 원을 넣어 두었다가 하루 이틀이 지난 뒤 어느새 다 없어지는 현상을 막을 수 있다. 비단 돈만이 아니다. 우리 인간은 대상이 무엇이든 그 대상에 의미 혹은 주제를 부여하고 그 주제가 다르면 본질은 같은 물질이라도 다르게 생각하고 취급한다. 따라서 내가 지금 중요하게 혹은 중요하지 않게 생각하는 대상은 주제가 바뀌는 순간 언제든지 그 가치가 바뀔 수 있다. 그 대상은 그대로라고 하더라도 말이다. 『스마트한 선택들』은 우리가 무지하고 어리석어서가 아니라 인간의 본성에 따라 행동하고 있다는 점을 보여 주는 최신 이론을 일상의 사례들과 접목시켜서 친절하게 안내해 주고 있다.

그렇다면 『스마트한 선택들』이 들려주는 이 많은 이야기들은 결국 무엇을 의미하는가? '인간은 비합리적이다'가 아니라 인간은 합리적일 필요도, 또 그럴만한 여유도 없다는 것이다. 그런데 우리가 고려할 수도 없고 혹은 지킬 필요도 없는 기준을 설정해 놓고 그것을 따르지 않는다고 남을 비웃거나 우리 자신을 자책하는 일이 얼마나 많은가? 인간이 판단하고 결정하며 행동을 하는 그 근거들은 전혀 다른 곳에 있는데도 말이다. 그렇다면 우리는 무엇을 고민해야 할까? 결론은 생각보다 간단하다. 우리 인간의 판단과 결정에 작용하는 힘은 논리적인 분석이나 합리적인 사고에만 의존하지 않는다. 오히려 그동안 우리가 무관심했던 정서, 동기, 맥락, 문화와 같은 측면들에 대해 더 깊이 생각해 볼 필요성이 있다.

한 발 더 나아가기

한 권의 책에는 맡은 바 소임이 있다. 책이 모든 일을 도맡아 해결해 주는 것은 당연히 아니다. 좋은 책 못지않게 좋은 독자가 되어야 하는 이유도 바로 여기에 있다. 『스마트한 선택들』이 한 권의 책으로서 어떤 역할을 한다면 아마도 How만을 먹고 산 우리가 진정한 Why를 향해 갈 수 있도록 이어 주는 연결다리가 아닐까. How에만 관심을 가지고 살아 왔기 때문에 Why가 도무지 어렵게만 느껴지고 다가가볼 엄두도 내지 못하고 있는 많은 분들에게 훌륭한 중간 경유지 역할을 하면서 '아, 저기 Why가 이제 보이기 시작하는구나. 한 번 다가가서 맛을 봐야겠다'라고 생각하게끔 해주는 그런 역할 말이다.

앞서 언급했듯이 『스마트한 선택들』은 '이렇게 하라'에서 '이런 이유가 있다'로 우리의 관심을 발전시켜 준다. 그렇다면 이제 우리는 그 이유들은 도대체 '왜' 그렇게 자리 잡고 있으며 정서나 동기, 문화와 같은 측면들과 맞물려 어떻게 우리의 생각 깊은 곳에서 힘을 발휘하는지에 대해 알아보아야 한다. 그것에 대한 답들을 같이 고민해 보는 책들은 분명 더 어렵고 이해하기 힘들 것이다. 그래서 사람들은 깊고 집요하게 생각하기 싫어하고 피하려고만 한다. 자신의 생각과 인생이 근본적으로 변화하기를 그렇게도 애타게 원하면서 말이다. 하지만 준비 운동 없이 수영장에 들어가면 몸에 무리가 가는 법이다. 우리는 『스마트한 선택들』과 함께 충분히 준비 운동을 했다. 그 다음 행보는 인문학, 사회과학, 예술, 과학 등 어떤 분야라도 상관이 없다. 무언가 근본적인 Why를 다루는 곳에 흠뻑 빠져 보고픈 마음이 들었다면 이제 바로 시작하자.

참고 문헌

거의 모든 생각의 오류와 행동의 오류들에 대해서는 수백 편이 넘는 연구들이 있다. 나는 여기서 가장 중요한 인용 출처와 기술적인 연구 결과, 추천할 만한 책들과 논평들을 소개하는 데 국한했다. 인용한 문헌들은 원어 그대로 두었다. 이 책 속에 통합된 모든 지식은 지난 30년 동안 인지심리학과 사회심리학 분야에서 이루어진 연구들에 기초한 것이다.

'왜냐하면' 효과

—Sedivy, Julie; Carlson, Greg: *Sold on Language. How Advertisers Talk to You and What This Says About You*, Wiley 2011:8889.

—Goldman, Barry: *The Science of Settlement: Ideas for Negotiators*, ALI-ABA 2008:50.

—Goldstein, Noah; Martin, Steve; Cialdini, Robert: *Yes! - 50 Scientifically Proven Ways to Be Persuasive*, Free Press 2008:151.

직관적 사고의 함정

—Frederick, Shane: "Cognitive Reflection and Decision Making", *Journal of Economic Perspectives* 19 (4), 2005:25-42.

—Shenhav, Amitai; Rand, David G.; Greene, Joshua D.: "Divine intuition: Cognitive style influences belief in God", *Journal of Experimental Psychology* 19.09.2011.

윌 로저스 현상

─종양의 진단에 있어서 무대가 이동하는 양상은 본문에서 설명한 것보다 더 나아간다. 종양 진단법이 발달하면 종양의 1단계에는 아주 많은 경우들이 포함되므로 의사들은 단계들 사이의 경계를 조절한다. 1단계에 있는 환자들 가운데 가장 상태가 안 좋은 환자들은 2단계로 분류된다. 2단계에 있는 환자들 가운데 가장 상태가 안 좋은 환자들은 3단계로 분류되고, 3단계에 있는 환자들 가운데 가장 상태가 안 좋은 환자들은 4단계로 분류된다. 이런 식으로 새로 단계를 분류하게 되면 각각의 단계들 내에서 환자들의 평균 생존 확률을 더 늘려 준다. 결과적으로 더 오래 사는 환자는 한 명도 없다. 비록 겉으로는 치료에서 진전을 거둔 것처럼 보일지 몰라도, 사실은 단지 진단상으로만 더 나아졌을 뿐이다.

─Feinstein, A. R.; Sosin, D. M.; Wells, C. K.: "The Will Rogers phenomenon. Stage migration and new diagnostic techniques as a source of misleading statistics for survival in cancer", *The New England Journal of Medicine* 312(25), 1985: 1604-1608.

─또 다른 사례들은 다음의 탁월한 책에서 찾을 수 있다: Hans-Hermann Dubben, Hans-Peter Beck-Bornholdt: *Der Hund, der Eier legt,* Rowohlt 2006: 234-235.

의사 결정의 피로감

─Baumeister, Roy: *Willpower,* Penguin Press 2010.

─판사들의 결정에 대해서는 다음을 참조: Danzigera, Shai et al.: "Extraneous factors in judicial decisions", *Proceedings of the National Academy of Science,* 25.02.2011.

─Baumeister, Roy: "Ego Depletion and Self-Control Failure: An Energy Model of the Self's Executive Function", *Self and Identity* 1, 2002: 129-136.

─Loewenstein, George; Read, Daniel; Baumeister, Roy: *Time and Decision: Economic and Psychological Perspectives on Intertemporal Choice,* Russell Sage Foundation 2003: 208.

─슈퍼마켓을 돌아다니며 쇼핑을 끝낸 소비자는 의사 결정의 피로감에 싸여 있다. 슈

퍼마켓들은 이런 점을 이용하여 활기를 주는 제품들(껌, 사탕)을 의사 결정의 긴 마라톤이 끝나는 지점인 계산대 바로 옆에다 진열해 놓는다. 이에 대해서는 다음을 참조: Tierney, John: "Do You Suffer From Decision Fatigue?", *New York Times Magazine*, 21.08.2011.

자원봉사자의 어리석음
― 나는 이 장에 대해서만큼 독자들의 응답을 많이 받은 적이 없다(이 장은 신문 칼럼으로 발표되었다). 한 독자는 새장을 현지의 목수에게 만들라고 시킬 것이 아니라 중국에서 만들게 하는 것이 더 낫다고 평했다. 논리적 계산으로 생태학적인 훼손을 뺀다면 물론 그 독자의 말이 맞다. 중요한 것은, 그 자원봉사자의 어리석음은 영국의 경제학자 데이비드 리카도가 밝힌 비교우위론과 다르지 않다는 것이다.
― Knox, Trevor M.: "The volunteer's folly and socio-economic man: some thoughts on altruism, rationality, and community", *Journal of Socio-Economics* 28 (4), 1999: 475.

한 가지 이유의 함정
― 크리스 매튜스는 다음에서 인용하고 있다: Chabris, Christopher; Simons, Daniel: *The Invisible Gorilla - and other ways our intuition deceives us*, Crown Archetype 2010: 172. 강조된 부분은 이 책의 저자들이 크리스 매튜스의 말을 인용하면서 표시한 것이다.
― Leo Tolstoi: *Krieg und Frieden*, Insel Verlag 2001: 796.
― Tooby, John: "Nexus Causality, Moral Warfare, and Misattribution Arbitrage". In: Brockman, John: *This Will Make You Smarter*, Doubleday 2012: 34-35.

후회에 대한 두려움
― Kahneman, Daniel: *Thinking, Fast and Slow*, Macmillan 2011: 346-348.
― 주식시장 거래인들의 성향 변화에 대해서는 다음을 참조: Statman, Meir: "Hedging

Currencies with Hindsight and Regret", *Journal of Investing Summer*, Vol. 14, No. 2, 2005: 15-19.

―후회에 대한 두려움에 대해서는 다음을 참조: "A Fear of Regret Has Always Been My Inspiration: Maurizio Cattelan on His Guggenheim Survey", *Blouin ArtInfo*, 02.11.2011.

―우리는 안네 프랑크의 이야기를 들으면 눈 깜짝할 순간에 체포되어 아우슈비츠로 보내진 같은 또래의 다른 소녀의 경우보다 더 많은 동정을 느낀다. 안네 프랑크의 이야기는 다른 사람들의 체포와 비교하면 예외이기 때문이다.

계획 오류

―Buehler, Roger; Griffin, Dale; Ross, Michael: "Inside the Planning Fallacy: The Causes and Consequences of Optimistic Time Predictions". In: Gilovich, Thomas; Griffin, Dale; Kahneman, Daniel: *Heuristics and Biases: The Psychology of Intuitive Judgment*, Cambridge UP 2002: 250.

―Taleb, Nassim: *The Black Swan*, Random House 2007: 130.

―영국의 시인 새뮤얼 존슨은 두 번째 결혼은 "희망이 경험을 꺾고 거둔 승리"와 같다고 말했다. 계획들을 꾸미는 데 있어 우리는 여러 번 결혼한 사람들이나 마찬가지다.

―호프스태터의 법칙: "비록 당신이 호프스태터의 법칙을 고려하지 않더라도 일은 언제나 당신이 기대하는 것보다 더 오래 걸린다." 이에 대해서는 다음을 참조: Hofstadter, Douglas: *Gödel, Escher, Bach: An Eternal Golden Braid*, Basic Books 1999: 152.

―계획의 오류는 과신(過信)과도 유사하다. 과신을 하게 되면 우리는 우리의 능력이 실제보다 크다고 믿는다. 계획 오류에 있어서 우리는 시간과 예산을 예상하는 우리의 능력이 실제보다 크다고 믿는다. 양쪽의 경우 모두 다음과 같은 것이 작용하고 있다. 즉 우리는 예측(그것이 일반적인 목적을 달성하는 것과 관련된 것이든 혹은 시간의 예측이든)의 오류 비율이 실제보다 작다고 확신하고 있는 것이다. 다시 말해 우리는 우리가 시간의 예측에서 오류를 저지른다는 것을 알고 있다. 그러나 그런 오류가 우리에게는 드물게 일어난다고 확신하고 있는 것이다.

— '프리 모텀'에 대해서는 다음에 설명된 것을 참조: Kahneman, Daniel: *Thinking, Fast and Slow*, Macmillan 2011: 264.

— 로버트 플라이브비어그는 다른 누구다보도 더 많이 대형 프로젝트를 연구했다. 그의 결론인즉 "비교군이 될 수 있는 프로젝트들의 과정을 별로 진지하게 받아들이지 않거나, 심지어 무시하려는 경향은 아마도 계획 오류들이 일어나는 가장 큰 중요한 이유일 것이다." (인용 출처: Kahneman, Daniel: *Thinking, Fast and Slow*, Macmillan 2011: 251.)

— 군대에서의 계획의 오류: "적과 만났을 때 쓸모 있는 전투 계획은 존재하지 않는다."

— 비록 당신이 비슷한 프로젝트들의 데이터베이스에 접근하지 않아도 계획 오류를 피할 수 있는 훌륭한 방법이 있다. 즉 "당신은 다른 사람들로 하여금 당신의 아이디어를 새롭게 바라보고 그 프로젝트에 대해 몸소 예측을 해보도록 부탁할 수 있다. 그 아이디어를 그들이 수행하는 데 얼마나 오래 걸릴지를 예측하라는 것이 아니라(왜냐하면 그들도 역시 자신들이 그 일을 수행하는 시간과 비용을 실제보다 낮게 어림할 가능성이 크기 때문이다), 당신이 그 일을 수행하는 데 얼마나 오래 걸릴지를 예측해 보게 하는 것이다." 이에 대해서는 다음을 참조: Chabris, Christopher; Simons, Daniel: *The Invisible Gorilla*, Crown Archetype 2010: 127.)

질투의 심리학

— 질투는 가톨릭교회에서 이야기하는 일곱 가지 대죄(大罪) 가운데 하나이다. 창세기에 보면 카인은 신이 자신의 형제 아벨의 희생물을 더 선호하자 질투해서 그를 죽인다. 성서에 나오는 최초의 살인이다.

— 질투에 대한 가장 화려한 이야기들 가운데 하나는 『백설공주』이다. 거기서는 계모가 의붓딸의 미모를 질투한다. 그녀는 처음에는 직업 살인자를 백설공주에게 보내지만, 이 자는 자기가 맡은 임무를 지키지 않는다. 백설공주는 숲 속의 일곱 난쟁이가 있는 곳으로 도망간다. 아웃소싱으로 일을 맡겼지만 실패한 계모는 부득이 직접 나서게 된다. 그녀는 아름다운 백설공주에게 독을 먹여 죽인다.

— 찰스 멍거가 말한 질투에 대해서는 다음을 참조: Munger, Charles T.: *Poor Charlie's Almanack*, Donning 2008: 431.

―물론 악의적인 질투만 있는 것은 아니고 온순한 질투도 있다. 예를 들면 할아버지가 자기 손자의 젊음을 부러워하는 것이 그런 것이다. 그것은 시기나 미움은 아니지만 그래도 할아버지는 기꺼이 한 번 더 근심 없이 젊어지고 싶어 할 것이다.

계획서 순응의 오류

―Dubben, Hans-Hermann; Beck-Bornholdt, Hans-Peter: *Der Hund, der Eier legt*, Rowohlt 2006: 238-239.

초깃값 효과

―Johnson, Eric; Goldstein, Daniel: "Do Defaults Save Lives?", *Science* 302 (5649), 21.11.2003: 1338-1339.

―Sunstein, Cass; Thaler, Richard: *Nudge: Improving Decisions about Health, Wealth, and Happiness*, Yale UP 2008.

―Kahneman, Daniel: *Thinking, Fast and Slow*, Macmillan 2011: 304-305.

전략적 허위 진술

―Flyvbjerg, Bent: *Megaprojects and Risk: An Anatomy of Ambition*, Cambridge UP 2003.

―Jones, L. R.; Euske, K. J.: "Strategic Misrepresentation in Budgeting", *Journal of Public Administration Research and Theory*, J-Part, Oktober 1991: 437-460.

―"온라인 데이트상에서 남자들은 개인 자산, 관계의 목적, 사회적 지위 등에 대해 거짓으로 설명할 가능성이 더 크다. 반면에 여성들은 몸무게를 거짓으로 진술할 가능성이 크다." 이에 대해서는 다음을 참조: Hall, Jeffrey A. et al.: "Strategic Misrepresentation in Online Dating", *Journal of Social and Personal Relationships* 27 (1): 117-135.

포러 효과

―포러 효과는 '바넘 효과'라고도 부른다. 서커스 단장이었던 피니어스 바넘은 '모든 사

람에게 적용되는 무언가가 있다"는 모토를 갖고 자신의 서커스 쇼를 구상했는데, 여기서 사람들의 성격과 특징 등을 알아냈다.

—Dickson, D. H.; Kelly, I. W.: "The 'Barnum Effect' in Personality Assessment: A Review of the Literature", *Psychological Reports* 57, 1985: 367-382.

—Forer, B. R.: "The fallacy of personal validation: A classroom demonstration of gullibility", *Journal of Abnormal and Social Psychology* 44 (1), 1949: 118-123.

—Skeptic's Dictionary: http://www.skepdic.com/forer.html.을 참조. 여기에 좋은 기고 내용이 실려 있다.

클러스터 착각

—Gilovich, Thomas: How we know what isn't so: *The fallibility of human reason in everyday life*, Free Press 1991.

—Kahneman, Daniel; Tversky, Amos: "Subjective probability: A judgment of representativeness", *Cognitive Psychology* 3, 1972: 430-454.

—이 논고는 물의를 일으켰다. 왜냐하면 그것은 많은 스포츠맨과 스포츠 평론가들이 가지고 있던 핫 핸드(hot hand: 농구에서 비교적 짧은 기간 동안 자신의 평균보다 높은 슛 실력을 선보이는 것 - 옮긴이)에 대한 믿음을 파괴했기 때문이다. 행복의 물결에 대한 믿음에 관해서는 다음을 참조: Gilovich, Thomas; Vallone, Robert; Tversky, Amos: "The hot hand in basketball: On the misperception of random sequences", *Cognitive Psychology* 17, 1985: 295-314.

—성모마리아와 토스트 빵에 대한 내용은 다음을 참조: http://news.bbc.co.uk/2/hi/4034787.stm.

—클러스터 착각에 대해서는 수백 년 전부터 알려져 있다. 18세기에 스코틀랜드의 철학자 데이비드 흄은 『종교의 자연사』에서 "우리는 달에서 인간의 얼굴을 보고, 구름 속에서 군대를 본다"라고 말했다.

—또 다른 사례들은 영어 Wikipedia의 "Perceptions of religious imagery in natural phenomena(자연 현상에서 보는 종교적 환상의 지각)"의 항목에서 찾을 수 있다. 예를 들면 "황갈색의 둥근 빵인 Nun Bun'은 그 꼬인 모양이 테레사 수녀의 코와 턱을

닮았다. 그것은 1996년 미국 내시빌의 커피숍에서 발견되었으나 2005년 크리스마스 때 도둑맞았다. '지하도에 나타난 성모마리아'의 사례는 시카고의 주간(州間) 94번 고속도로 지하도에 소금 얼룩이 그런 모습으로 보여진 것인데, 엄청난 인파를 끌어들인 까닭에 2005년 몇 달 동안 교통이 마비되었다. 또 다른 사례로는 뜨거운 초콜릿 차 속에 나타난 예수의 얼굴, 새우꼬리 요리에 나타난 예수의 모습, 치과용 x-레이에 나타난 예수, 그리고 예수와 모양이 흡사한 치저스(Cheesus)라는 이름의 치토스과자'가 있다.

Seattle Times 22.05.1997자의 "Mother Teresa Not Amused(테레사 수녀는 즐겁지 않다)"라는 기사 참조.

— 사람의 얼굴 형태와 비슷한 사물들을 보는 현상을 '환각(幻覺)'이라고 한다. 시계, 자동차의 앞면 모퉁이, 달 등등 우리에게 사람의 얼굴처럼 보이는 사물들은 도처에 있다. 우리의 뇌는 여러 장소에 있는 여러 대상들을 조작한다. 어떤 대상이 사람의 얼굴처럼 보이게 되면, 곧 우리의 뇌는 그것을 사람의 얼굴로 받아들인다. 다른 대상들과는 전혀 다르게 말이다.

덧붙여 언급하자면, 나는 사람들이 어떻게 예수(또는 성모마리아)의 얼굴을 인식할 수 있는지 알지 못한다. 실제로 예수가 어떤 모습이었는지 아는 사람은 아무도 없고, 그가 살던 당시에 그려진 그림은 하나도 없다.

자기관찰의 착각

— Schulz, Kathryn: *Being Wrong*, Ecco 2010: 104-106.

— Gilovich, Thomas; Epley, Nicholas; Hanko, Karlene: "Shallow Thoughts About the Self: The Automatic Components of Self-Assessment". In: Alicke, Mark D.; Dunning, David A.; Krueger, Joachim I.: *The Self in Social Judgment. Studies in Self and Identity*, 2005.

— Nisbett, Richard E.; Wilson, Timothy D.: "Telling more than we can know: Verbal reports on mental processes", *Psychological Review* 84, 1977: 231-259.

다음의 책에 재인쇄됨: Hamilton, David Lewis (Hg.): *Social cognition: key readings*, 2005.

자이가르닉 효과

—Baumeister, Roy: *Willpower*, Penguin Press 2010: 80-82.
—레스토랑에 놓고 나온 물건이 목도리인지 아니면 다른 것인지는 알려지지 않았다. 또 레스토랑으로 돌아간 사람도 블루마 자이가르닉인지 아니면 다른 사람인지도 분명치 않았다. 이 장을 좀 더 유연하게 읽을 수 있도록 본문처럼 가정해서 설명한 것이다.

사회적 비교 편향

—Garcia, Stephen M.; Song, Hyunjin; Tesser, Abraham: "Tainted recommendations: The social comparison bias", *Organizational Behavior and Human Decision Processes* 113 (2), 2010: 97-101.
—B등급의 게이머들은 C등급의 게이머들을 고용하는 사례에 대해서는 유튜브에 나오는 멋진 비디오를 감상할 것: Guy Kawasaki: *The Art of the Start*.
—이미 어린아이들 사이에서도 자신들이 강한 분야에서 상대적으로 약한 급우들을 선택하는 경향이 보인다.
—그런데 작가들의 경우에는 니얼 퍼거슨(세계 금융과 경제사를 연구하는 역사학자 - 옮긴이)와 이안 모리스(스탠포드대학교 역사학자 - 옮긴이)처럼 서로에게 지속적으로 '가장 훌륭한 역사가'라는 칭호를 미루면서 서로를 매우 치켜세우며 칭찬하는 사람들이 많다. 영리한 일이다. 그것이야말로 드물지만 고등 마술(馬術)이다.

접촉 편향

—'한 번 접촉을 가지면 언제나 접촉해야 한다'는 것이 바로 접촉 편향이다. 이에 대해서는 다음을 참조: Gilovich, Thomas; Griffin, Dale; Kahneman, Daniel: *Heuristics and Biases: The Psychology of Intuitive Judgment*, Cambridge UP 2002: 212.
—'Peace and Truce of God'에 대한 영어 Wikipedia에 실린 내용을 참조.
—Daileader, Philip: *The High Middle Ages*, lecture 3, beginning at ~26:30, Course No. 869, The Teaching Company, 2001.
—존 F. 케네디와 아돌프 히틀러에게 화살을 쏘는 것에 관한 내용은 다음을 참조: Gilovich, Thomas; Griffin, Dale; Kahneman, Daniel: *Heuristics and Biases: The*

Psychology of Intuitive Judgment, Cambridge UP 2002: 205. 여기에 기고한 저자들 (폴 로진과 캐럴 네머로프)은 여기서 접촉에 대해서 이야기하기보다는 비슷한 것끼리 함께 집단을 이룬다는 유사성의 법칙에 대해서 이야기하고 있다. 나는 접촉 편향의 사례를 덧붙였는데, 그 이유는 넓은 의미에서 근거 없는 마법적인 성향에 관한 것이기 때문이다.

— 어머니들의 사진: 사진을 보지 않은 통제 그룹은 훨씬 더 목표를 잘 맞췄다. 사람들은 화살을 던질 때 마치 사진 속 실제의 인물에게 해를 가하는 어떤 마법의 힘이 내재해 있는 것처럼 행동했다. 비슷한 실험에서 케네디의 사진이나 히틀러의 사진들을 과녁에 붙여 놓았다. 모든 학생들은 가능한 한 정확히 그것을 맞추려고 시도했지만, 케네디의 사진을 겨냥한 학생들은 특히 잘 맞추지 못했다.

— 우리는 최근에 사람이 죽은 집이나 아파트 또는 방으로 이사하는 것을 선호하지 않는다. 회사들은 앞서 성공을 거둔 회사(예를 들면 구글사)가 임차해서 쓰던 사무실로 이전하는 것은 좋아한다.

— 숨을 쉴 때마다 들이마시는 분자의 수에 대해서 생각해 보자. 우리는 평균적으로 한 번 숨을 쉴 때마다 약 1리터를 호흡하고 1분당 약 7리터의 공기를 호흡한다. 로슈미트 수(數)에 따르면 공기 1리터 속에는 2.7×10^{22}개의 분자가 들어 있다. 즉 1회 호흡할 때마다 2.7×10^{22}개의 분자를 들이마시는 셈이다. 1년이면 약 370만 리터를 호흡한다고 할 때, 사담 후세인은 그의 70여년 평생 동안 약 2억 6천만 리터를 '소비'했다. 그가 그 중 약 10퍼센트를 덜 들이마셨다고 가정한다면, 대기 중에는 '사담 후세인이' 호흡한 약 2억 3천만 리터의 공기가 존재한다고 할 수 있다. 6.2×10^{30}개의 분자가 후세인의 폐 속에 들어갔다가 지금은 공기 중에 흩어져 있는 것이다. 지구 대기 전체의 무게는 약 5.1×10^{18}kg이며, 대기의 밀도는 0.0012kg/L이다. 이를 바탕으로 지구 대기 전체의 부피가 약 4.3×10^{23}리터이고, 대기 중에는 약 10^{44}개의 분자가 있다는 사실을 계산할 수 있다. 이는 대기 분자 1.8×10^{13}개 중 1개는 후세인이 호흡했던 분자라는 말이며, 우리는 한번 호흡할 때마다 후세인이 호흡한 분자 약 1.5×10^{9}개를 들이마신다는 말과 같다.

— 또 다음을 참조: Nemeroff, C.; Rozin, P.: "The makings of the magical mind: The nature of function of sympathetic magic", In: Rosengren, K. S.; Johnson, C. N.; Harris, P. L. (Hg.): *Imagining the impossible: Magical, scientific, and religious thinking in children*, Cambridge UP 2000: 1-34.

뉴 마니아

— Taleb, Nassim: *Antifragile* (아직 출간되지 않은 원고임).

주의력 착각

— Chabris, Christopher; Simons, Daniel: *The Invisible Gorilla - and other ways our intuition deceives us*, Crown Archetype 2010: "Introduction" und S. 1-42.
— 취한 상태에서 차를 모는 것에 대해서는 다음을 참조: Redelmeier, D. A.; Tibishirani, R. J.: "Association Between Cellular-Telephone Calls and Motor Vehicle Collisions", *New England Journal of Medicine*, 336 (1997).
또 다음을 참조: Strayer, D. L.; Drews, F. A.; Crouch, D. J.: "Comparing the Cell-Phone Driver and the Drunk Driver", *Human Factors* 48 (2006): 381-391.
— 그리고 만약 당신이 자동차를 몰고 가면서 전화 통화를 하는 대신에 당신의 차에 동승한 사람과 잡담을 나눈다면 어떻게 될까? 이에 대한 연구에서는 부정적인 면이 발견되지 않았다. 첫째, 여기서는 휴대폰으로 통화하는 것보다는 이해력이 훨씬 높다. 다시 말해 뇌는 신호들을 해독하는 데 덜 힘이 든다. 둘째, 만약 상황이 위험해져서 대화를 중단해야 하더라도 당신의 차에 동승한 사람은 이해해 준다. 즉 당신은 어떤 일이 있어도 대화를 지속하도록 강요당하지는 않는다. 셋째, 그 동승자는 또 다른 눈이 되어 만약 위험한 상황이 오면 그것을 알려줄 수 있다.

전화위복에 대한 환상

— Markus, Gregory: "Stability and Change in Political Attitudes: Observe, Recall and Explain", *Political Behavior* 8 (1986): 21-44.

NIH 증후군

— Katz, Ralph; Allen, Thomas J.: "Investigating the Not Invented Here (NIH) Syndrome: a look at the performance, tenure and communication patterns of 50 R&D project groups", *R&D Management* 12, 1982: 7-19.

―조엘 스폴스키는 2001년에 NIH 증후군에 맞서는 흥미로운 블로그를 하나 썼다. 인터넷에서 'In Defense of Not-Invented-Here-Syndrome'이라는 제목으로 찾아볼 수 있다. 그가 내세우는 주장은 세계적인 수준의 팀이라면 다른 팀이나 다른 기획들의 발전에 좌우되지 않는다는 것이다. 만약 자신의 제품에서 핵심적이고 중요한 것이 있다면 근본적으로 그것을 스스로 구상해야 할 것이다. 그렇게 하면 의존도를 줄이고 최고의 품질을 보장하게 된다.

감정 휴리스틱

―Kahneman, Daniel: *Thinking, Fast and Slow*, Macmillan 2011: 139-142.

―Winkielman, P.; Zajonc, R. B.; Schwarz, N.: "Subliminal affective priming attributional interventions", *Cognition and Emotion* 11 (4), 1997: 433-465.

―Hirshleifer, David; Shumway, Tyler: "Good Day Sunshine: Stock Returns and the Weather", *Journal of Finance* 58 (3), 2003: 1009-1032.

완벽한 기억에 대한 환상

―그레고리 마커스에 대해서는 다음을 참조: Schulz, Kathryn: *Being Wrong*, Ecco 2010: 185.

―섬광 기억에 대해서는 위의 책 17-73쪽 참조.

―1902년에 베를린대학교의 범죄학 교수인 프란츠 폰 리스트는 법정에 서는 증인들도 사실의 4분의 1 정도는 잘못 인지하고 있다는 것을 보여 주었다. 위의 책 223쪽 참조.

금전적 보상의 함정

―Frey, Bruno S.: "Die Grenzen ökonomischer Anreize(경제적 매력의 한계)", *Neue Zürcher Zeitung*, 18.05.2001.

―다음의 논고에서 동기의 구축에 대해 잘 통찰할 수 있다: Frey, Bruno S.; Jegen, Reto: "Motivation Crowding Theory: A Survey of Empirical Evidence", *Journal of Economic Surveys* 15 (5), 2001: 589-611.

―Levitt, Steven D.; Dubner, Stephen J.: *Freakonomics*, HarperCollins 2009: Kapitel 1.

―Brafman, Ori; Brafman, Rom: Sway, *The Irresistible Pull of Irrational Behavior*, Crown Business 2008: Kapitel 7.

―Eisenberger, R. et al.: "Does pay for performance increase or decrease perceived self-determination and intrinsic motivation?", *Journal of Personality and Social Psychology* 77 (5), 1999: 1026-1040.

―어린이집의 사례에서: 나중에 벌금 추징을 없앴는데도 그 관계는 돈의 관계로 머물렀다. 마침내 금전 제도가 내적 동기를 구축한 것이다.

―동기 구축에 대한 사례는 아주 많으며, 과학적인 문헌도 많다. 여기 한 사례가 있다 (출처: Fehr, E. and Falk, A. Psychological Foundations of Incentives, Center for Economic Studies & Ifo Institute for Economic Research, 2002): "매년 미리 정해진 날짜에 학생들이 집집마다 돌아다니며 암 연구나 장애 아동들을 도울 수 있는 기부금을 걷는다. 이런 활동을 하는 학생들은 보통 부모와 교사, 그리고 다른 사람들로부터 많은 인정을 받는다. 이것이 바로 그들이 자발적으로 모금 활동을 하는 이유이다. 그런데 학생들이 기부금으로 거둔 돈 가운데 1퍼센트를 각자 돌려받게 되자, 기부금으로 걷은 돈은 36퍼센트나 줄었다."

하우스 머니 효과

―Sunstein, Cass; Thaler, Richard: *Nudge: Improving Decisions about Health, Wealth, and Happiness*, Yale UP 2008: 54-55.

―Bernstein, Peter L.: *Against the Gods*, Wiley 1998: 274-275.

―Carrie M. Heilman et al.: "Pleasant Surprises", *Journal of Marketing Research*, Mai 2002: 242-252.

―Henderson, Pamela W.; Peterson, Robert A.: "Mental Accounting and Categorization", *OBHDP*, 1992: 92-117.

―하우스 머니 효과는 정부가 하는 일에도 나타날 수 있다. 2001년에 부시 대통령의 '세금 개혁'의 일환으로 미국의 모든 세금 납부자는 누구나 72만 원을 계좌로 지급 받았

다. 그 72만 원을 국가가 준 선물로 간주한 사람들은 그 돈을 원래 자기들의 돈이라고 간주한 사람들보다 세 배나 더 지출을 했다. 그렇게 세금의 환불은 경기를 부양하는 데 적용될 수 있다.

적은 숫자의 법칙

—이에 대한 좋은 사례를 보여 주는 책으로는 다음을 참조: Daniel Kahnemam: *Thinking, Fast and Slow*, Macmillan 2011, S. 109 ff.
어느 소매업의 지점들에서 일어나는 절도율의 경우는 카너먼이 제시한 사례에 의존한 것이다.

능력에 대한 환상

—워런 버핏: "나 스스로 경험해 보고 또 다른 사업들을 많이 관찰해 보고서 내가 내린 결론인즉 훌륭한 경영의 기록을 내는 것(경제적인 수익으로 측정했을 때)은 당신이 보트를 얼마나 효율적으로 잘 젓느냐에 있기보다는(물론 좋든 나쁘든 어떤 비즈니스라도 지성과 노력이 상당히 도움이 되기는 하지만) 오히려 어떤 사업의 보트에 당신이 올라타느냐가 훨씬 더 영향력이 크다는 것이다. 몇년 전에 나는 다음과 같이 썼다. '현명하다는 평판을 가진 경영자가 경제적 상황이 나쁜 것으로 알려진 사업을 경영하면 결국 그 사업의 나쁜 평판만 남을 뿐이다.' 내 견해로는 아직까지도 그 생각에 있어서 달라진 것은 없다."(Miles, Robert: *Warren Buffett Wealth*, Wiley 2004: 159.)
—Kahneman, Daniel: *Thinking, Fast and Slow*, Macmillan 2011: 204-221.

심사숙고의 함정

—Lehrer, Jonah: *How We Decide*, Houghton Mifflin 2009: 133-140.
—서구의 철학은 2500년 전부터 '심사숙고하는 것은 지혜로 이끌어간다'라고 우리에게 가르쳤다. 하지만 늘 그렇지는 않다. 그것을 물론 그리스인들도 알고 있었다. 여우와 고양이의 우화를 보면 그렇다. 영어 Wikipedia에서는 'The Fox and the Cat'이라는 검색어로 찾을 수 있다.
—Masur, Barry C.: *The Problem of Thinking Too Much*, Stanford-Papers 2004.

— 체스에서는 코토프 신드롬이라는 개념이 있다. 즉 체스를 하는 사람이 너무 많은 생각을 하느라 쉽게 다음 수를 결정하지 못하다가 시간이 촉박해지자 초보자가 하는 실수를 저지르고 만다는 개념이다.

지연 행동

—Zweig, Jason: *Your Money and Your Brain*, Simon and Schuster 2007: 253, 262.

—Baumeister, Roy; Vohs, Kathleen: *Handbook of Self-Regulation*, The Guilford Press 2004.

—Ariely, Dan; Wertenbroch, Klaus: "Procrastination, Deadlines, and Performance: Self-Control by Precommitment", *Psychological Science* 13 (3) 2002: 219-224.

마음 이론의 함정

—Small, Deborah A.; Loewenstein, George; Slovic, Paul: "Sympathy and callousness: The impact of deliberative thought on donations to identifiable and statistical victims", *Organizational Behavior and Human Decision Processes* 102 (2): 143-153.

수면자 효과

—칼 호브랜드는 〈Why We Fight〉라는 선전 영화를 기준으로 해서 연구했다. 이 영화는 유튜브에서 찾아볼 수 있다.

—또 다음을 참조: Cook, Gareth: "TV's Sleeper Effect. Misinformation on Television Gains Power over Time", *Boston Globe*, 30.10.2011.

—Jensen, J. D. et al.: "Narrative persuasion and the sleeper effect: Further evidence that fictional narratives are more persuasive over time", Paper presented at the 95th annual meeting of the National Communication Association, Chicago, IL., November 2009.

—Kumkale, G. T.; Albarracín, D.: "The Sleeper Effect in Persuasion: A Meta-Analytic Review", *Psychological Bulletin* 130 (1), 2004: 143-172.

—Mazursky, D.; Schul, Y.: "The Effects of Advertisement Encoding on the Failure to Discount Information: Implications for the Sleeper Effect", *Journal of Consumer Research* 15 (1), 1988: 24-36.

—Lariscy, R. A. W.; Tinkham, S. F.: "The Sleeper Effect and Negative Political Advertising", *Journal of Advertising* 28 (4), 1999: 13-30.

정보 편향

"바보를 파산하게 만들려면 그에게 정보를 주어라."

—다음을 참조: Taleb, Nassim: *The Bed of Procrustes*, Random House 2010: 4.

초두 효과 vs. 최신 효과

—초두 효과: 학문적으로 이것에 대해 연구한 사람은 1940년대의 심리학자 솔로몬 애쉬였다. 앨런과 벤에 관한 사례도 그의 연구에서 취한 것이다.

Asch, Solomon E.: "Forming impressions of personality", *Journal of Abnormal and Social Psychology* 41, 1946: 258-290.

—Kahneman, Daniel: *Thinking, Fast and Slow*, Macmillan 2011: 82-83.

— 영화를 상영하기 전에 마지막으로 내보내는 광고가 가장 가격이 비싼 이유는 최신 효과 때문일 것이다. 하지만 이 이유 외에 다른 이유도 있다. 즉 바로 그때 가장 많은 관객들이 영화를 보러 극장 안에 들어와 있기 때문이다.

—Glenberg, A. M. et al.: "A two-process account of long-term serial position effects", *Journal of Experimental Psychology: Human Learning and Memory* 6, 1980: 355-369.

—Howard, M. W.; Kahana, M.: "Contextual variability and serial position effects in free recall", *Journal of Experimental Psychology: Learning, Memory and Cognition*, 24 (4), 1999: 923-941.

노력 정당화 효과

—Aronson, E.; Mills, J.: "The effect of severity of initiation on liking for a group", *Journal of Abnormal and Social Psychology* 59, 1959: 177-181.
—Norton, Michael I.: "The IKEA Effect: When Labor Leads to Love", *Harvard Business Review* 87 (2), 2009: 30.
—Norton, Michael I.; Mochon, Daniel; Ariely, Dan: "The IKEA effect: When labor leads to love", *Journal of Consumer Psychology* 21 (4), 09.09.2011.

현저성 편향

—Baumeister, Roy: *The Cultural Animal*, Oxford UP 2005: 211.
—De Bondt, Werner F. M.; Thaler, Richard H.: "Do Analysts Overreact?" In: Gilovich, Thomas; Griffin, Dale; Kahneman, Daniel: *Heuristics and Biases: The Psychology of Intuitive Judgment*, Cambridge UP 2002: 678-679.
—Plous, Scott: *The Psychology of Judgment and Decision Making*, McGraw-Hill 1993: 126.
—현저성 편향은 가용성 편향과도 비슷하다. 두 효과 모두 좀 더 쉽게 다가갈 수 있는 정보는 설명의 힘이 강력하거나 행동의 동기가 될 가능성이 크다.

가능성의 덫

—Ariely, Dan: *Predictably Irrational*, HarperCollins 2008: Kapitel 9, "Keeping Doors Open".
—Edmundson, Mark: "Dwelling in Possibilities", *The Chronicle of Higher Education*, 14.04.2008.

내집단 편향과 외집단 편향

—"자연 속에서의 삶은 경쟁을 포함하며, 집단은 분명히 개인들보다 더 경쟁을 잘할 수 있다. 그런데 개인이 집단에 맞서서 경쟁을 할 수 없다는 사실은 감춰져 있다. 그러므로 일단 어딘가에 집단이 존재하고 있으면 모든 사람들은 집단에 가입해야 한다. 자신

을 보호하고 싶다면 말이다." Baumeister, Roy: *The Cultural Animal*, Oxford UP 2005: 377.
— 친족 관계임을 암시하려는 것을 가리켜 사이비 친족 관계(Pseudo-Kinship)라고도 한다. 이에 대해서는 다음을 참조: Sapolsky, Robert: "A Bozo of Ba-boon", Edge.org.의 대화 참조.
— Tajfel, Henry: "Experiments in intergroup discrimination", *Scientific American* 223, 1970: 96-102.

체리 피킹

— Burch, Druin: *Taking the Medicine: A Short History of Medicine's Beautiful Idea, and Our Difficulty Swallowing It*, Chatto and Windus 2009.
— 종교에서의 체리 피킹: 사람들은 성서 안에서 자기들의 구미에 맞는 것은 취하고 다른 것에는 관심을 두지 않는다. 만약에 우리가 성서의 말을 그대로 취하자면 예를 들어 순종하지 않는 아들들과 바람 피우는 아내들은 쳐 죽여야 할 것이고(신명기 21장과 22장), 동성애자들도 죽여야 할 것이다(레위기 20장 13절).
— 예측에 있어서의 체리 피킹: 예측한 것이 실제로 일어나면 나중에 가서 승승장구하면서 알려지게 된다. 그러나 들어맞지 않은 예측은 '골라내지지 않는다'. 이에 대해서는 『스마트한 생각들』의 '예지의 환상' 장을 참조.

검은 백조

— Taleb, Nassim: *The Black Swan*, Random House 2007.

눈 뜬 장님의 오류

— 흡연자 캠페인에 대해서는 다음을 참조: Zhao, Guangzhi; Pechmann, Connie: "Regulatory Focus, Feature Positive Effect, and Message Framing", *Advances in Consumer Research* 33, 2006.
— 긍정적 특징의 효과에 대한 연구를 통찰하기 위해서는 다음을 참조: Kardes, Frank;

Sanbonmatsu, David; Herr, Paul: "Consumer Expertise and the Feature-positive Effect: Implications for Judgment and Inference", *Advances in Consumer Research* 17, 1990: 351-354.

잘못된 일치 효과

—Gilovich, Thomas; Griffin, Dale; Kahneman, Daniel: *Heuristics and Biases: The Psychology of Intuitive Judgment*, Cambridge UP 2002: 642.

—방패와 관련된 사례는 다음을 참조: Ross, L.; Greene, D.; House, P.: "The False Consensus Effect: An egocentric bias in social perception and attribution processes", *Journal of Personality and Social Psychology*, 13, 1977: 279-301.

—잘못된 일치 효과는 다른 생각의 오류들과 겹친다. 예를 들면 가용성 편향은 잘못된 일치 효과로 이끌어 갈 수 있다. 어떤 질문에 대해 깊이 숙고하는 사람은 결론을 쉽게 불러올 수 있다. 그는 다른 사람들도 역시 쉽게 결론을 내릴 수 있다고 잘못된 가정을 한다. 인센티브 편향도 마찬가지로 잘못된 일치 효과에 영향을 미친다. 어떤 일에 대해 확신을 주면서 그것을 대변하고자 하는 사람은 많은 사람들이(심지어 다수가) 그와 같은 확신을 하고 있으며 그가 하는 말을 그들이 못 알아듣지는 않을 거라고 스스로 믿는다.

—잘못된 일치 효과는 철학에서는 '순진한 사실주의'라고 부르고 있다. 즉 사람들은 자신들의 관점이 충분히 숙고된 것이며 같은 관점을 갖지 않는 다른 사람들도 충분히 생각하고 정신적으로 개방되면 곧 그 진실을 깨닫게 될 거라고 확신하고 있다는 것이다.

—Bauman, Kathleen P.; Geher, Glenn: "We think you agree: The detrimental impact of the false consensus effect on behavior", *Current Psychology* 21 (4), 2002: 293-318.

영역 의존성

—"영역 의존성이란 어떤 환경에서는 어떤 방식으로 행동하고, 다른 환경에서는 다른 방식으로 행동하는 것이다." Taleb, Nassim: *The Bed of Procrustes,* Random House 2010: 74. 참조.

—다음과 같은 사례도 참고할 것: "우리들의 마음에 영역 의존성이 있다는 것을 알 수 있

는 가장 멋진 사례는 최근 내가 파리를 방문했을 때의 일에서 볼 수 있다. 어느 프랑스식 레스토랑에서 점심 식사를 할 때 내 친구들은 연어를 먹으면서 껍질은 버렸다. 그런데 바로 그 친구들이 저녁 식사를 위해 간 스시 레스토랑에서는 연어의 껍질은 먹고 연어의 살은 버리는 것이었다." 위의 책 76쪽 참조.

— 나심 탈레브는 그의 아직 출간되지 않은 책 『Antifragile』에서 '영역 의존성'에 관한 멋진 사례를 하나 들고 있다. "언젠가 두바이 시 근교의 어느 호텔에서 길 쪽으로 나오고 있었는데, 은행가처럼 보이는 한 사람이(나는 누군가가 은행가인지 고민하지 않고도 말할 수 있는데 그들에 대해 신체적인 알려지가 있기 때문이다) 호텔 포터에게 그의 짐을 나르게 부탁하고 있었다. 약 15분 후에 나는 그 은행가가 체육관에서 웨이트 운동 기구를 들어 올리고 있는 것을 보았다. 그는 마치 여행 가방을 흔드는 것처럼 보이는 자연적인 연습을 반복하고 있었다."

— 경찰 가정에서는 평균적인 가정에서보다 가정 폭력이 2~4배나 더 높게 일어난다. 이에 대해서는 다음을 참조:

Neidig, P. H.; Russell, H. E.; Seng, A. F.: "Interspousal aggression in law enforcement families: A preliminary investigation", *Police Studies* 15 (1) 1992: 30-38.

Lott, L. D.: "Deadly secrets: Violence in the police family", *FBI Law Enforcement Bulletin*, November 1995: 12-16.

— 마코위츠에 대한 사례는 다음을 참조: Zweig, Jason: *Your Money and Your Brain*, Simon and Schuster 2007: 4.

— 보비 벤스먼에 대한 사례는 다음을 참조: Zweig, Jason: *Your Money and Your Brain*, Simon and Schuster 2007: 127.

— 영역의 특수성은 뇌의 단원적 구조와 관련이 있다. 만약 당신이 두 손으로 어떤 도구를 잘 다룰 수 있다 해도(예를 들어 피아니스트처럼), 그것이 당신의 두 발로도 역시 무엇을 잘 다룰 수 있다는(예를 들면 축구 선수처럼) 뜻은 아니다. 그 양쪽 뇌의 영역은 '운동 피질(motor cortex)' 안에 들어 있지만 그러나 같은 장소에 있지도 않으며 심지어 나란히 놓여 있지도 않다.

직업적 사고 모델의 함정
—Munger, Charles T.: *Poor Charlie's Almanack*, Donning 2008: 452, 483.

모호성 회피
—시카고대학교의 프랭크 나이트는 불확실함의 위험성을 절대적으로 구분한 첫 번째 인물이었다. 이에 대해서는 다음을 참조: Knight, F. H.: *Risk, Uncertainty, and Profit*, Houghton Mifflin 1921.
—'엘스버그 패러독스'는 여기서 설명된 것보다 약간 더 복잡하다. 그에 대한 자세한 설명은 Wikipedia 사이트에서 찾을 수 있다.
—그렇다. 우리는 불확실한 것을 저주한다. 그렇지만 그것도 긍정적인 면을 갖고 있다. 당신이 어느 독재주의하에서 살고 있고 검열을 피해서 출판을 하고 싶어 한다고 가정하자. 그럴 때 당신은 모호한 수단을 택하게 된다.

사혈 효과
—영어 Wikipedia에서 'Bloodletting' 검색어를 넣어 참조할 것.
—Seigworth, Gilbert: "Bloodletting Over the Centuries", The *New York State Journal of Medicine*, Dezember 1980: 2022-2028.

기대의 힘
—우리는 본문에서는 비대칭에 대해서는 다루지 않았다. 기대치를 웃도는 주식은 평균 1퍼센트 상승하고, 기대치에 못 미치는 주식은 평균 3.4퍼센트 하락한다. 다음을 참조: Zweig, Jason: *Your Money and Your Brain*, Simon and Schuster 2007: 181.
—Rosenthal, Robert; Jacobson, Lenore: *Pygmalion in the classroom*, Irvington Publ. 1992.
—Feldman, Robert S.; Prohaska, Thomas: "The student as Pygmalion: Effect of student expectation on the teacher", *Journal of Educational Psychology* 71 (4), 1979: 485-493.

스마트한 선택들
후회 없는 결정을 하기 위해 꼭 알아야 할 52가지 심리 법칙

초판   1쇄 발행 2013년 4월 24일
       34쇄 발행 2023년 10월 16일

지은이 롤프 도벨리
그림 엘 보초, 시몬 슈텔레
옮긴이 두행숙

발행인 이재진
단행본사업본부장 신동해
마케팅 최혜진 백미숙 홍보 반여진 허지호 정지연 송임선
국제업무 김은정 제작 정석훈

디자인 이석운, 최윤선

주소 경기도 파주시 회동길 20 ㈜웅진씽크빅
문의전화 031-956-7211(편집) 031-956-7129(마케팅)
홈페이지 www.wjbooks.co.kr
인스타그램 www.instagram.com/woongjin_readers
페이스북 www.facebook.com/woongjinreaders
블로그 blog.naver.com/wj_booking

발행처 ㈜웅진씽크빅
브랜드 걷는나무
출판신고 1980년 3월 29일 제 406-2007-000046호

한국어판 출판권 ⓒ 웅진씽크빅 2013
ISBN 978-89-01-15638-5 03320

걷는나무는 ㈜웅진씽크빅 단행본사업본부의 브랜드입니다.
이 책의 한국어판 저작권은 BC에이전시를 통한 저작권사와의 독점 계약으로 '웅진씽크빅'에 있습니다.
저작권법에 의해 한국 내에서 보호를 받는 저작물이므로 무단전재와 무단복제를 금합니다.
이 책 내용의 전부 또는 일부를 이용하려면 반드시 저작권사와 ㈜웅진씽크빅의 서면 동의를 받아야
합니다.

※ 잘못된 책은 구입하신 곳에서 바꾸어 드립니다.
※ 책값은 뒤표지에 있습니다.